インドから考える

子どもたちが微笑む世界へ

アマルティア・セン 著
山形浩生 訳

The Country of First Boys
and other essays
Amartya Sen

NTT出版

学校教師たちと医療労働者たちに捧ぐ

凡例

一、本書はAmartya Sen, *The Country of First Boys* (The Little Magazine and Oxford University Press India, 2015) の全訳である。
一、原著のイタリック体は、強調の場合は傍点に、書名の場合は『 』で示した。
一、訳者による補足は〔 〕で示した。
一、参考文献で邦訳のあるものについては〔 〕で示した。

インドから考える　目次

序文

ゴパルクリシュナ・ガーンディー

新年には大量のカレンダーが伴う。形も形式も様々だ。「壁掛け」式のものは、鋭い道具で円筒状の形から解き放たれても、生まれ育ちの呪縛からは逃れられずに、壁にかけてからも再び丸まろうとする。「卓上」型のものは、きれいな写真が日付や曜日をほとんど覆い隠し、その名前の元となった家具のてっぺんにきわめて不満足な形で鎮座することになる。分厚い刊行物の中に入ったものは日付という衣装をまとった広告と大差ない代物で、場所と時間の無駄だ。特にそいつが、どの日が縁起よくどの日が不吉で、どの日が排泄と消化の定型作業以外の仕事にはまったく最悪かを、しつこく告げ続けるようなものであればなおさら。

私が手元に残すカレンダーは、明瞭な太字で日付と曜日を教えてくれる、カレンダー以外のものであろうとする魂胆を一切持たないものだけだ。残りは人にあげてしまう。それでも、手元を通過する各種カレンダーをもらえるのはうれしいものだ。

なぜか？

アマルティア・センに説明してもらおう。

アマルティア・センだって？　かれが書くべきもっと重要な主題は他にあるはずじゃないか！　もっと重要？　ハーヴァード大学の経済学と哲学の教授は、何が重要かについて独自の感覚を持たねばならない。その重要なものの一つがカレンダー／暦だ。本書におさめられた「暦から見たインド」から二文を引用しよう。

「暦の必要性は、現代のはるか昔から強く認識されていた――そして十分理解されていた」
「インドを見る各種の視点――純粋にヒンドゥー教中心の見方から、極度に世俗的な解釈まで――が関心を求めて相互に争っている」

　この二行を読んだ者であれば、先を読み進んでカリ・ユガ暦、仏暦、マハーヴィーラ入滅暦、ヴィクラム・サムヴァット暦、サカ暦、ヴェーダーンガ・ジョーティシャ暦、イスラムのヒジュラ暦、パールシー暦、ベンガルのサン暦、コッラム暦などの中に込められた、インドの暦の遺産についてのなぜ、どうして、何のためにといった問題を学ばずにはいられないだろう――そしてさらにはキリスト教の日付方式や、「インドにおける暦改革の指導者」メグナード・サハ博士の試みなども。
　実際、この暦をめぐるエッセイを通じて、私たちはインドの文化環境や状況に関する細かな事実、特に数千年にわたる天文学的な探求から導かれたものにアクセスできる。もっと重要なこととして、各種の暦が計測の起点として採用した「ゼロ点」の議論からは、新しい実証的な洞察が得られる。そしてこのエッセイは、インド史について何というカーテンコールを与えてくれることか！　センはこう教えてくれる。「インドがイスラム到来以前は『ヒンドゥー国』だったというしばしば繰り返される信念は、もちろん純粋な幻想でしかなく、暦が語る物語はインド史の他の分野から得られている知識と見事に一致している」。これぞ、世俗の手が振り上げた力強いげんこつだ、と言う人もいるかもしれない。でもセンは即座に、日常生活の脈動の中にやってくる。ベンガルの太陽暦が、太陰暦のヒジュラ数に合わせてサン暦の中で「調整された」方法と理由を説明した後で、かれはこう言うのだ。「ベンガルのヒンドゥー教徒が地元の暦に従って宗教儀式を行うとき、暦の日付（中略）が、メッカからメディナに向かうムハンマドの旅を記念する日付に合わせられているという事実はあまり意識していないかもしれない（後略）」。

私は本書にまとめられた小篇を、本来のエッセイの読まれ方に従って読んだ——知識への欲求やデータへの希求や、計測可能な定量的説明への渇望などなしに読んだということだ。私は洞察のおまけのような喜びのためにそれらを読み、そしてそれを得た。おいしいごちそうだって、食べれば滋養が得られることもあるのだ。

アマルティア・センの思想界における立ち位置は、厚生経済学と社会選択理論についての著作により確保されたのだ、というのはあちこちで耳にした話だが、コルカタでほどそれが熱心に語られるのは聞いたことがない。専門的な志向の評論家たちは細部に入り込み、ほとんど秘密を打ち明けるかのように、この偉人の知的構成においては、実は経済学者であるよりも計量経済学者としての成果のほうが比重が高いのだと語る。私はこれを疑ったことはないし、ましてそれを疑問視して確認しようとしたこともない。そんなことができるはずもなかろう。私はそうした主題について、右も左も上も下も良いも悪いもわからないのだから。だがそれでも、私の中の何かは、そうした分類はそれほど簡単ではないとして抵抗してきた。もし「議論好きなインド人」という存在があるとすれば、同じく正当な区分として細部にばかりこだわるインド人とか、アビプラヤベディに対応するために、サンスクリットの造語でケサチェディとでも呼ばれるべき人物もいるのだ。

古典歌手は、朗々たるアーラープに続き、選んだラーガの慎重に調整された歌唱を披露できるが、だからといってその人物が、各種のラーガから拝借してちがったターラに合わせ、心地よいながらも技巧あふれる様式や気分の集積としてまとめあげた、断片によるラーガマーリカーを作れないということにはならない。「論文」ジャンルの実践者によるエッセイとはまさにそうしたものであり、軽薄にならずに重たくはなく、なれなれしくならずに砕けていて、理論や思考を「証明しよう」とか確立しようとかするのではなく、単に見方を共有しようとするのだ。

この「寄り道の思考」を共有するのは、アマルティア・センにおいては、主要道路の横についた自転車用レーンに似ていなくもない。だからといって、才能としても考察としてもいささかもレベルが下がるものではない。センの執筆スタイルに関する内的な証拠とでも呼ぶべきものを使ってこれを示そう。センの気楽な文章とはまったくちがう、最も正式な著作を検討したのだ。そこですら、最も大胆で、思考を変え、単調さを破る会話的な区切り記号であるエムダッシュ（二重ダッシュ、「——」）が使われている。これは親となる思考の流れの内部での思考の途切れ、強調点の変化、あるいは関連していても別のアイデアの挿入を示すものだ。私が先に挙げた「暦／カレンダー」の引用も、実に典型的にエムダッシュを含んでいる（「エムダッシュ」という表現は、一つの「M」の幅という定義からきているもので、もっと短い「エヌダッシュ」、つまり「N」一つの幅のものや、もちろんさらに短い「ハーフN」つまりハイフンともちがうものだ）。センによるエムダッシュの大量かつ、なかば強制的なほどの使用は、まったく意図してのものではないと思う。センが自分の句読法についてこんなことを言われるのが初めてだったとしても、私は驚かない。そしてそのほうがよいのだ。というのも、この珍しいが句読法としては正当な様式の、事前の意図なきほとんど無意識の使用にこそ、その効果と魅力が存在しているのだから。それこそが、このエムダッシュを策謀や小細工などではなく、センのスタイルや実践にしているものなのだ。

典型例：「たとえば、多くの国は経済的な赤貧と政治的争いの併存を経験してきた——そしていまも経験し続けている」

古典的な例：「中心的な問題は、市場経済を使うべきかどうかというものではない——いや、それが中心的な問題だなどということはあり得ないのだ」

雄弁な例：「私たちは遊びが人々に——虐げられた人々にすら——圧政や収奪や深い格差に対抗しようとする中で与える声の重要性を認識しなくてはならない」

示唆的な例：「今日のインドの貧困を示すものとして、私たちの多くの——いやほとんどの——子供たちの状態に勝るものはない」

それと関連した、インドのニュースメディアと誤報に関する印象深い一篇（本書には収録されていない）。

（前略）だがインドのメディアに対する称賛にも限度はある――そしてその先は嘆かわしいものだ（中略）インドの読者として、私は新聞を開いたときに、自分が読んでいるもの――AがBと言ったなど――が本当に正確だと確信したい。（中略）糾弾のページが何十も登場してきた（中略）私の一番のお気に入りは「セン氏は口を開かないほうがいいと思う」というものだ――絶え間ない誤報の危険を考えれば、なんとも筋の通った助言ではある（後略）。

センが繰り返し、執拗にエムダッシュに頼るのは、何か意味があるのだろうか？　あまり深読みは避けたいが、私としては意味があると思っている。説明は以下のとおり。

ある主張、仮説、あるいは単なる見方を述べる方法は、教師然と行う方法もあれば、会話式に行うやり方もある。前者であれば、口承的なアフォリズムで十分だ。後者なら、その活動は話し合いに近いものとなり、提案者は何かを知的な断言により自信を持って示唆はするものの、討論者の謙虚さも必要となり、自分の主張を強調し、力説し、例示し、改訂し、変化させ、迷走させ、変動させ、分散させては、またまとめあげ、条件づけする、つまりは別の言い方をすれば、自分の論点を「所与の」ものとするよりも、各種思考の集合体とするわけだ。これは反論や対抗提案、例外、事例を予想してそれを叙述に組み込むことも必要とする。主張者自身の「言説」は、「話し合う」書き手の手にかかると、推論の手法であると同時に説得の手法ともなるのだ。

アマルティア・センの広大で拡大する関心領域、たとえば歴史、哲学、社会学、政治理論、言語学などにおいては、一般化は危険だし説諭的または肯定的な処方箋は致命的となる。問題としているテーマにはあまりに複雑な細部がありすぎ、あまりに多くの注意書きや補足条項を追加する必要があり、切れ目なしのストレートで率直な構文は許容されない。さらにセン自身の公平性の感覚のために、かれはダッシュを「エム」化して文章を袋に入れる必要が出てくる。それらの文は内部に、アナロジーとともに埋没させることで、ある論点を強調するような若き時代からの独立の事例を含んでいたり、その論点の限界を示す例外を抱えていたりするのだ。

これはセンが知的民主主義者とでも呼ぶべき人物だという点ともつながっている。かれは思考の断片に対し、それが分断されていたり不連続だったりするものでも、文章の中で断片化されない「中心的な論点」と同じ地位を与えるのだ。ここにセンの思考の高等性と自信がある。そうした思考の羅列は、主張を弱めるどころか、それを強化し耐久性を高めるのだ。

この芸——というのもこれは芸としか呼べないものだからだ——の達人の一人がジョージ・オーウェルだった。「聖職者の利点」という名エッセイで、オーウェルはサルバドール・ダリについて、この大画家は「よい製図家でもあり見下げ果てた人間でもあった」と述べる。もしオーウェルがエムダッシュを使っていたら、これは「ダリは、よい製図家だった——人間としては最悪だったが——云々かんぬん」

という書き方になっていただろう。だがオーウェルはここである評価を宣告していたのであり、それも私見ではきわめて公平な評価だった。かれは広く受け入れられている意見を変えるための話し合いを試みていたのではないのだ。

センは、読者に何かを告げようとしているのではなく説得しようとしているのであり、だからあの特徴的な記号を使う。

この珠玉の一冊に含まれたセンの著作の例は、かれの考察の広がり、その陰の部分の吸収能力、思考の中核を取り巻く後光を反映したものとなっている。その意味で、これらはプラスノパニシャッドの精神の好例だ。それは心の探究に答えるにあたり、その回答だけでなく、正当な曖昧性の受け入れを、弱々しい疑念の棄却と同じくらい活用したものなのだ。

探究を受け入れることでドグマを脱構築するのは、その中身に負けず劣らずスタイルの問題でもある。それは理性的な行動であると同時に美的なパフォーマンスでもある。というのも対称性はユークリッドだけのものであり、それに対して私たちは数多くの暦や年鑑や、しばしば矛盾するつながりや結びつきの「ゼロ点」の中に散在しているのだから。

誠実な事実を探究し、揺るがぬ確信など求めてはいないと主張する人物の言葉を耳にし、読む機会を与えられるということは、雑音を上回る声を聞くということなのだ。

「遊びこそが肝腎」と題したエッセイで、センはこう語る。「声は各種の面で重要だ——償いを要求し、強く主張し、穏やかに侮辱し、会話し、共謀し、反対するために。一般に、相互作用のために不可欠なのであり、これは民主主義の活用も含まれる」。そしてかれはさらに、ダッシュをエム化しつつこう語る。「そして最も重要なこととして、遊びを通じた声――一方的に考案された遊びであっても――は虐げられた者たちに、他では得られないかもしれない機会を与えてくれる」。

『ザ・リトル・マガジン』は「仕事」でのかれの声と同じくらい真剣な、自ら「遊び」、そして「遊び」を通じた声を与えてくれた。その仕事と遊びのどちらも、これほど希有な声色、声調、語り口による思考の集まりを聞くという、得がたい機会を与えてくれるものなのだ。

編者まえがき

本書は、一五年かけて撮影した多重露光写真のようなものだ。大きく文化、社会、政策という分類の中で発表順に並べたこれらのエッセイ——ほとんどは『ザ・リトル・マガジン』（TLM）に二一世紀最初の一〇年に初出——は、インドと世界の政治をその当時に支配し、現代の論調へとつながったテロリズムやアイデンティティといった問題を反映している。それらはまた、後にアマルティア・センが深掘りする洞察を含んでいる。たとえば「ニーティ」と「ニヤーヤ」の観念が示すおもしろい二分法などだ。それらを「現代化」したいという衝動には耐えた——現代化というのは、急速に進化する世界にあっては不確実な作業だ——というのもその時代を解釈するにあたり、それらのエッセイはすでに未来の胎動を含んでいたからだ。

こうしたエッセイの一部はTLMの特定の号に向けて特別に書かれたものだ。たとえば「飢餓——古来の苦悶と新しい不手際」は、TLMの飢餓特集号向けに書かれた（センはその号向けに書かれた他の論説にわざわざ目を通し、自分の論文にそれらに対するコメントを織り込んだ）。一部は記録の文書だ。たとえばインド議会で行われた第一回ヒレン・ムケルジー記念講義の印刷版、ウィットワーテルスランド大学とケープタウン大学で行われたナディン・ゴーディマー講義の記録などだ。それらの内容を更新しようとすれば、記録改変になってしまう。一部は別種の記録文書だ。ナーランダー大学に関するエッセイは、同大学についての入念な出生証明書のようなものだ。それを通じてセンは、ナーランダーを時間と知的空間の中に位置づけ、世界最古の大学復興という考えを説明し、この新しい可能性の庭に自分の希望を植えた。この新たに復活した大学は、ちょうど学問の独立をめぐる初の戦いを切り抜けたところだ。いつの日か成熟を迎えるだろうし、それが親たちの希望や願望をどこまで実現したか見るのは興味深いことだろう。

一三篇のエッセイのうち、二篇――「タゴールのもたらすちがいとは何か?」「一日一願を一週間」――はTLM初出ではない。印刷物になったのは今回が初めてであり、何年も前からのアマルティア・センの着想が、いまだに平等、正義、エンパワーメントの進歩的探究の原動力となっていることを示す一連の文章をうまくまとめている。これは確かに、悲しいながらインドがある分野ではたいした進歩を見せていないことを示すものでもある。たとえば教育や保健といった分野で、だからこそ何十年も前の懸念がいまだに意味を持ってしまうのだ。だがそれは、インドの社会と文化の動画を、時間表示つきのスナップショットを示したギャラリーのように提示するものでもある。センがこれらのエッセイで提起した懸念や関心は、その緊急度こそちがえ、はるか未来になっても、相変わらず興味を引くものであり続ける可能性がきわめて高い。

この一冊――TLM-OUPシリーズの第一巻――は、ミニ・クリシュナンのたゆまざる熱意や激励と、

ＯＵＰの編集チームの辛抱強さなしには実現できなかった。原稿を整えるにあたり、Ａ・Ｓ・パニールセルヴァンとマノス南アジア社の支援に感謝する。洞察に満ちたコメントや助言をくれたエマ・ロスチャイルドには特に感謝を。様々な形での各種の支援——索引づくりから校正から、山のような文章印刷など各種不可欠な作業について——インガ・ハルド・マルカン、チエ・リ、ナムラタ・ナライン、アンウエシャ・ラナ、いつも頼りになるシャイラジャ・ゴパランに感謝する。そしてもちろん、本書はだれよりもアマルティア・センのおかげだ。かれは寄稿者の中でもきわめて優秀であり、実に過密な仕事のスケジュールとエネルギッシュな公的生活にもかかわらず、このエッセイ集で扱った一五年の中でＴＬＭの締め切りに遅れたことは一度もないのだった。

アンタラ・デヴ・セン
プラティク・カンジラル

二〇一五年

インドから考える——子どもたちが微笑む世界へ

はじめに――個人的なものと社会的なもの

この選集の論説は一五年にわたって書かれたもので、扱う内容も様々だ［★1］。それでもここに、アプローチの共通性とでも呼べるものが何かあるとすれば、それはこれらの論説が非宗派的観点から見たインドへの関心を持ち、人生の各種分野――社会、政治、経済、文化、知的な面など――における平等性と正義を意識したものとなっているという事実と関係しているのだろう。

まずは本書の題名［原題『一位の男の子たちの国』］について一言。これはここに収録した論説の題名からとったものだ。インドでの不正義の大きな原因は、現代的なルーツだけでなく歴史的なルーツも持っている。ある種の偏見（たとえばカーストや階級に基づくもの）が他の格差の源（たとえばジェンダー）と組み合わさると、被害者集団（たとえば貧困で低カーストな世帯の女子）に対する抑圧はすさまじく圧制的なものになりかねない。「一位の男の子の国」が有利な出自の少年たちに与える可能性は、恵まれない家庭の女子が受ける乏しい機会に比べて激しい対照ぶりを示すものとなる。「ビリの女子」は経済的な困窮や社会的な阻害と政治的な無力だけでなく、自分の知的可能性から利益を受ける機会の欠如や、インドと世界の豊かな知的遺産を享受する機会の欠如にも苦しむこととなる。

本書におさめられた論説は、おおむね初出（ほとんどは『ザ・リトル・マガジン』掲載）の年代順に並んでいるが、三つのちがったカテゴリーにおさまるもので、大ざっぱに文化、社会、政策に分類できる。インド文化と観念史に関する論説もある（インドの暦の多様さ、インドの演劇や遊びの多様性、ナーランダーにある世界最古の大学の物語など）。インド社会の頑固な不平等についての分析と、それがもたらす不正義を克服する必要性を述べたものもある（そうした不正は、階級、カースト、ジェンダー、コミュニティなどの障壁と関連し、インド人の各種集団ごとの栄養状態、健康、教育に大きな差を生み出している）。そして政策問題に関わるものもあり、経済、政治、社会的な根拠をめぐって論じられている。

多様な主題についての私の貢献の試みについて、ゴパル・ガーンディー——旧友であり大いに尊敬する知識人——がとても親切できわめて啓発的な序文を書いてくれたのは幸運だった。ゴパル・ガーンディーは、ここに登場する私の各種関心事にコメントをくれている。それらは私の知的なエキセントリックぶりを示すものだ——まあ、かれはあまりに親切で仲良しすぎるので、そういう言い方はしないでくれているが。だから、いささか自己耽溺じみるかもしれないが、私はそこを出発点にしよう。そして私の心が歪み始めた発端の話から始めるのをお許しいただこう——そして学生時代の話にすらさかのぼらせていただく。

サンスクリットと数学

学生時代の私は、サンスクリット研究に没頭する一方で、数学的・分析的推論にも熱中していた。私はサンスクリットに夢中で、この言語の細部とその魅惑的な文学にどっぷり浸っていたのだ。実際、長年にわたりベンガル語に次ぐ第二言語はサンスクリット語だった。これは主に、私の英語の進み具合がきわめてのろかったからだ。当時の私にとって、英語が流暢でなくてもあまり不自由はなかった。というのも通っていたのがベンガルの中等学校だったからだ（シャンティニケタンのパタ・バヴァン校）。

英語無視とは好対照で、サンスクリットの勉強が遅れることはあり得なかった。というのも祖父プンディト・クシュティ・モハン・セン（偉大なサンスクリット学者）から、サンスクリットをもっと勉強しろという絶え間ない圧力を受けていたからだ。でもあまり無理強いするまでもなかった。私はサンスクリット文学に魅了されていたのだ（主に古典サンスクリットだったが、祖父に少し手伝ってもらえば、ヴェーダや叙事詩のサンスクリットや、パーリ語も多少は読めた）。また、サンスクリットの言語的な規律にも夢中になった。パーニニ〔紀元前五世紀頃のサンスクリット文法学者〕を読むのは生涯で行ったどんな冒険にも負けないほどわくわくするものだった――それは知的分野の基本的な要求を教えてくれたのだ。

インドの学校でサンスクリットの授業を復活させようという主張が最近ではとても支持されている。私個人はサンスクリットから実に多くのものを得たので、この要求には基本的に好意的にならざるを得ない。さらに一般論として、私は学校で古典言語を学ぶべきだという主張にかなりの正当性があると本気で信じている――でも、それはラテン語やギリシャ語や、アラビア語やヘブライ語、古代中国語や古代タミル語でもかまわない。ところがサンスクリット支持の議論の旗振り役はしばしば、サンスクリットが神官言語だと思っている人々だ。確かに、そういう面もあるけれど、でもサンスクリットはそれ以外にも多くのもの――いやきわめて多くのもの――を持っているのだ。叙事詩は主に宗教的な文書などではない。『バガヴァッドギーター』ですらギーター自体をはるかに超えるビジョンを提示している大叙事詩『マハーバーラタ』(そこに描かれている、公正な戦争での正当な勝利の後日談は、火葬の積み薪が燃やされ、女性が失った夫を嘆く場面であり、クリシュナのビジョンよりはアルジュナのビジョンに近いとすら言える)のごく小さな一部なのである。そしてカーリダーサ、シュードラカ、バナなどの戯曲のおかげで考えたアイデアや問題は、私の世界理解に大きな影響を与えた。

宗教性の話について言うと、サンスクリット――神官の言語として誉めそやされている――にはまた、世界の他のどんな古典言語に比べても、厳然と不可知論的で無神論的な文献も大量に含まれていることは指摘しておこう(ローカーヤタ〔準世派〕の著作やチャルヴァカ学派の研究などだ)。

そして、まちがいなく不可知論的なゴータマ・ブッダとその教えがある。なぜ自分が、ゴータマ・ブッダの思想に初めて出会ったとき――それは祖父がゴータマについての短い本をくれたときだった――からその思想にかくも深く感動させられたのか、何度も不思議に思ってきた。当時は一一歳か一二歳だったはずだが、私はかれの使った立論の明晰さと、かれが万人に提供した内容のアプローチのしやすさ――阿難(アーナンダ)や須菩提《しゅぼだい》(スブーティ)などの弟子だけでなくどこのだれに対してでも提供したもの――に完全に圧倒されたのを覚えている。またブッダは私から見て明らかに人間で、強力な神様や女神様にとっては無縁の、だれもが普通に持つ悩みを抱えていた。若きゴータマがヒマラヤのふもとにある王子の館を離れて悟りを求めに出たとき、かれは死、病、老を見て心を動かされたのだった。当時のかれを悩ませたものは、いまだに私たちの懸念となっている。

　サンスクリットが開いた世界にますます引き込まれつつある一方で、数学の分析的な挑戦もまた心を捉えるようになっていた。初めて公理、定理、証明の使用に遭遇したときの興奮は忘れられない——ある理解から出発し、そこから他の多くの理解に到達できるのだ。古代ギリシャ行きの切符を手にして、ユークリッドの私室に入り込めるなら、何でも投げ出したことだろう。興味深い分析的な証明のエレガントさと射程の広さは、生涯を通じて私を夢中にさせた——いまでも引きつけられる。実際、私は学術に費やした時間の相当部分を、社会選択理論と意思決定分析の結果を出すことに費やしてきたのだが、そこでは数学的推論の基礎に対する関心が中心的な役割を果たした［★2］。

　幸運なことに、私はまもなくサンスクリットへの関心と、数学との関わりとの間に強い相補関係があることを発見したのだった。カーリダーサ『メーガドゥータ』とシュードラカ『ムリッチャカティカー［土の小車］』など、お気に入りの文学作品から、アーリヤバタ、ブラフマグプタ、バースカラ（しかも二人いるバースカラの両方）の数学や認識論に簡単に移行できて、しかもサンスクリットとの情事を捨てる必要がないという事実には大いに楽しませてもらった。

理論と観察

その二重性――サンスクリットと数学に対する多様ながら最終的には相容れる興味――は学生時代の私の勉強を形成した多様性の一つではあったが、一方では抽象的な思考に対する興味と、一方では身の回りの世界に対する貪欲な好奇心は、私をいささかちがった方向へと向かわせた。齢八一にして、自分が生涯に実現できたささやかな仕事を振り返ってみると、それは大ざっぱに、かなり抽象的な推論（たとえば正義のアイデアを追究したり、社会選択理論の各種側面を公理、定理、証明を通じて探究したりといった成果だ）と、いささか実務的な問題（飢饉、飢餓、経済的窮乏、階級やジェンダーやカーストの格差など）とに分類できるようだ。

こうしたすべてを考えざるを得なかったのは、ノーベル財団がノーベル博物館の展示のために、私の仕事と密接に関連している二つのものを長期の貸し出し品として提供するよう依頼してきたときだった。この展示は、ストックホルムを皮切りに世界を巡回することになる。スウェーデン王立アカデミーが私のノーベル賞を発表する際に挙げた立派な論文引用は、社会選択理論における私の分析的な研究のほうに大きく偏っていて、各種の章や節（というか定理と証明）を引用してくれていたが、声明の最後のほうでは、ちょっとだけ飢饉、不平等、ジェンダー格差に関する私の研究にも言及してくれた。どんなものを選ぶべきかかなり迷ったあげく、ノーベル博物館には私が大いに恩恵を受けた『アーリヤバティーヤ』（紀元四九九年に刊行された、数学についてのサンスクリットの偉大な古典）と、学生時代から持っていた古い自転車を渡した。

その自転車は、一九四三年のベンガル飢饉研究のために、古い納屋や倉庫といったかなり行きにくい場所で賃金や物価のデータを集めるのに使っただけでなく、ジェンダー差別と女子の相対的な貧困化の段階的な出現を検討するため、シャンティニケタン近郊の村落を訪れて、五歳以下の少年少女の体重を計測したときにも使った[★3]。ノーベル博物館がストックホルムを皮切りに世界中をまわるにつれ、しばしば自転車がアーリヤバティーヤの数学と何の関係があるのかと質問された。その答えが「実に大きな関係があるのだ」でなくてはならない理由について、私はずいぶん説明させられるはめになったのだった。

インドの矮小化に抵抗

初期の研究で浮かび上がってきたインドは偉大なものであり、私はそれをきわめて魅力的だと思った。そして教育が進むにつれて、その大きな伝統が後年の思想家（ジャヤデーヴァとマドヴァーチャーリヤから、カビールやアブル・ファズルまで）の推論や考察により補われ、さらに広がるのを見るのも、私にとっては実にスリリングだった。その遺産の偉大さが私を捉えた一方で、インド文化を狭い宗派的な観点から定義し直そうという試みは、ひどく憂鬱なものに見えた。学生時代が終わりつつあり、一体だったインドがいきなり、競合する各種の偏狭さに覆われた時期には、そうした試みがやたらに多かった。そして、それに伴い非寛容性や共同体の間の敵対と流血が生じた。

人のアイデンティティが単一のものに押し込められる必要はないという理解は、古い古典からきわめて強力に私が学んだものだった。四世紀のシュードラカ『ムリッチャカティカー』のヒロインのヴァサンタセーナーを考えてみよう。彼女はたいへんな美女で、金持ちの娼婦であり、忠実な恋人であり伴侶で（相手は糾弾されるチャールダッタだ）、社会改革者で、政治革命家で、最後には寛容な裁判官となり、伴侶チャールダッタが二人を殺そうとしてきた殺人者予備軍を釈放しようと決断するのを支持するのだ。チャールダッタの伴侶として、彼女は明らかに、復讐に専念するのではなく、人々の最善の利益につながる道徳――そして政治――改革に注目しようというかれの広い視野に基づく決断を称賛する。チャールダッタが、「悪党どもを善行により『殺す』のが社会の義務だ」（この独創的な処罰を表す美しいサンスクリット用語――ウプカルハタスタカルタヴヤ――は、チャールダッタの唇だけでなく、ヴァサンタセーナーの唇にもふさわしい）という判決で万人（ただしヴァサンタセーナーは例外かもしれない）を驚愕させるとき、新しい司法判断理論以上の何かが生まれたのだ。この戯曲の前半で、権力の不平等の不正と金持ちの腐敗について、実に雄弁かつ感動的に語ったそのヴァサンタセーナーが、チャールダッタとともに復讐を棄て、悪漢たちを改心させて、その社会が争いと暴力の歴史から先へ進めるようにする寛容性を追求しようとする。ヴァサンタセーナー――そしてチャールダッタ――は、人間の厚生に注目したシュードラカの革命的な戯曲の中で多くのアイデンティティを持つ。この戯曲から今日――一五〇〇年も経って――学べるものは実に多いのだ。

ある人物を、たった一つの集団への帰属だけと同一視しようとする試み——たとえばヴァサンタセーナーを単なる美しい娼婦として見るなど——には、認識上のおめでたさがある。本書の拙文の一つ「押しつけられた矮小性」（これはコレージュ・ド・フランスでの講義をもとにしている）で、私はこの認識上のまちがいが倫理的なへまにつながり、それが政治的な惨劇につながりかねないと論じた。実際、民族、宗教、人種、カーストなどに基づく、単一アイデンティティの広がりこそは、世界各地における暴力の相当部分の原因であり、大量の流血をもたらしている。

この問題にかかっているものに関する、冷静な理解の重要性は、現代のインドでは過去に例がないほど大きい。私たちは、インドにおける重要な業績すべてを誇りに思うだけの理由がある。それを生み出したのがヒンドゥー教徒だろうと、ムスリム、キリスト教徒、仏教徒、ジャイナ教徒、シーク教徒、パールシー教徒、ユダヤ教徒、不可知論者、無神論者だろうと関係ない。またある文化——それがどんな宗教的な付属物を伴う（または伴わない）ものだろうと——は宗教以外の多くの活動や探究を含んでいる。インドの暦の歴史が持つ豊かさや、新しいわくわくするゲームの発達にインドが行った貢献（なかでもいまや世界的なものとなったチェスが最も有名だろう）は、インドとその文化の性質を理解するためだけにでも、注目と検討を受ける対象となるべきだ。

例を挙げよう。古代ヴェーダの崇拝は、今日のインドで宗教的な信念を政治的に支持する多くの人々が主張するものだ。私もまたヴェーダはとても高く評価している。別にそれが、私の持つかもしれない何やら宗教性の基盤だと思っているからではない。またそこに何か高度な数学が見つかるからでもない

（アタルヴァ・ヴェーダには、とても夢中にさせてくれるすてきなナゾナゾがいろいろあるが）――それなのに一部のインドの大学は最近になって、「ヴェーダ数学」なる学問的な対象と称するものについて、大学院講義を始めたりしている。数学に対するインドの巨大な貢献はずっと後年のものだ（主導者はアーリヤバタ、ブラフマグプタなどだ）。それをヴェーダに求めるのは大まちがいだ。

むしろ私たちが大切にすべきなのは、ヴェーダが素晴らしい韻文で一杯だということだ――内省的、大胆、エレガント、喚起的。多くの韻文は見事に宗教的だが、『リグ・ヴェーダ』マンダラ第X巻第一二九節の「創造の歌」と呼ばれるものでは、強力な表現による不可知論の支持も書かれているのだ。

ならばそれが初めて存在するようになったのがいつかを、だれが知るだろう？
この創造の最初の起源であるその存在が、
すべてを創造したのかそれともしなかったのか。
至高の天からその眼でこの世界を支配する存在、
その存在はすべてを知っているか、それとも知らないのか。

少年時代、無神論者としての判断が根づき始めていたときに、初めてこの韻文を読んで、私は三五〇〇年前から自分の考えの支持論があったのを見てわくわくしたものだ。

インドの知的な歴史には、他の示唆も懐疑論もある――それは各種宗教思想に負けず劣らず多い。多数派のヒンドゥー教の視点は、いやそれを言うならどんな類の宗教的アマルガムだろうと、偉大な国の矮小化となるのを逃れることはできないのだ。

民主主義と社会的コミットメント

さて文化的な問題から社会、政治、経済の問題へと移る頃合いだ。インドが独立し、民主的な統治制度を得たとき、イギリスによる長期にわたるインド支配を特徴づけていた大飢饉は突然終わった。自由な報道、定期的な選挙、そして――最も重要なものとして――飢饉の原因とそれが回避できるものだということを広く報せるのにメディアが関与した、新しい民主的なインドにおいては、もはや飢饉などあり得なくなった。

これはどのようにして起きたのだろう？　民主主義の達成における公的な立論の役割は、もっと明確に理解される必要がある。飢饉に影響されたり脅かされたりする人口の比率は、どこでも小さい――一〇パーセント以上であることはほとんどなく、五パーセント以下が通例だ。だから問題は、多数決により機能する民主主義が、ごくわずかな少数派にしか影響しない飢饉の排除に、どうしてそこまで熱心であり、有能でもあるのか、というものとなる。民主主義下で、飢饉をなくそうという政治的な強制力は、飢饉の被害者ではない人々が、飢饉を根絶する必要性を自分たち自身のコミットメントとして引き受けるための公的な立論の力に決定的に依存しているのだ。民主的な制度が有効なのは、人口の各種部分が他の部分に起きていることを理解し、そして政治プロセスが欠乏に関するもっと広い社会的理解を反映したものである場合だけなのだ。

民主的な言説は、飢饉の防止を社会的コミットメントとして引き受けたが、しつこい飢餓や慢性的な栄養失調についてはそうした動きがまだないし、また相変わらずの非識字や、基本的な保健のすさまじい欠乏についても見られない。公的な立論と社会的責任の射程を、比較的豊かな人々の懸念事項を超えたところまで広げる手法や手段こそが、つまりはインドの将来にとって決定的なものとなる。これは実際、民主的ガバナンスの中心的な特徴なのであり、これは単に定期的な選挙の実施だけでなく、そのはるか先を行く必要があるのだ。

インド国民の多くに見られる幾重もの欠乏を取り除くには、そうした不具合に対して真剣な政治的関心が払われねばならない。インドが世界のどの国よりも飢えた人――そして飢えた子供もそこに含まれる――が多いというのは確かに驚くべきことだが、何よりも驚愕させられるのは、この現象にまるで関心が集まっていないことであり、人口の中で豊かで――影響力も高い――部分が、恵まれない人々の不利な条件を根絶させるために資源を割くのを、大いに嫌がってきたということだ。

よい小学校教育や基本的な保健が、インドの恵まれない人々の相当部分に対してずっと提供されないままでいるということについても、同じことが言える。民主主義なら、こうした劣悪な失敗はすさまじい政治的注目を集めるべきだ。ここでメディアが果たすべき役割は巨大となる。もしこうした巨大な欠乏について、印刷メディアや放送メディアが無視する傾向があるなら、インドの民主主義は、強力な制度的基盤があっても、まともに機能していないと言えるだろう。インドにおける根深い社会的不正の蔓延についての大規模な変化の見通しは、その報道がすさまじく拡大し、公的な立論の力が大きく広がるかどうかに、決定的に左右されるのだ。

メディアと社会の分断

メディア自体がニュースと分析の偏りについて大いなる責任を持つとはいえ、情報面での黙殺という問題の根っこは、インド社会における社会的な分裂がきわめて強固だという点にある。社会の中で、比較的恵まれた人々は、格差や欠乏の問題については深刻なほどに無関心だ（政治キャンペーンでしょっちゅう持ち出されるレトリックとは裏腹だ）。そしてメディアは、定期購読者のニーズや広告出稿企業からの支援に追随する必要性によってかなり左右されがちだ。このメディアの偏向についてことさら衝撃的なのは、その声が社会を動かし、その懸念が世論を支配するような階層にとって、この深いバランス欠如がほとんど見えないものになっているということだ。比較的特権的な階級の相対的に小さな集団が、どうやら独自の社会的宇宙を創り上げてしまったようなのだ［★4］。

インドの特権集団は、ビジネスマンや専門職階級だけでなく、この国の比較的豊かな人々の大半を含む。ここには教育水準の高い階級も含まれる。アショク・ルドラは数十年前に、立論のしっかりした強力なエッセイ「インドにおけるインテリ層の支配階級としての台頭」［★5］で、インドの教育水準の高い人々は、社会的な不平等から得られる便益について、分け前を受けとる立場にあり、このため政策議論を支配し、結果的にこの国で起こることに対する圧倒的な影響力を持つ、「支配的連合」の一部となったと論じている。この広い意味での「比較的特権的な階級」は、総人口の四分の一とか五分の一だろうか、様々な層に分かれている――てっぺんの端には大公たちがいて、その反対側ではすごく金持ちではないものの、社会の下層をなす大衆とは一線を画す生活水準を享受している、教育を受けた一般人がいる。

メディアで大いに関心を集めて世論の対象となるような生活を送る人々と、欠乏や絶望が対話の領域からおおむね見えていないその他の人々との対比の背景となっているのが、特権階級とそれ以外の人々の実に大きな分断なのだ。特権階級とそれ以外との間のすさまじい格差――そしてさらにはその中での内部区分――が、説明と関心の不平等を通じて生活の不平等を強化する。その説明と関心の不平等のおかげで、人々の生活における圧倒的な欠乏があまり議論されず、そのためしつこく安定したままとなってしまっている。

それでも、努力さえすれば事態は変わる。メディアもインテリ層も、実は社会的分断で受けついだ役割から逃れられない囚人などではない。昨年の選挙で、インド人民党（バーラティーヤ・ジャナタ党、BJP）とその連合政党が勝利したので、世論の焦点は少しヒンドゥトゥヴァ運動の狙いにシフトはしたが、メディア報道における社会的分断と、情報バイアスにおける階級別の差異の役割は、おおむね同じように続いている。

インドのメディアは報道バイアスが強いだけでなく、しばしばひたすら不正確だったりする。いまやギョッとするような誤報があまりに普通なので、新聞で私が国民会議派の頑固な支持者だとか、私が前政権——統一進歩連合（UPA）政府——の経済政策を操っていたとか読んでも、ちっとも驚かない。私は著作の中で、UPA政権の経済政策をはっきり批判しているのだが［★6］。実は、前政権（そしてそのさらに前の政権）下での保健と教育の無視と、私が昔から攻撃してきた根深い格差に対する取り組みの欠如に対する批判（これはまた、ジャン・ドレーズと共著の拙著『開発なき成長の限界——現代インドの貧困・格差・社会的分断』でも大きく扱った）の多くは、今日の国民民主連合（NDA）政府にも当てはまるものなのだ。そのレトリックはある程度は変わったが、真の変化のためには、インドで普通だとされてきたもの——現在も、明日も、昨日も——よりずっと大きな社会ラディカリズムが、公的な立論に必要となる。でも、この偏りからの変化は、可能だし、大いに必要とされている。これはニュース報道の精度向上も同じだ。政治的なシフトの中で、インド左派は（こうした問題に注目したほうが）場当たり的なその場しのぎの政策がなんとか実現したもの——そして大きな社会的分断に取り組まず、周縁的な問題にばかり専念していたことにより達成したもの——よりはずっと大きな貢献ができたはずだ（こうした問題については本書収録のエッセイ二つ「本当に憂慮すべきものとは」「一日一願を一週間」で論じている）。

経済成長と人間のケイパビリティ

まちがった報道の多くは、特に影響があるわけではない。でもいくつかについては抗議せざるを得ない。比較的豊かな人々への補助金の多さ――電力、ディーゼル燃料、調理用ガスなど――は、ここで議論してきたのと同じ政治力の分断の結果だし、私は一貫性ある形でそれを批判する機会を得てきた。「一日一願を一週間」で論じたように、相対的に豊かな人々の消費に対する補助金として使われた金額は、やたらに攻撃される食料補助金や雇用保証を合わせたよりも、何倍も大きいのだ。もし強い声を持つ人々からの公的な批判が後者だけに向けられ、前者にはほとんど抗議がなければ、私たちとしては異議を申し立てて声を上げる理由がある。私はそれをやろうとした。だからといって、私は「補助金支持」ではない――また富裕層への補助金はすべて廃止すべきだし、食料補助金や雇用保証でさえ管理を大幅に改善すべきだと一貫して論じてきたことが消え去るわけでもない（実は、よい組織と腐敗の排除は、それ自体が貧困者の利益になるのだ）。

すでに豊かな人々に対する補助金については多くの評論家が口をつぐむ一方で、食料や雇用関連の貧困者向け補助金について声高に批判してみせるというのは、階級バイアスの反映だし、それには全力で立ち向かう必要がある。このバイアスはインドでは実に強く、二〇一二年七月に予想外の停電が起きたとき、新聞にはインド人六億人が「暗闇へと陥った」と報道されたが、その六億人のうち二億人はそもそも電力系統につながれたことなどなく、したがって暗闇もいまに始まった目新しいものではないということをメディアは見すごしてしまったのだった。

公的な資金を使ってよい公立学校や、機能する公的医療、電力への接続、安全な水を万人に供給すべきだと論じたからといって、「補助金」経済を支持しているのだなどとはまったく言えないはずだ。日本、中国、韓国からイギリス、フランス、ドイツなどの国まですべて「補助金」帝国だと論じたいのであれば話は別だが。イギリスの国民保健サービスは、全イギリス住民に無料の医療を提供しているけれど、これは比較的裕福なインド人に対して調理用ガスに補助金を出したり、電気機器を持てるだけの特権階級に安すぎる電力を提供したりするのとは話がちがう。

第二の問題は、経済成長と人間のケイパビリティ拡大の相互依存関係だ。これは私が強調しようとしてきたことで、どちらも必要だと論じている。だから、私が経済成長に「反対」だとか、私が成長ではなく「再分配」を求めているとかいう話をよく見かけるのだが、戸惑わざるを得ない。私の博士論文(一九六〇年に『技術の選択』という本として刊行された)に戻るまでもなく、この研究での主要な貢献は、各種技術の選択を行うにあたり、高い経済成長を生み出すことが必要だという主張だったのだ。あるいは、経済成長の重要性に示唆を受けた二冊目の著書『成長経済学』(一九七〇年)の中身を持ち出す必要もないはずだ。中心的な問題は所得再分配ではなく、適切で効率のよい公共サービスの提供である(これは法秩序にとどまるものではない)、特に教育、医療、栄養サポート、環境保護に関連した公共サービスなのだ。私の信念や議論の歪曲とは別に、この批判には成長とケイパビリティ形成との間の相補関係を見落としているという混乱がある。

成長は人々の福祉と自由の促進の道具としては重要だが、成長がそれ自体として重要だという形での成長妄信はあまり有用ではない。むしろ成長は、人々の生活を促進するための機会を提供するものとして捉えるべきなのだ。成長はまた、経済成長の果実がどう使われているかという面からも判断されるべきだ。UPAの下でもNDAの下でも、インドでの高い経済成長期にその成長の果実のうち人々の生活改善に向けられた比率は低かった――実際、経済成長の速度という点で比較対象となりそうな、中国やインドネシアと比べてもずっと低かったのだ。

でも経済成長を、インドでの医療や学校教育拡充と相反する目標だと考える一部の経済学者たちはそう考えがちだ。最大の問題は、教育水準が高く健康な人口を持つことが、安定した持続可能な経済成長を高めるための主要な貢献要素だという事実にある。教育や医療と、経済成長との相補関係こそが、東アジアの急速な発展の基盤をもたらした――日本、韓国、台湾、シンガポール、タイ、中国を含め。インドはこの基本的な叡智を活用し損ねてきた。経済成長の原因理解についてのそうしたまちがいを正してほしいと願うのは、どう考えても「反成長」の真逆だろう。

教育水準が低く不健康な労働人口を抱えるのは、人間としての福祉にとってよくないだけでなく、安定した持続的な経済成長の足も引っ張るというのは、国際比較からの大量の実証的な証拠で示されていることだ。

でも、こういう質問をすることはできる。貧困国で、国民皆医療をどう実現しろというのか？　否定論者たちが見すごす第一の――そしてひょっとすると最も重要な――事実は、基本的なところでヘルスケアというのはきわめて労働集約的な活動であり、貧困国では賃金が低いということだ。貧困国は、ヘルスケアに使えるお金は少ないが、同じ労働集約サービスを提供するのに使う金額も少なくて済むのだ（豊かで高賃金の経済が支払うのに比べれば、はるかに少ない）。大幅な賃金水準の差が持つ意味を考慮しないのは、大きな見落としであり、医療や教育といった労働集約的な活動の実現しやすさに関する議論を歪めてしまうものだ。

第二に、万人にどれだけの医療を提供できるかというのは、確かにその国の経済的な余裕に左右されるかもしれない。でも、その国の余裕の範囲内で提供可能なものは、皆保障を通じてもっと効率的かつ平等な形で提供できるようになるのだ。

第三に、多くの医療や保健サービスは、それぞれの個人が個別に使うよりは、共有される。たとえば伝染病関連の介入は、個別の人に一人ずつ影響するよりは、同じ近隣に住む多くの人々にまとめて提供される。だからヘルスケアは、経済学で「集合財」と呼ばれる構成要素を大きく持っているのであり、こうした集合財は純粋な市場システムでは配分がきわめて非効率になりがちだ。これは多くの経済学者、なかでもポール・サミュエルソンによって徹底的に論じられてきた。多くの人々をまとめてカバーするほうが、ときには少数の人々を個別にカバーするよりも安上がりなのだ。

第四に、多くの病気は伝染病だ。皆保障は、その拡大を予防して、伝染病ケアの改善を通じて費用を引き下げる。この点が個別地域に適用できるということは、はるか昔から認識されてきた。伝染病の撲滅は、実は感染の広がりに取り組む地域において、治療を受けない人を一人も残さないことにより実現されてきたのだ。地域から地域への病気の伝搬——そしてもちろん、国から国への伝搬——は最近になってこの議論の力をさらに広げるものとなっている。

非対称情報と医療

万人向け公共医療システムがそこそこ整備されていない場合、多くの人々は価格が高すぎて効率の悪い民間医療に頼らざるを得ない。そうした民間医療はインドでは実に多い。多くの経済学者、特にケネス・アローが分析したように、医療上の関心という分野においては、情報のしっかりした競争市場などというものはあり得ない。それは経済学者たちが「非対称情報」と呼ぶもののせいだ。これは、医療保険の市場についても当てはまる。というのも保険会社は患者たちの健康状態を完全に知るわけにはいかないからだ。おかげで、民間健康保険の市場は、市場分配の狭い論理の中ですら、どうしようもなく非効率なものとなる。それに加えて、民間保険会社は、規制と監査による制約がなければ、「ハイリスク」とされる患者を排除する強い金銭的な利害を持つ。これはユニバーサル医療のそもそもの狙いを台無しにしてしまう。だから何らかの形で、ユニバーサルな医療を可能にするためには政府が活躍しなければならないのだ。

非対称情報の問題は、医療サービスの提供そのものにも当てはまる。患者たちは普通、自分の疾患にどんな治療が必要かを知らないし、どんな薬が効くかも、そもそも医師が治療として何をやっているのかもわからない。シャツや傘といった多くの商品の市場とはちがい、医学的な治療の買い手は、売り手——医者——がやることについての知識がはるかに少なく、これが市場競争の効率性を低下させる。市場競争がたっぷりある場合ですら、比較的無知な人々の収奪の可能性が、結果として起こりやすくなってしまう。そして医療人員が希少で、競争もあまりない場合には、医学的な治療の買い手の運命はさらに悪化しかねない。さらに、医療提供者たち自身が十分に訓練を受けていない場合（インドの多くの部分ではそうなっている）、状況はなおさら悪化する。結果として、きちんとした公共保健システムが万人をカバーしていない場合、多くの患者は、他に代替がないために、ヤブ医者の収奪から逃げられない。そうしたヤブ医者は、自分のインチキぶりに犯罪性をがっちり組み合わせてしまうのだ。

インドでは、同じ国の中で両方の仕組みが隣り合って機能しているのが見られる。基本的な保健を民間医師に頼るのは、あまりにしばしばきわめて収奪的になるけれど、公的な保健はしばしば医療人員たちの労働規律欠如やサボりや汚職により機能不全となっている［★7］。それでも、州が運営する医療サービスが適切に運営されれば、民間医療では不可能な水準のケアを万人に提供できる。これは特に非対称情報の歪曲による部分が大きい。ケーララのような州は、公共サービスを通じて万人への基本的な医療をかなり信頼できる形で提供している。ケーララは数十年前に、広範な公共保健サービスを通じてインドでのユニバーサル医療の先鞭をつけた。ケーララの人口が豊かになるにつれ――一部はユニバーサル医療と、ほぼ完全な識字率のおかげだ――多くの人々はいまや、もっとお金を出してもっと気前よく民間医療を得ようとしている。でもそうした民間サービスは州が提供するものと競争しなくてはならず、しかも、医療知識と医療機会がきわめて広範で、教育水準も高い地域でその料金を正当化するためには、州よりさらに優れたサービスを提供しなければならないため、民間医療サービスの品質も、公共教育の水準が低くて公的医療サービスからの競争がないところに比べると、優れたものとなっている。これに対して、マディヤ・プラデーシュ州やウッタル・プラデーシュ州などは、人口の大半に対し、収奪的で非効率的な医療の例をたっぷり提供してくれる。無理もないことだが、ケーララ州の人々はマディヤ・プラデーシュ州やウッタル・プラデーシュ州などの人口に比べ、ずっと寿命が長く、予防可能な病気の発生率もずっと低い。

ユニバーサル医療のシステムは、それが決定的に必要な――だがしばしば無視される――一次医療と、病気が早期に見つかる場合には比較的安上がりな外来患者ケアに専念できるという利点もある。万人への系統的なケアがなければ、病気はしばしば進行してしまい、ずっと治療が高価になり、しばしば入院治療や手術が必要となる。最近導入されたタイでのユニバーサル医療の経験は、予防ケアと早期介入の対象範囲が改善することで、もっと高価な治療の必要性が激減することを如実に示している。よい医療は系統的な――そして包括的な――関心を必要とし、万人にとって手の届く医療がないと、病気はずっと治療しにくく――そして治療が高価になる。平等性の向上は、きちんとしたユニバーサル医療の報酬の一つだが、治療の効率性拡大もまちがいなく別の報酬なのだ。

時間をかけた試験

経済成長と教育や保健の進歩との相補的で相互依存的な関係は、インド国内で州ごとに見られる比較体験を見ると浮き彫りになる。五〇年近く前に、ケーララ州が識字率一〇〇パーセントと州支援の皆医療を提供しようとするのを支持したときには、実に派手に石を投げられたものだ。当時のケーララはインドでも最貧州の一つだったから、こんな戦略がうまくいくわけがないときっぱり言われた。でも、そのためのお金がないという理論はまちがった主張で（その理由はすでに述べた）貧困にもかかわらずケーララ州はすべての子供に小学校教育を提供し、ユニバーサル医療の効率的なシステムを運営して、おかげで同州はインドで群を抜いて最長の平均余命と、幼児や小児死亡率も最低水準で、他にも各種の保健面での成果があがっている。

こうしたいわゆる「社会的成果」に加え、当時の初期の日々ですら――相補性の理論に反対する人々から受けたと記憶している侮辱にもかかわらず――教育水準や健康水準の上がった労働力があれば、ケーララ州が純粋に経済的な面でも成長できるようになるのは明らかだった。何と言っても、労働生産性を引き上げるのに、健康、教育、技能形成の涵養ほど強い影響因子はないのだ――こうした基盤となる結びつきについては、現代経済学の父アダム・スミスも、実に多くの関心を示している。

いまやかつては貧しかったケーララ州が、ユニバーサル医療と全員就学によりインドの全州の中で一人あたり所得が最高になったので、経済成長と人間のケイパビリティ増進（特に医療、教育、ジェンダー平等の促進という形での）が相補的で、それぞれお互いを強化し合うという理論にも本当に中身があるということを理解できるはずだ。この理解の核心にあるのは、経済成長を促進するにあたっての社会インフラの決定的な重要性だ――この基本的な叡智が、ケーララ州を経済的に急伸させてくれたのだ。この州は他の分野では政策ミスをしており、そうしたミスは矯正できたはずだし、矯正するべきだったのだが

（そうすれば、経済的なものと社会的なものとの相補関係の根本的な涵養により、もっと利益が得られたはずだ）。

経済パフォーマンスにおけるインフラ——物理的なものも社会的なものも——の役割は、インドでの政策立案において無視されてきたテーマだ。物理インフラ（道路、電力など）への無関心は、最近になってかなりの注目を集めるようになってきた。これは主に、この分野でグジャラート州が成功したからだ。これはまちがいなくよい傾向だし、物理インフラの重要性は確かに重要な認識だ。でも一つの経験から賢明にも叡智を引き出したのであれば——つまり、インドの他の州よりも成果をあげて、一人あたり所得や支出の表において七位あたりにいる州（つまりはグジャラート州）から学べるのであれば、インド最貧州の一つから最も裕福な州にまで浮上した別の州の経験からだって、何らかの叡智を引き出してもいいのではないか——その州はインドでトップになったのだから（いまのケーララ州のように）。

最後に一言

インドで起こっていることについて悪い報せがある一方で、よい報せの可能性もある。独立した民主国は、自分で自分の問題を解決できるはずだ。でも何がまずかったのか——社会的に、経済的に、政治的に、そしてこれらに負けず劣らず重要な、文化的な面での失敗——についてのはっきりした分析なしには、たいしたことはできない。本書におさめたエッセイは、ささやかながらも私たちが今日直面する多くの問題に取り組むのを手助けしようという試みだ。私たちは行動だけでなく理解が必要だし、それも多くの分野で必要とされているのだ。

本書で最後から二つ目のエッセイ「一日一願を一週間」は、二〇一四年一月のジャイプル文学フェスティバルで光栄にも述べさせていただいた、開会の辞の文章だ。インドで古くからの伝統に従い、私は論点を出すために寓話的な形式を使い、それを想像上の物語に埋め込んだ。それらの論点は、たまたま本エッセイ集の主要テーマの多くと関連している。寓話のほうが色あせた後も、それらの論点は生き残ってくれると願いたい。

終わりに別のお話をしよう――それも古いお話で、この序文ですでにいろいろ触れた、ずっと昔のヴェーダからのものだ。宗教心を持つヴェーダの読者は、『リグ・ヴェーダ』の中の「ばくち打ちの詠嘆」という、含蓄豊かな詩をあっさり見すごしてしまうかもしれない。この詩で、あるばくち打ちはギャンブル中毒に負けるよりは、土地を耕すなど有益なことをすべきだと気がつく。でもかれは、ばくちをするべきではないという理性的な決断にもかかわらず、気がつくと賭場にやってきて、人生をめちゃくちゃにしてしまうのだと述べている。この詩は示唆的だし知的にもおもしろい――たぶんこれは、いまや有名な哲学問題である「意志の弱さ」(古代ギリシャ人たちが「アクラシア」という名前の下で詳細に研究した問題)に関する世界初の議論だと私は思う――そしてこの問題は、現代哲学でもやはりとても重要なものだ。

この詩には別の突出した特徴があって、学生時代に初めて読んだときに私もおもしろがったものだ。これはほぼまちがいなく、義理の母親に関する苦情を持ち出した最初の詩だ――これは現代世界でも、とても人気のある上品でも下品でもないユーモアとなっている。リグ・ヴェーダのばくち打ちはこう嘆く。

「義理の母さんには嫌われ、女房には邪険にされる」。

私たちインド人にはすっかりお馴染みとなった、決意と実績との間の大きな亀裂を考えると、ここにはまちがいなく教訓がある。私たちにはまず、インドを最も苦しめているものについての明晰な理解が必要だし、苦しみを取り除くために克服すべき障害をつきとめねばならない。さらに同じくらい重要なことだが、まさにそれを実行しなくてはならない——やるべきだと正しく決意したことを実際にやって、リグ・ヴェーダのばくち打ちのようにどこか別の場所に行くような真似を慎まねばならないのだ。それができたら、かくも恐れられている義理のお母さんですら、私たちに優しい目を向けてくれるようになるはずだ。

二〇一五年

アマルティア・セン

注と参考文献

★1　これらの論説を選び編集してくれたプラティク・カンジラルとアンタラ・デヴ・センに感謝する。

★2　私にとっては幸せなことだが、一年おきにハーヴァードで社会選択理論の講義を、傑出した理論家であるエリック・マスキンと共同で教えることで、定期的な楽しみを享受している——この楽しみは最近、「数学モデルによる推論」の講義を、マスキンと私がバリー・メイザー（優れた数学者）と教えることでうまく補われることになった。この大学院講義は、才能豊かでエキサイティングな学生だらけで、ハーヴァード大学の数学学部と経済学部の共同で提供されている。

★3 男女の比較をするため幼い子供たちの体重を量るのに使った体重計を挙げようかとも思った。というのも私は、研究助手が何にでもかみつきたがる子供たちの攻撃に尻込みしたときに、子供たちの体重を量る作業を引き受けねばならなかったという事実について、不面目ながらも誇りに思っていたからだった――私は噛まれずに体重を量る地元の達人となったのだ。

★4 この問題についてはジャン・ドレーズと共著の拙著『開発なき成長の限界――現代インドの貧困・格差・社会的分断』（二〇一三年〔邦訳＝湊一樹訳、明石書店、二〇一五年〕）を参照。

★5 Ashok Rudra, "Emergence of the Intelligentsia as a Ruling Class in India," *Economic and Political Weekly*, volume 24, issue 4 (21 January 1989).

★6 『ニューヨーク・タイムズ』記者ガーディナー・ハリスは、『開発なき成長の限界』を共著で書いているとき「なぜ新聞は、UPAの政策をいつも攻撃しているあなたが、UPAの経済政策を支持していると言うんですか？」と尋ねた。ハリスに満足のいく答えができたとは思わないが、たぶん一部の人は、BJP主導のNDAに批判的な人物であれば、UPAとその経済政策の支持者にちがいないと想定してしまうのではないだろうか！

★7 これについてはセン&ドレーズ『開発なき成長の限界』第六章「インドの医療危機」を参照。貧困理解に分野の壁を越えたアプローチが必要だという点については、他にDeepa Narayan, *Measuring Empowerment: Crossdisciplinary Perspectives* (Washington DC: World Bank, 2005) も参照。

暦から見たインド

India Through Its Calendars

初出＝*The Little Magazine: Other*, volume I, issue 1（2000）, pp. 4-12.

「暦は現代的な文明生活において不可欠な必需品なのだ」と偉大な科学者にして、インドの暦改革主導者でもあるメグナード・サハは述べている。これでも言い足りないくらいだ。暦の必要性は、現代のはるか昔から強く認識されていた――そして十分理解されていた。形はどうあれ暦は、確かにもうずっと長いこと文明生活の不可欠な必需品となってきた。だからこそ、多くの暦は実に古いのだし、またたからこそほとんどの文明は歴史的に見て、独自の固有の暦を一つかそれ以上は生み出してきたのだ。一つの国の中、ある文化（広く定義したもの）の中で複数の暦があるのは、その国の中で共存するちがった集団の、別々の専心事や懸念と関連している傾向が強い。

社会と文化の手がかりとしての暦

暦やその歴史、利用法、社会的なつながりの研究は、ある国やその文化の重要な側面について、有益な理解をもたらしてくれる。たとえば、暦にはしばしば宗教的な役割があるので、地域宗教と国内の暦との間には明確なつながりがあることも多い。実際、世界的に使われている暦ですら、しばしば「キリスト教暦」「イスラム暦」「仏教暦」などと分類されることも多い。でも暦と文化とのつながりは、こうした初歩的なつながりをはるかに超えるものだ。暦の構築は数学や天文学の利用が必要だし、暦の機能と活用は高度な文化と都市性を必要とするので、暦の進歩史は、そうした発展が起こる社会についてもいろいろ物語ってくれるのだ。

さらに現地時間は、それぞれの場所が国内のどこにあるかで変わってくるという事実からして、共通の時間と共通の暦の使用は参照地点の固定（たとえばイギリスならグリニッジ）と、主要な子午線（イギリスの場合だとグリニッジを通るもので、ここからグリニッジ標準時またはGMTという名称が来ている）の固定が必要となる。参照地点と主要子午線の決定は、暗黙にせよ政治的な決断であり、その国についての統合された見方が必要だ。一九世紀末のイギリスで、GMTが全国標準として定められたとき（それを決定する法律は一八八〇年にやってきた）、それは決して異論のない決定ではなかった。反対者としては天文学者ローヤルや、自分たちの独立性と、自分たち独自の現地時間の「正確さ」を重視した、自信たっぷりの各種機関があった。オックスフォードのキリスト教会大時計は、しばらくは追加の針により、GMTと現地時間——GMTの五分遅れ——を表示し続けたし、同大学の伝統では「指定時間の五分後までは遅刻ではない、つまりグリニッジ時間だけでなくオックスフォード平均太陽時間でも遅れている状態になるまでは遅刻と言えない」という信念が容認されていた［★1］。一八八四年にワシントンDCで開かれた国際子午線会議で、グリニッジを通る子午線が「あらゆる国にとっての基準子午線」だという地位を与えられたときには（これによりGMTもまた公式の国際的な地位を獲得した）、世界情勢におけるイギリスの支配的な地位が、まちがいなく重要な政治的役割を果たした。

こうした関連のため、ある社会での暦の性質、形式、使用法は、そこの科学や数学だけでなく、政治、文化、宗教についてもいろいろ教えてくれるのだ。これはインドほど多様な国にさえ当てはまるし、この意味でこのエッセイの中では、インドをその暦を通じて理解しようという試みが行われるわけだ。

千年紀の境目とアクバルの懸念

実は、現在はこの種の検討を行うにあたり、ことさらふさわしい瞬間だ。グレゴリオ暦（これはいまやインドでも広く使われている）の第二千年紀が終わろうとしている。ある数え方の方式では、グレゴリオ暦の第二千年紀は二〇〇〇年一二月三一日に終わるが、一九九九年一二月三一日にすでに行われた華々しいお祝いは、他の見方——それによると、私たちはすでに第三千年紀にいることになる——にも熱心な支持者が、お祭り好きな世界人口の一部とはいえ、いることがわかる。

個別の暦が行う時間の分割は、どれもかなり恣意的なものだし、純粋な因習に依存しているとはいえ、それでも社会的に考案された時間の分割点のお祝いは、私たちが住む世界の性質を振り返るよい機会となる。実際、これはインドの暦自体を振り返って、このインドという国の性質を解釈するにはことさらよい瞬間なのだ。というのも、これはまさにいまという時期に、大量の内部論争の対象となっているものだからだ。インドを見る各種の視点——純粋にヒンドゥー教中心の見方から、極度に世俗的な解釈まで——が関心を求めて相互に争っているのだ。

この文脈では、イスラムのヒジュラ暦での最初の千年紀が終わったとき（ヒジュラ暦一〇〇〇年は、一五九一年一〇月九日から一五九二年九月二七日まで続いた）アクバル皇帝はムスリム支配ながらもきわめて多宗教だったインドで、似たような——だがずっと壮大な——試みを始めた。アクバルが宗教的寛容を推奨したのはもちろんとても有名だし、それがインド世俗主義の大きな構築要素となったことも正しく認識されている。でもそれに加えて、アクバル皇帝の行動や政策は、かれのインドに対する探究や解釈とも密接に関連しており、その探究の中で、暦の体系は重要な位置を占めていたのだ。

実際、アクバル帝はインド国内で実践されている各種宗教を学ぼうとする一方で、インドで知られ使われている各種の暦を理解しようとした。さらに千年紀の最後の一〇年（厳密にはヒジュラ暦九九二年、西暦一五八四年になる）には、全国的な合成版の暦「ターリク・イラーヒー」を提案するに至った。ちょうど、インドに存在した各種宗教を援用して統合版宗教「ディーネ・イラーヒー」を作ったのと同じだ。この二つのイノベーションはいずれも生き延びなかったが、この二つの動きの背後にある動機——これらは相互に関係している——はその後何世紀にもわたり注目を集めたし、今日でもきわめて意義が高いものだ。今日の千年紀記念は、別の千年紀末においてアクバルの疑問と懸念に立ち戻るのに適切な瞬間だろう。

この点についてはエッセイの最後に立ち戻る。でもまず、インド人たちの生活を律してきた主要な暦を検討し、その情報を使って、それがインドについて提供してくれる各種の理解を引き出してみよう。この視点は、インドの科学と社会、さらにはその文化や慣習についての多くのちがった側面についての手がかりを提供してくれるのだ。

インドの暦

インドは驚くほど多様な暦体系を提供してくれるし、それぞれの歴史は数千年にもまたがっている。一九五二年（インド独立後まもなく）に任命された、公式の暦改革委員会は、他ならぬメグナード・サハその人が委員長を務めたが、全国で系統的に使われている、きちんとした暦が三〇種類以上あると同定した［★2］。こうした別個の暦は、インドの中で共存してきたコミュニティ、地方、伝統、宗教などの多様ながらも相互に関連し合った歴史に関連している。インドに蔓延する複数主義の裏づけが欲しければ、インドの暦は真っ先にそれを示す、立派な証拠となるだろう。

権威ある『ウィテカー年鑑』は、この長い一覧表を、主要な「インドの暦」七つにまで還元する。またグレゴリオ暦の二〇〇〇年を、これらの主要な暦に翻訳もしてくれる。でもそれぞれの暦で年始はちがうし始まる季節もちがうので（たとえば、インドで最も広く使われている土着暦であるサカ暦は、四月半ばの春に始まる）、こうした翻訳は完全に整合しているというよりは、かなりの重なり合いがあるものとして理解しなくてはならない。グレゴリオ暦の二〇〇〇年ADは、『ウィテカー年鑑』によればそれぞれ以下のように対応する。

- カリ・ユガ暦六〇〇一年
- 仏暦（仏滅紀元）二五四四年
- ヴィクラム・サムヴァット暦二〇五七年
- サカ暦一九二二年

・ヴェーダーンガ・ジョーティシャ暦（五年周期で示される）一九二一年
・ベンガルのサン暦一四〇七年
・コラム暦一一七六年

この一覧にもちろん、インドで広く使われている他の主要暦を加えてもいい。たとえばジャイナ教と関連した古いマハーヴィーラ入滅暦（仏暦と同じくらい長く使われている）、さらに後年追加された、イスラムのヒジュラ暦、パールシー教の暦、キリスト教のさまざまな日付体系（そしてエルサレム陥落後にユダヤ教徒がインドに来て以来、ケーララ州の地元で使われているユダヤ教の暦もある）などを加えることもできる。

古代インドとその暦

『ウィテカー年鑑』のインド暦一覧を見れば、カリ・ユガ暦が生き残っている他の古い暦と比べ、明らかにずっと古い――そして他とかなりずれている――ことがわかる。また、世界史の宗教的な記述とのつながりが、数学的――いささか得体の知れないほどの――精度を持って記述されている点で、ちょっと特殊な立ち位置にある（これは四つのユガの最新にして最も短いものだ。このユガは四三万二〇〇〇年続くことになっていて、それに先立つ三つのユガは――さかのぼると――カリ・ユガの二倍、三倍、四倍の長さとなり、全体と合計すると四三二万年に及ぶ）。もちろんヴィクラム・サムヴァット暦とサカ暦も「ヒンドゥー暦」と呼ばれ、まちがいなくこの見出しのもとに出ているというのも事実だ。たとえば『オックスフォード版年の手引き』ではそうなっている。でも、これらはもっぱら世俗的な暦であり、使途も宗教的なものはあったが様々で、たまたまヒンドゥー教徒たちが使っていたというだけだ。これに対し、カリ・ユガは正統的で原初的な宗教的地位を与えられている。さらにヒンドゥー教の古さは疑問の余地のないことであり、古代インドはしばしばヒンドゥー教のインドと思われることが多いので、カリ・ユガの時期的な先行性は、独自の政治的な意義も獲得し、これが国や文明としてのインドの解釈に影響を与えている。

おもしろいことに『ウィテカー年鑑』によると、カリ・ユガもまたグレゴリオ暦と同じく千年紀の終わりにきている——第六千年紀の終わりということだ。この「二重の千年紀」は、ちょっとしたお祝いの口実を与えてくれるようだし（こうした偶然の一致はそうそう起こることではない）、成り上がりのヨーロッパ人たちが、たった二回目の千年紀の終わりを享受しているのと同じときに、第六千年紀の完了を祝えることで、インド人たちが安上がりな優越感に浸る機会も与えてくれる。

『ウィテカー年鑑』のカリ・ユガ暦の年はどのくらい正確だろうか？　『年鑑』は、明らかにカリ・ユガ暦の公式な年を報じた点でまったく正しい。実際、この計算はかなり広く使われているし、暦改革委員会ですら同じ慣習を報じている（つまり西暦一九五四年が、カリ・ユガでは五〇五五年だと報じていた。すると西暦二〇〇〇年はまさにカリ・ユガ六〇〇一年となる）。でもこの計数の慣習は、二つのちがう問題を提起するし、よく考えてみる価値がある。まず、公式のカリ・ユガ暦分析体系の「ゼロ点」と対応したものになっているだろうか？　第二に、カリ・ユガ暦のゼロ点は、その実際の歴史年代を反映したものだろうか？

どうやら私は、二重にがっかりするメッセージを伝える、悪い報せの伝令にならざるを得ないらしい。まず、カリ・ユガのゼロ点は六〇〇一年前ではなく五一〇一年前なのだ（紀元前三一〇一－三一〇二年に対応）。第二に、このゼロ点はこの暦の実際の紀元年だった可能性はほとんどあり得ない。

第一の点はまったく議論の余地はなく、カリ・ユガ暦の優位性を擁護する人々ですら、ゼロ点が紀元前三一〇二年だということを否定することはまずない。ゼロ点は、五世紀インドの偉大な数学者にして天文学者で、天文学と数学の根幹を成す業績、特に三角法についての研究を行ったアーリヤバタの主張から簡単に計算できる。アーリヤバタは地球の日周運動を提案した人物でもある（そしてそれに対応して、なぜ地球が回転するにつれて物体が放り出されないかを説明するため、重力の理論を提案した——これは後に六世紀のブラフマグプタが発展させる）。アーリヤバタは、カリ・ユガ暦三六〇〇年は自分が二三歳のときに終わったと述べている（この年、この早熟の天才は決定版の数学理論書、通称『アーリヤバティーヤ』を執筆した）［★3］。これはサカ暦四二一年で、西暦四九九年と一部重複する。ここから、西暦二〇〇〇年はカリ・ユガ暦五一〇一年に対応するとすぐにはじき出せる。これはまた、インド暦改革委員会が手持ちすべての証拠をもとに受け入れたものとも一致する。すると、二重の千年紀——グレゴリオ暦の二回目とカリ・ユガの六回目——をお祝いする機会は失われる——が、それでもカリ・ユガ暦のほうがグレゴリオ暦より先行しているという主張は無傷だ。五一〇一年でも、二〇〇〇年よりは十分に長いからだ（少なくとも優越感に浸るためには）。

でも、しばしば見すごされることだが、(1)ある暦の歴史的な起源と、(2)計測装置としてのそのゼロ点とのちがいを認識するのは重要だ。このちがいを明らかにするため、キリスト教暦のゼロ点はイエス・キリストが生まれたときに決められたのではなく、当然ながら後年になって決められたのだということを指摘させていただこう。カリ・ユガ暦のゼロ点は十分明確だが、それだけではこの暦体系(そのゼロ点も含む)がいつ採用されたかはわからない。

カリ・ユガの起源(またはゼロ年)は、紀元前三一〇二年のインドにおける実際の天文学的観測により固定されたと主張されている。これはインドの伝統主義者が言っているだけではなく、ハレー彗星の軌道を計算したことで有名な、傑出したフランス天文学者ジャン=シルヴァン・バイイという大権威が一八世紀にお墨つきと支持を出している。でも大科学者・数学者のラプラスが示したように、この仮説が正しいはずがない。(ゼロ年に)得られたとする天文観測結果と、紀元前三一〇二年の空で見られたはずのものとの間には、明らかな差があるのだ。ラプラスは、同時代の天文学を使ってこの計算をかなり厳密に行った。この古い暦は、まちがいなく古代のものではあるが、実際の天文学的な観察を記念してのものとは思うべきでない、とラプラスは論じた。

インドの表はずっと洗練された天文学を示してはいるが、あらゆる部分が、それが極度に昔のものではないことを示している。(中略)インドの表には主要な年代が二つあり、一つは紀元前三一〇二年、一つは紀元前一四九一年にさかのぼる。(中略)きわめて難しい問題に対しての適用方法をかれ

（ジャン＝シルヴァン・バイイ）が熟知していて、それを使って提起されたあらゆる議論に敬意を払いつつも、私はやはりこの期間（紀元前三一〇二年から一四九一年まで）は、星座を構成する天体のあらゆる動きに共通の起源を与えようとして後づけされたものだという見解をとる。［★4］

ここで一息ついて、一般的に興味深い二つの点を指摘させていただこう。まず、ここでラプラスは紀元前三一〇二年に実際に観測されたはずのものについての天文学的な主張——しばしば聞かれる主張——に異議を唱えている。つまり批判されているのは（カリ・ユガ暦の）歴史と応用天文学（いつ、何が観察されたか）の両方となる。第二に、ラプラスは紀元前三一〇二年という年をまったく恣意的なものと扱っているわけではない。むしろ、天文学的な位置づけとは別の、分析的または数学的な立ち位置を与えている。歴史研究においては、逆算による憶測はあまりいい手法ではないかもしれないが、それでも独自の分析的な関心対象となる手法ではある。

実際、ラプラスは古代インドの知識人たちが最大の関心を向けていたのが、観察科学よりは数学だったという見方（これは他の証拠からも支持が得られる）を裏づけているのだと解釈できる。アタルヴァ・ヴェーダと叙事詩の数字へのこだわりから、パーニニの文法表やヴァーツヤーヤナの性交体位の番号づけに至るまで、古代インドでは番号づけと計算に対する驚くほどの執着が見られる。インドの暦の多さと、その空想史の分析的な構築は、インドの知的伝統の読みにうまく当てはまる。

カリ・ユガ暦に話を戻すと、カリ・ユガ暦の使用が紀元前第二千年紀のものとされる各種ヴェーダではまったく裏づけられないというのも、おそらく多少は意味があるはずだ。実は各種ヴェーダには暦の議論はたくさん出てくるし、一年が一二カ月で一カ月は三〇日で、五年ごとに一三カ月目の閏月が追加されるという体系の明確な説明が見られる。最古のヴェーダである『リグ・ヴェーダ』は、太陽暦の一年を月と季節に分ける主要な分割（九〇日で構成される季節が四つ）が書かれており、閏月の計算を含む、もっと厳密な計算は『アタルヴァ・ヴェーダ』に見られる〔★5〕。でも、カリ・ユガの計算で使われる計算方式そのものは、各種ヴェーダのどこにも見つからない――少なくとも、私たちの時代にまで伝わったものには出ていない。『ラーマーヤナ』『マハーバーラタ』を見ても、カリ・ユガ暦への明示的な言及はおろか、暗黙の言及もないようだ。これらを含む各種の証拠の検討により、暦改革委員会のメグナード・サハやその仲間たちですら、カリ・ユガ暦が現在のような形になったのはまさにアーリヤバタの時代、西暦四九九年だったのではと示唆している（それどころかかれらは、その分析体系は「ヒンドゥー教の天文学上の計算支援のために創り上げられた、純粋な天文学的フィクションであり、西暦四九九年にだけ正確になるよう設計されたのでは」〔p.254〕と推測している）。

これが厳密に正しいかどうかはわからないが、カリ・ユガが他の古いインド暦と比べても、あまり長く使われているわけではない――いや少しでも古いかさえわからない――という結論を逃れるのは難しい。ヴィクラム・サムヴァット暦は、北部インドとグジャラート州ではかなり広く使われているが、ヴィクラマーディティヤ王の御代にまでさかのぼれるし、ゼロ点は紀元前五七年となる。でも強大なヴィクラマーディティヤ王の記録はあまりに謎に包まれており、この暦の初期の使用に関するまともな証拠も実に少ないので、ヴィクラム・サムヴァット暦の正確な歴史について自信を持って語るのは困難だ。でもその一方で、サカ暦はゼロ点（これは必ずしもその歴史的起源ではない）を西暦七八年に持ち、これが西暦四九九年には広く使われていたことはわかっている。実際、かのアーリヤバタによるカリ・ユガの年代記述がサカ暦（サカ暦四二一年）で行われているので、遅くともその時期には、サカ暦が有名だったし広く使われていたことがわかる。サカ暦（他の古い暦も同じだが）の使用に関する文献証拠はほとんど残っていないが、サカ暦四六五年または西暦五四三年のバーダーミ碑文は、サカ暦の使用を裏づけていることは特筆に値する（これはサカ暦四二一年または西暦四九九年のアーリヤバタの記述からそんなに遠くない）。『ウィテカー年鑑』の表から受ける印象とは裏腹に、カリ・ユガは別に他の既存暦すべてから孤立した先駆的な暦ではないという結論はどうも避けがたい。実は、今日生き残っている暦の中では、仏暦（ゼロ点は紀元前五四四年）が実はカリ・ユガ暦より大幅に古いことさえ考えられる。そしてやはり、ジャイナ教のマハーヴィーラ入滅暦だって同じくらい古いかもしれない（ゼロ点は紀元前五二七年）。こうした暦の初期の利用を同定するのは難しいけれど、仏暦が紀元前一世紀にスリランカで使われていたという確固たる証拠はある――カリ・ユガ暦の使用を示すあらゆる証拠よりも確実に古い。

インドの古い暦としてカリ・ユガ暦が最古だという主張についてかなり批判してきたので、誤解を避けるためにいくつか説明を加えて主張を明確にしておくべきだろう。まず、私は別にカリ・ユガ暦がとても古い伝統を持つものだというのを否定したいわけではない。それが各種ヴェーダでも論じられる、さらに古いインド暦を援用しているという証拠はたくさんある。でもこの古代インドの伝承物は、仏暦やマハーヴィーラ入滅暦とも共有されている。古代インドはヒンドゥー教のインドに限られるわけではなく、インドで誕生したり開花したりした複数のちがった宗教が共有する歴史がある、ということは忘れてはならない。インドがイスラム到来以前は「ヒンドゥー国」だったというしばしば繰り返される信念は、もちろんまったくの幻想だし、暦からの物語は、他のインド史の分野からの知見ともよく一致している。

第二に、グレゴリオ暦がたった二回目の千年紀完了を祝っているのに対し、インドは六回目の千年紀完了を祝っているという感覚的な喜びをインド優越論者が味わうことはできないにしても、キリスト教の起源となる時代には、すでにインド亜大陸では、いくつかの暦が競合していたというのは明らかなことだ。いまキリスト教暦として知られているものは、もちろん実際はずっと後になるまで形にはならなかったが、キリスト教暦（グレゴリオ暦を含む）がもとにしているローマ暦ですら、紀元前の第一千年紀をかけて形成期にあった。これはまさに、古いインド暦の伝統が整備されつつあった時期だ。実際、この時期の古い文明の間には大量のやりとりがあり、インド亜大陸の——あるいは他のどんな地域でも——独自のプロセスで出現したのがどれで、ある文化が他の文化から学んだのはどれかを仕分けるのは困難だ。

インド人たちがローマ人同様、その着想のかなりをギリシャ人から得たという証拠もある（各種『シッダーンタ』にはかなり明示的な謝辞がいくつかある）。でもそのギリシャ人たちは、かなりの着想をインド人の業績から得たと断言している。シリアの司教セウェルス・セボクトが西暦六六二年に（別の国で、別の文脈で）語ったように「何かを知っている人は他にもいる」。カリ・ユガ暦が批判的な検分によりその先行性を失うにしても、インド優越論の誘惑が引き起こす害悪のほうがずっとひどい（そしてヒンドゥー優越論の害はさらにひどい）。

変奏と連帯

インドにおける系統的な暦の多大な多様性は、この国の重要な側面、特にその文化的、地域的なバリエーションについての側面を明らかにしている。でも、これで話がおしまいなどということはあり得ない。というのもこうした大きい分散があっても、一体物としてのインドという概念は歴史を通じて生き残ってきたからだ。まちがいなく言えることだが、この概念があるということを否定するのが、インドというのは中小規模の断片を寄せ集めた大きな領域でしかなく、それが後年になってイギリス統治という結着力によりまとめあげられたという説だ。

イギリス人たちはしばしば、自分たちがインドを「書き上げた」と考える。そしてこの想像力豊かな被創造物についての主張は、インドなど赤道ほどの結着力もない概念だったというウィンストン・チャーチルの信念とも見事に一致する。でも、イギリス以前のインドにまったく統一性がなかったと見る人々ですら、インド人というまとまりで人々について一般論を述べるのに苦労はしない（チャーチルですら、インド人というのが「ドイツ人に次いでこの世で最もケダモノめいた連中」という見方を述べるのに抵抗はできなかった）。インド人に関する一般論は、アレクサンダー大帝やアポロニウス（初期の「インド専門家」）から、アラブ人やイラン人訪問者の「中世」時代（かれらはこの土地と人々についていろいろ書き残した）から、ヘルダー、シュレーゲル、シェリング、ショーペンハウエルなど近代に至るまでずっと続いてきた。また野心的な皇帝――チャンドラグプタ、アショーカ、アラーウッディーン、アクバルなど――はインドの大半が支配下に入るまで帝国は完全ではないと想定しがちだったことも指摘しておこう。当然ながら、歴史的には現代的な意味での「インド国民」が出来合いの形で存在するはずもないし、それが国民国家になってやろうと、てぐすねひいて待っているなどということもあり得ないが、そうしたものの基盤となり得る、社会的、文化的なつながりやアイデンティティの存在に目をつぶるのはなかなか難しい。

この多大な論争となっている問題について、暦の視点は何をもたらしてくれるのかと考えてみよう。暦の多様性は、宗教的なつながりだけでなく地域的な多様性によっても分断されており、統一インドというどんな見方にも反するように思える。でもこの文脈で言うなら、多くの暦には、月の割り方や年の初めという点で、強い類似性があることも指摘しよう。たとえばカリ・ユガ、ヴィクラム・サムヴァット暦、サカ暦、ベンガルのサン暦などは、みんなかなり集中して四月半ばに始まっている。証拠から見て、それぞれの暦が誕生した頃には、年の初めはどれも通常は春分に固定されており、そこから過去二〇〇〇年にわたる長期にかけての変動もだいたい同じだった一年の長さを整数で表したものに「補正」するための手法がわずかに不十分だった――しかもこれまた同じような不十分さだった――ためにそうなっているのだ。

一年三六五日という整数値が近似値でしかないというのは、暦を構築したインド数学者たちは当然知っていた。これを補うために、インドの暦の多くが標準的に使う定期的な補正は、閏月（「マラマサ」と呼ばれる）を追加することで、計算の結果と実際の季節とを一致させるというものだ。でも補正の適切性は、一年の長さをどこまで厳密に測れるかで決まってくる。そしてこれはそれぞれの暦が生まれた、あるいは改訂された時期の道具と知識水準では、なかなか難しい。実際、六世紀の数学者ヴァラーハミヒラは、一年の真の長さは三六五・二五八七五日だとはじき出した。これはかなりの精度ながら、やはりちょっとだけ誤差がある。恒星年は三六五・二五六三六日だし、太陽年は三六五・二四二二〇日なのだ。この誤差のせいで、各種の北インド暦は、春分などの意図された固定点から離れていったが、それでもその離れ方は似たり寄ったりで、お互いにかなりの連帯が見られる。

もちろん、このわずかな誤差における連帯表明には例外もある。南インド暦（たとえばコラム暦）と太陰暦や太陰太陽暦（たとえば仏暦）はちがう規則に基づいているのだ。実際、インド内部で暦の――いやそれを言うなら文化の――圧倒的な均一性などを期待するほうがまちがっているのであり、むしろ見るべきは、各種の暦の各種利用者たちが、それぞれの実践について持っていた関心のほうだ。後に、この相互の関心はイスラムがインドにやってきた後の、インドムスリムたちの使う暦にも影響を及ぼしていることを論じよう。

暦の面で統一的な視点の存在を見分ける方法の一つは、基準となる子午線と参照地の同定だ（たとえばイギリスのグリニッジ）。インドの多くの主要な暦の参照点として、いくつかのヒンドゥー王朝の首都（そして西暦の第一千年紀を通じた多くの文学的、文化的活動の現場）だったウッジェーニー（現在のウッジャイン）

の位置がずっと使われてきたことには驚かされる。ヴィクラム・サムヴァット暦（ゼロ点は紀元前五七年）は明らかに、この古代首都に起源を持つ。でもここはまた、サカ暦（ゼロ点は西暦七八年）の地理的な基点であり、また実に多くのインド暦もそうなっている。実際、今日ですら、ウッジャインの位置はインドの時計を合わせる基準点として使われている（つまりこの意味で、インドのグリニッジ役となっているわけだ）。私たちの生活を律するインド標準時は、いまでもウッジェーニー時間にかなり近いものとなっている——GMTより五時間三〇分早いのだ。

このきわめて慎ましく眠たい町への現代の旅行者は、二〇〇〇年近く前に有名な天文研究書で、決定版の『アーリヤバティーヤ』に先行する『パウリサ・シッダーンタ』が、世界の三つの場所の経度に注目したという点に興味を持たれるかもしれない。その三カ所とは、ウッジャイン、ベナレス［現ワーラーナシー］、アレクサンドリアだ。ウッジャインは、暦と文化との関係をうまく示してくれる。インド文学にはウッジェーニーの素晴らしい記述がたくさんあり、なかでも五世紀の、古典サンスクリット文学における最大の詩人にして劇作家とすら言える、カーリダーサの作品に記述が多い。

カーリダーサによるウッジェーニーのエレガンスと美しさのおかげで、一九一四年にはE・M・フォースターですらそこに旅行したほどだ。フォースターは、カーリダーサがあれほどいとおしげに描写した日々のウッジャインを心の中で再構築したかったのだ。かれはカーリダーサからのくだりを回想する。たとえば「針で引き裂けそうな暗闇」の中を「女性たちが恋人のもとへと忍ぶ」宵についての心乱れる描写などだ。でも、フォースターはそこの古い廃墟に何も明かしてもらえなかったし、地元の人々に、自分の歴史的文学的な探究にいささかの関心も抱いてもらえなかった。カーリダーサがあれほどロマンチックに描いたシプラ川に足首まで浸かりながら、フォースターは探究を放棄し、主流の叡智を受け入れる。「古い建物は建物でしかなく、廃墟は廃墟でしかない」[★6]。こうした歴史的な厳密性の放棄にこそ、統一性と言えるものがあるのでは、などとは考えずにおこう(すでに述べたカリ・ユガ暦の数学的な厳密性とは裏腹の、実証面での不確実性にもそれは表れているのかもしれない)。でも、政治権力も、文学的・文化的な優位性もずっと昔にウッジャインから離れてしまったというのに、インドの時間計測ではウッジャインが一貫した支配を見せているのは、何かとても驚かされるものがある。伝統は、連帯の大いなる仲間ともなり得るのだ。

相互作用と統合

インドの各種暦のコントラストの一つは、それぞれの宗教的なつながりと関連したものだ。これはすでに述べたとおり、かの元祖多文化主義者アクバル帝にとって、ことさら関心の高いものだった。かれは特に、ムスリムたる自分の支配している国に、数々のちがった信仰があるという事実を懸念していた。この懸念そのものにはすぐに戻ってくるが、その前にはっきりさせておきたいのは、インドへのイスラム到来以前から、インドは何をおいても多文化的で多宗教的な国だったということだ。実際、世界の大宗教のほとんど(ヒンドゥー教、キリスト教、仏教、ジャイナ教、ユダヤ教)はムスリム征服が起こる前にインドに存在していた。インド文明は仏教とジャイナ教を作り出しただけでなく（そして後にはシーク教も作った）、インドはヨーロッパよりもずっと昔からユダヤ教を受け入れ、イギリスになどキリスト教のかけらもなかった二世紀前からキリスト教徒を住まわせ、イランで宗教迫害が始まったそのときから、パールシー教徒に安住の地を与えた。それどころか、エルサレム陥落直後にユダヤ教徒もやってきたし、キリスト教徒は遅くとも四世紀には登場したし、パールシー教徒たちは八世紀にはやってきた。これらの宗教——仏教、ジャイナ教、ユダヤ教、キリスト教、パールシー教——と関連するちがった暦が、すでにインドではヒンドゥー暦と共に栄えていたところへ、北部のムスリム征服によりヒジュラ暦の影響がやってきたのだった。イスラムの到来は単に、インドの包括的な宗教的——そして暦的——多様性を完成させただけなのだ。

アクバル帝の先駆的な多文化主義は、こうした集団のそれぞれの宗教と文化への関心も含んでいた。かれの「信仰の家」（イバダト・カナー）で、参加するよう招かれた多様な宗教の人々には——アブル・ファズルが記しているように——主流ヒンドゥー教とイスラムの哲学者（それも多種多様）だけでなく、キリスト教徒、ユダヤ教徒、パールシー教徒、ジャイナ教徒、さらには無神論的なチャルヴァカ学派の人々さえ含まれていた。

アクバル帝は、統一暦を導入しようと試みるのと並行して、統合宗教ディィーネ・イラーヒーを作り出すことにも興味を示した。暦方面では、アクバルは各種暦（ヒンドゥー、パールシー、ジャイナ、キリスト教など）を記述するだけのところから始めたが、その後にそれらを統合した新しいものを考案するというラディカルな一歩へと進んだ。ヒジュラ暦九九二年（グレゴリオ暦一五八四年）、ヒジュラ千年紀直前に、かれはその新しい暦タリク・イラーヒー、つまり神の暦を布告した。なんとも大胆な名前だ。タリク・イラーヒーのゼロ年は西暦一五五六年（アクバル帝の戴冠年）だが、これはその起源の年ではない。これは太陽暦（地域のヒンドゥー暦、イラン／パールシー暦と同じ）として考案されたが、ヒジュラの特徴もいくつか持ち、キリスト教、ジャイナ教などアクバル治世のインドで各地で使われていた他の暦が示す、暦の多様性を熟知した人物の特色がよく表れている。タリク・イラーヒーは公式の暦となり、インドを支配するムガル帝の布告（ファルマン）にはその後、統合タリクとイスラムのヒジュラ暦の双方が掲げられ、ときにはタリクだけのことさえあった［★7］。

タリク・イラーヒーは壮大なビジョンをもって導入されたものの、ムガル宮廷の外での受容はいささか限られたものであり、インド亜大陸は、古いインドの暦やヒジュラ暦を使い続けた。アクバルの構築した暦は、アクバル帝自身の他界からほどなくして廃れたが、かれの各種の統合活動はインド史に永続的な影響を残した。だがアクバルの統合に向けたコミットメントの中でも、特に暦での表現は跡形もなく消えてしまったのだろうか？

そんなことはない。生き残った暦のうちベンガルのサン暦は、明らかにタリク・イラーヒーに影響を受けており、インド文化や伝統の他の多くの分野（たとえば音楽、絵画、建築など）にたっぷり見られる統合の傾向を示す証拠を残しているのだ。ベンガルの暦、サンでは今年は一四〇七年だ。一四〇七は何を表しているのか？　アクバル帝のタリク・イラーヒーの後押しを受けて、ベンガル暦もまた、一六世紀末に、年の数え方については「調整」された。実はタリクのゼロ年、西暦一五五六年（ヒジュラ暦九六三年に相当）を使うことで、太陽暦のサカ体系ときわめて似た形をとるベンガルの太陽暦は、太陰暦ヒジュラの数字に合わせて「調整」されたのだが、太陰暦の年の数え方は採用しなかった。つまり新しいベンガルのサン暦では、暦の「時計」はいわばサカ暦一四七八年からヒジュラ暦の九六三年まで逆戻りさせられたわけだ。でもベンガルのサン暦は（サカ暦同様に）太陽暦のままだったので、太陰暦（これは一年の長さが平均で三五四日八時間四八分になっている）のヒジュラ暦はサン暦の先を進み、ベンガルのサン暦――いまちょうど一四〇七年になった――はヒジュラよりも年数が少なくなったということだ。

不首尾に終わったタリク・イラーヒーと同じく、もっと成功したベンガルのサン暦もまた、大胆な統合努力の産物だ。そしてその起源は明らかに、タリク・イラーヒーの合成実験（ひいては間接的ながらアクバル帝の多文化哲学）と関連している。ベンガルのヒンドゥー教徒が地元の暦に従って宗教儀式を行うとき、暦の日付により指定されるヒンドゥー教の慣行が、メッカからメディナに向かうムハンマドの旅を記念する日付に合わせられているという事実はあまり意識していないかもしれない（とはいえその日付は、太陰暦と太陽暦がごちゃ混ぜになった形で表現されてはいるが）。

インドにおける多文化主義の伝統は、インド史のこの瞬間においては特に思い起こす価値がある。なぜなら現在、インドの世俗主義は断続的に、新しい不寛容の力と、政治的に育まれたあれやこれやの熱狂主義によって挑戦を受けているからだ。攻撃されているのは、啓蒙主義以後のヨーロッパで生まれ育った、何やら「現代的」な世俗主義の概念だけでなく、またイギリスがインドに持ち込んだ本質的に「西洋」の概念などでもなく、インドの過去において多くの雄弁な表現を見つけた様々な文化にも居場所を与えるという長い伝統なのだ——その伝統は、部分的にはインドの暦史によっても示されているのだ。

最後に

このエッセイをまとめようとするつもりはないが、このエッセイで扱ってきた主要テーマのいくつかを指摘しておくと有益だろう。まず、インドはまちがいなく驚くほど多様で、立派な暦をたくさん持つ。それはインドの文化と社会のある面について、有益な導入を提供してくれる。主要なインドの暦を説明するのに加え、私はまたその性質、起源、歴史を使って、それらを使ってきた国を理解しようとしてきた。結論の一部はかなり確固たるものだ。たとえば、はるか古代のものとされるカリ・ユガ暦は、実は発達した形態においては、サカ暦（あるいはヴィクラム・サムヴァット暦）や、仏暦やマハーヴィーラ入滅暦など非ヒンドゥー暦と比べても、特に古いわけではない——ずっと最近のものである可能性もある——という点など。暦をもとに引き出される他の結論はもっと議論の余地がある。たとえば伝統的なインド文化は、観察に基づく科学よりは、数学や分析的推論のほうにずっと強く関連している、といった考察だ。これは仮置きの仮説以上のものではなく、何か確固たる答えを与えるものというよりは、せいぜいが基本的な文化に関する問題提起でしかない。最近台頭しつつあるコンピュータソフト——あるいはインターネット操作——におけるインドの優位性が、何やら一〇〇〇年前にカーヴェーリ川やガンジス［ガンガー」川のほとりで起きた自然淘汰の反映だ、などと主張する試みがあったら、私はまちがいなくブッダ文句を言わせていただくと、ここで警告しておく！　それでも文化的な傾向は――遺伝性向とはちがい――探究の分野として相変わらず興味深いものだ。

第二に、インドの暦の多様性は、この国が何千年にもわたり（イスラム到来のはるか以前から）根深く多文化主義だったことを示唆しているが、暦の体系はまた、連帯に向けた傾向も立派に示しており、特に標準子午線の一貫した使用がそれを特に表している。ウッジャインは二〇〇〇年前からインド時間の参照地点となっており、今日もインド標準時の基準であり続けているのだ。

第三に、イスラムの到来とムスリム支配の優位は、過去一〇〇〇年ではインドに大きな影響を与えてきた。でも統合に向けた傾向は続いており、それにことさら雄弁な形態を与えたのは、ムガルの大皇帝アクバルだった。宗教と暦体系とで並行して行われたアクバル帝の統合実験（それぞれディーネ・イラーヒーとタリク・イラーヒーとなった）は長続きはしなかったが、それが表している哲学は、多くの統合的な果実をもたらした。これはもちろん、インドの音楽、詩、絵画などの文化領域で嫌と言うほど目につくものだし、このすべてはアクバル帝による暦統一の試みに間接的につながり、これはまた、かれの全般的な多文化哲学の一部なのだった。そして実のところ、暦の合成ですらその一部はベンガルのサン暦という形で生き残っている――アクバル帝が開始した統合努力の遺産だ。

インドの文化と社会を解釈しようとする、対立する試みにとらわれた今日のインドの私たちにとって、暦の視点は有意義で強力な洞察をいくつか与えてくれるものだと思う。暦が明かしてくれるものは、実は月や年などよりもはるかに多いのだ。

注と参考文献

★1 *The Oxford Companion to the Year*, eds Bonnie Blackburn and Leofranc Holford-Stevens（Oxford: Oxford University Press, 1999）, p. 664 を参照。

★2 M.N. Saha and N.C. Lahiri, *History of the Calendar*（New Delhi: Council of Scientific and Industrial Research, 1992）を参照。

★3 Saha and Lahiri, *History of the Calendar*（1955）, pp. 252-3を参照；また S.N. Sen and K.S. Shukla, *History of Astronomy in India*（New Delhi: Indian National Science Academy, 1985）, p. 298を参照。

★4 Marquis Pierre-Simon de Laplace, W. Brennand, *Hindu Astronomy*（London, 1896）, p. 31での引用を参照。

★5 これについてはO.P. Jaggi, *Indian Astronomy and Mathematics*（Delhi: Atma Ram, 1986）, Chapter 1を参照。

★6 E.M. Forster, "Nine Gems of Ujjain," *Abinger Harvest*（Harmondsworth: Penguin Books, 1936, 1974）, pp. 324-7所収。

★7 Irfan Habib（ed.）*Akbar and His India*（Delhi: Oxford University Press, 1997）を参照。

遊びこそが肝腎

The Play's the Thing

初出=*The Little Magazine: Vox*, volume I, issue 5（2000）, pp. 4-9.

不正、不平等、貧困、飢餓、圧政、無知、排除、収奪。これらは現代社会を損なう多くの疾患だ。これらと戦うにあたり、決然と強い意志を持つだけの理由が十分にある。こうした戦いは多くの点で、いささか陰気なものになることは避けられない。というのも克服すべき障害が実に強いからだ。こうした戦いの陰気さはまた、こうした耐えがたい現象を根絶するための変化に激しく反対する力と戦わねばならないことがあまりに多いという事実とも関連している。

でも、不正に反対する方法は実に様々だ。陰気な戦いは、必ずしも不快な対決という形をとる必要はない。遊びもまた抵抗になり得る。私たちは、人々が圧制や収奪や深い不平等に対抗しようとする中で、遊びが人々——虐げられた人々ですら——に与えられる声の重要性を受け入れねばならない。

もちろん、遊びには他にもいろいろ魅力がある。みんなそれは知っている。娯楽と遊戯はレクリエーションになる。健康を保つ役に立つ。想像力を刺激してくれる。アイデアやビジョンを与えてくれる。近年の医学研究によると、楽しみがたくさんある人々は、突発的な心臓発作を起こしにくいとさえ示唆されている（とはいえ、それを主な理由として楽しみを求めるというのはいささか悲しいことだが）。G・K・チェスタトンが次のように語ったとき、かなり正鵠を射ていたのだ。「あらゆる人生の真の目的は遊びだ。地球は責務の庭だ。天国は遊び場だ」。これは確かにそのとおりだが、遊びはまた、個人生活を豊かにする以上のことができる。私たちは遊びの中で注目されており、これはある論点を主張する手段になり得る——それどころか、かなり効果的に主張を行えるのだ。

実は、不正への抵抗は、遊びの中での声の使い道の一つでしかない。別の使い道は、人々についての様子をもっと十全な形で表現することで、差別主義者——宗教的だろうと政治的だろうと何だろうと——が押しつけようとする、人間の一次元的な特徴づけを超えるところへ人々を導くことだ。たとえば、古代インドの「衣鉢」をめぐる戦い（やたらに引き合いに出される「ヴェーダ的」遺産に立ち戻れという話）は、現代政治の中で実に活発な一部となっているので、そうした古代人たちがヴェーダの賛歌を唱えるのに没頭していないときには何をしていたのかわかればおもしろいだろう。かれらの遊びの中での声は、古代インドにいるのがどんなものだったかについて、もっと十全なイメージを与えてくれる。オヴィディウスは、「人は遊びの中でその正体を明かす」と記している。遊びは十分な演説になり得るのだ。

このように、遊びの中での声は、重要ながらいささか検討が進んでいないテーマだ。この論説で私は、声としての遊びについての豊かに多様な側面について、ごく一部しか論じられない。まずは抑圧と不平等に抵抗する中での遊びと声の役割から始めよう。

またまたご冗談を！

アメリカにおいて、下院非米活動委員会が果たした圧制的な役割を考えよう。特にジョセフ・マッカーシー上院議員の主導した活動だ。この魔女狩り委員会は、共産主義に抵抗するという口実のもとでアメリカの民主主義と政治的自由を台無しにするにあたり、驚くほど強力な役割を果たした。それが強力な勢力からの反対にだんだん直面したとはいえ（ある時点では、アメリカ陸軍からさえも反対を受けた）、この委員会はマッカーシー上院議員失墜以後も活動を続け、名前こそ変わったものの一九七五年まで廃止されなかった。新しい役割を担うようになったのだ。一九六〇年代と一九七〇年代を通じ、ベトナム戦争に対するアメリカでの抗議運動は、アメリカでの専制主義的な嫌がらせの余地をかなり与えたのだった。

下院非米活動委員会の悪魔的な生涯において、決定的かつ華々しい瞬間の一つは、ジェリー・ルービンとその「共謀者たち」が奇抜な服装をして、この謹厳な委員会の尊厳を虚仮《こけ》にしてみせたときだった。かれらの着た衣装はかなりとんでもないものだった――そして可笑しかった。その時以来、いったんこうした権威引き落としが起こった以上、この陰気な委員会を見るときに、馬鹿げたものだという感覚を逃れるのは難しかった。ルービンは毎回ちがう服装をしてきた――ときにはベトコン兵士の格好（M－16ライフルのおもちゃを抱えてきた）、ときにはサンタクロース、一度はアメリカ独立戦争の大英雄ポール・リヴィアの格好をしてきた。ルービンとその他糾弾された「共謀者たち」は、「シカゴ7」の裁判をお芝居にしてしまい、大衆は日々のドラマ最新作に対してすさまじい欲求を示したのだった。

自ら考案した――そして華々しい――遊びは、ルービンとその「共謀者たち」（たとえばアビー・ホフマン）に、圧制的な委員会が決して与えるつもりのなかった声を与えたわけだ。ルービンとその仲間たちは、ニューヨーク証券取引所のバルコニーから一ドル札をたくさん投げたとき、ちがった――だがやはり重要な――主張を行おうとしていた。かれらは証券ブローカーたちがあらゆる取り引きをいったん停止して、稼いでもいないお金に群がるのを見てゲタゲタ笑い、傷口に塩を塗り込むという幸せな立場にあった。遊びの声は大きく明瞭で、通常は不可侵の商業文化に対してコメントを行ったわけだ。

遊びが人々——虐げられた人々にすら——に声を与え、その声は、どのように獲得したものだろうと、社会を考え直すにあたって決定的に重要な役割を果たす。この事実はもっと認識される必要がある。だれかと遊べるというのは、潜在的な声を持つことであり、それはその声が無言の主張という形をとる場合ですら当てはまる。ルービンとその仲間たちはそれを知っており、公聴会をゲームに「再定義」する道を選んで、「共謀者たち」を公聴会に連れてくるよう説得するという決意のために委員会でも否定できない声をつかみとったのだ。

優しく権威を引き下げるのも、戦いの有効な手段になり得る。一九三〇年代イタリア——ファシズムへのレジスタンスが、きわめて劣勢を強いられつつも続いていた日々——からの古い話がある（それを教えてくれたのは、亡き妻エヴァ・コロルニで、その父親は実は地下出版の社会主義紙『アヴァンティ！』［イタリア社会党の機関誌］を編集していたローマで、ファシスト警察に射殺されたのだった）。この物語は、ファシスト党の政治勧誘員が田舎の社会主義者に対し、むしろファシスト党に入るべきだと説得しようとする、というものだ。田舎の社会主義者は言う。「ファシスト党なんかに入れるわけがないだろう。父は社会主義者だった。祖父も社会主義者だった。だから本当にファシスト党には参加できないんだ」。ファシスト党勧誘員は、政治的論理皆無のこんな馬鹿げた議論にあきれ果てる。「それって理屈になってないじゃないですか。だって、たとえばお父さんが殺し屋で、おじいさんも殺し屋だったらどうなんですか。そしたらあなたはどうするんですか？」田舎の社会主義者は答えた。「ああ、それだったら、もちろんオレはファシスト党に入ったただろうよ」。

この回答は、ファシスト党勧誘員に傷を負わせたり傷害を与えたりはしなかっただろう。でもこの話――大歓声の観衆に何度も繰り返された――のツボは、圧制の党の権威を優しく、でも確実に引き下げるのに貢献できる。楽しさは、戦いの強力な手段になれるし、遊びを決然と導入することで、圧制への抵抗に多少は貢献できるのだ。

アフリカ系アメリカ人のコメディアン、ディック・グレゴリーは、長いとんがった帽子をかぶる殺人的な人種差別主義者、クー・クラックス・クランのメンバーたちについて知っている、大きな秘密を観客たちにこっそり打ち明けた。「あまり知られてないことだけど、あいつらの頭は本当にああいう形をしてるんだぜ」。これにはだれでも興味を持って――なにせ人はよき実証主義者なのだから――圧制の顔を隠すカバーの中をのぞきこんで、その形を確かめたいと思うだろう。楽しい思索は別に人種差別主義者たちを無力化するのには役に立たないけれど、その立ち位置を矮小化する助けにはなる。

だからこそ、ビジョンを持ったコメディやよく考えられた政治マンガが、虐げられた人々に強力な声を与えられるのだ。チャーリー・チャップリンはもちろん、批判的コメディの巨匠として認知されている。『モダン・タイムズ』における、生産ライン労働者の当惑の描写は雄弁な演説であり、そのラディカルなメッセージは、人々が現代においてこれほど味気ない活動を崇拝するよう期待されているという発想の、茶番じみたばかばかしさによりさらに強化されていた。

この視点はずっと広く使われるべきだし、ここには古代インドの遊びとのつながりさえある。実は、武器としての嘲笑の活用は、本来受けられるべき注目を十分に受けていない。バーサの『ダリドラチャールダッタ』やシュードラカ『ムリッチャカティカー』は、金持ちと権力者に対する懐疑的な見方についての描写で大いに称賛されるべきだが、その描き方は単に批判的なだけでなく、楽しいまでに嘲笑的だ。高い理想の誓いに照らすと、腐敗と権力濫用はますます馬鹿げたものに見える。こうした演劇《プレイ》の持つ革命的な意味合いは確かに指摘されているけれど、不満を作り出すための戦略は、もっと文学的な検討対象になっていい。

おふざけの正義

ゲームや遊び（演劇《プレイ》や戯曲ではなく）に話を戻すと、権威を引き下げるようなゲームは、必ずしも考案しやすいものではない。でもそうしたものが考案できたり実施できたりした場合に何が得られるかをはっきり見通すのは重要だ。アフガニスタンのタリバン指導者たちが、女性をつま先から頭まで覆ってみたり、異説信者の安全カミソリを押収したりする代わりに、支配下の人々とゲームを遊んでほしいとは思わないだろうか？　テニスの混合ダブルスを期待するのは行きすぎかもしれないが、黙って身動きしない女性ですら十分に遊べる真面目なチェスのゲームですら、タリバン指導者たちの魂改善に役立つだろう。特にチャールズ・ダドリー・ワーナーが指摘したように「男を嫌悪させるものとして、女性にチェスで負ける以上のものはない」からだ。これはまちがいなく創造的な嫌悪だし、よりよい世界の構築を手助けできるものだ。

すでに述べたとおり、遊びはまた他の貢献もできる。たとえば人々を集めるということだ。ゲームが持つこの目的への認識は高まってきており、対決を集会により補うという役目も注目されている。古代ギリシャ人たちはこの役割を熟知しており、オリンピックはもともと単に運動での卓越ぶりを示すためのイベントにとどまらず、戦場での戦闘と対比される、気心の通った集会と、もっと仲のよい対決の機会として考案されたものだった。オリンピック復活や、それ以外のゲームに関連した集会の機会増大を通じ、現代世界はこの古代の叡智を裏づけている。ひょっとするとここで、オリンピック競技でのインドの成功率を考慮するなら、私たちインド人は「メダルを勝ちとる」側面よりは「みんなが集う」側面を強調すべきではないかという意見を、行きがけの駄賃で述べさせていただこうか［インドはオリンピックで悲しいほどメダルがとれていない］。

ゲームなんか何の役に?

どっちの国でやってもいいから、インドとパキスタンのクリケット正規試合を再開すれば、まちがいなく両国の間にちがった対話を導入するのに役立つはずだ。カシミール、侵入者、原爆などといった話題以外で相手の話を聞くなら、お互いについてのこれほど厳しい見方をやわらげるのに少しは役立つだろう。別にこれは、それぞれの政府間の深刻な対立の種を解決したり、原爆を作ってミサイルに載せるという恐ろしい作業から目を背けさせたりするわけではないが、それでも特に現在という時点においては、これには独自の価値があるのだ。こうした核の活動がしばしば「火遊び」と呼ばれるのは知っているが、これは遊びという言葉のとんでもない誤用だ――遊びという良き名前に対する讒言とすら言える。両サイドの宗派的な差別主義者たちが、そうしたクリケット正規試合に対してえらく反対するというのもまったく意外ではない。

インド＝パキスタン関係はもちろん、多くの特殊な特徴を持つ。というのもある意味で、私たちはお互いをよく知っているからだ。それでも、紛争の現場の熱気の中で、お互いに知っていることを私たちは驚くほど忘れ去ってしまう。他の多くの紛争でもそうだが、相互不信は相互の無知とコミュニケーション不在により悪化しかねない。ゲームはお互いの国民や集団に対し、相手の人間性を多少は明確にするのに役立つ。

これはまた、国境を越えて科学や文化が広がるのに大きな影響を及ぼせる。実際、科学、数学、文化での貢献は、他の文化も人間の顔を持ち、意味のある関与ができる存在だという見方と密接に関連している。たとえば、算数における位取り記数法が、その発祥の地であるインドから、アラブ世界(さらには西洋)にどう広がったかを論じる中で、ジョルジュ・イフラーは――著書『一からゼロ』[★1]で――インドの娯楽に対するアラブの関心がついでの役割を果たしたことを指摘する。たとえばかれは、アル＝サバーディというバグダードからの中世アラブ詩人が、次のような説を述べていると引用している。「インド国民が誇りに思っていることが三つある。一つは認識の手法[位取り記数法]、チェス、『カリーラとディムナ』という本[伝承と寓話集]だ」。位取り記数法の技の広がりは、その関係者たちに対するもっと広い関心と手を携えて行われたし、その中には、かれらが遊ぶ遊戯、それも誇りをもって遊んだ遊戯が含まれている。

自分たち自身や他の人々を楽しませるという人々の傾向は、ある意味でその人々をもっと人間らしくする――破壊的な生き方よりも建設的な生き方にもっと関与する存在となるのだ。他の土地や他の文化に対する疑念や不安は、しばしばその人々についてあまり知らないために生じるものだし、多少の知識がある場合でも、暴力に関わっている少数の人々についてのわずかな知識しかない場合が多すぎる。これに対し、外国人が参加できる――そして楽しめる――遊びの知識は、建設的な認識となり得る。

ゲームを通じてお互いについて学ぶことは、もちろんすべてがよいことだったり、感心することだったりするとは限らない。人々は確かに、勝敗にこだわりすぎ、頭に血がのぼり、よい行動を端折り、ときにはインチキさえする（胴元の助けがある場合もない場合も）。それでも、一方では情熱、暖かみ、鷹揚さ、そしてもう一方では勝負へのこだわり、興奮しやすさ、ゲームでの狡智は、その人々のありのままの姿についての豊かな描写を反映したものであり、現代世界で外国人に関する報道を支配する、暴力と殺人のプリズムを通じたものとはちがっている。汚点は確かに不完全かもしれないが、標準的なニュース報道が生み出すらしき、圧倒的な疑念と不安を少しは薄めてくれるのだ。

ギータ・メータは、現代インドの一部を蛇と梯子のアナロジーで解釈している。蛇と梯子というのは、チェスと同じくインド発祥の遊びだ。

伝統的なインドの遊び、蛇と梯子はとても簡単で、一マス目から出発して一〇〇マス目を上がりとして、サイコロをふって駒をどこまで動かせるかを決める。予想がつかないために、子供時代にはお気に入りのゲームの一つだった。サイコロをふることで、偶然の要素はある。でもそれ以上に、実際のゲーム盤が危険を示唆するものになっており、正方形の厳格な幾何学模様が、斜めの梯子と大口を開いた蛇によって破られている絵がついている。梯子のふもとにやってきたら、それをのぼって、ときにはサイコロの一投で三〇マスも進めた。これがいい部分だ。でも九九マス目までやってきても、鮮やかな色彩で描かれた蛇に出くわしてしまうかもしれない。するとその蛇をすべり降りて、大喜びの相手が自分を追い抜くのを見なくてはならない。[★2]

ギータ・メータによる、現代インドでの暮らしとのアナロジーは、とてもうまいものだと思う。これはまた、遊びと人生の近さについての論点を補強するものでもある。だから他人がどんなゲームを遊ぶか知ることは、かれらが送る生活についての身近な理解をもたらしてくれるし、さらにはかれらがどんな種類の人々かをもっとよく理解させてくれるのだ。

愚行の力

遊びやゲームで聞く他人の声は、しばしば同情しやすい弱みを抱えている。実際、他人の弱みに関する明確な理解は、その人物を本当の人間として浮き彫りにするのに大きく貢献する。現在、インドで一生懸命に盛り立てられている、ヒンドゥーの伝統の政治的な復興において、各種ヴェーダがやたらに誉めそやされている（しばしばサンスクリットなど一行も読んだことのない人々がその旗を振っている）。各種ヴェーダはもちろん、実におもしろい本だ。でも賛歌や宗教的なお世辞だけを見ていては、ヴェーダの制作に関与した人々について何のイメージも得られずに終わってしまう。それらの楽しみを求める人々に応えたナゾナゾも見なくてはならない（『アタルヴァ・ヴェーダ』にはたくさん出てくる）。ついでに知りたくないかもしれないが、「ヴェーダ」という言葉は、現代で多大な暇つぶしの源となっている「ビデオ」と呼ばれるものと、同じ印欧語族の語源を持っているのだ。

ヴェーダの人々を、神的な存在に対する一面的な崇拝者として見るのではなく、かれらの人間的な弱さに少しでも関心を持つのは特に有意義だ。四つのヴェーダの最初のものは『リグ・ヴェーダ』だが、ここには衝動的なばくち打ちに関する長い賛歌がある。三〇〇〇年以上前のこの人物が直面する悩みの中には、こんなものがある。「義理の母さんには嫌われ、女房には邪険にされる。負けたら、ばくち打ちはまったく哀れんでもらえない。だれもばくち打ちなんか相手にしない。おれは売りに出された老馬のようなものだ」。

この情熱的な人物は明らかに、ばくちの習慣を断ち切るのにずいぶん苦労している。『リグ・ヴェーダ』は、かれが理性的な説明とともに誓いを復唱するのを引用してみせる。「もう今後はばくちはしない、友だちにも見下されてしまう」。でもその後、この人物は自分が相変わらず賭場に出かけてしまい、我慢できないのだと告白する。「不倫女が指定場所にでかけてしまうように、そこに顔を出してしまうのだ」。かれは最後に、ばくち打ちになろうとしている人々への助言をする。「サイコロ遊びはやめておけ。自分の畑を耕して、自分が稼げるもので満足しておけ、それで十分なのだと思いなさい」。

ほら、このすべてには教訓があり、過剰なばくちという汚点があるから、この苦悶者は文句なしに魅力的と呼べる存在ではない。でもそれは人間的な愚行であり、いつの時代もどこの国でも決して見られないものではないのだ。

無分別は、人々を分断するよりは団結させるので、これはヴェーダ時代の人々に関する、親身な——距離を置いた（疎外的とさえ言える）ものではない——見方を与えてくれる。また、『リグ・ヴェーダ』におけるこの反ばくちの詩篇が幾世紀を経て役割を変え、ばくちイベントにおいてサイコロを投げる前に唱えられる、希求の祈りめいたものに発展してしまったというのは、愚行の持続力を証明するものなのだろう。この詩篇は、後のばくち打ちたちがしばしば、ばくちで幸運をもたらしてくれるという信念のもとに唱えられるものとなったのだ［★3］。ばくちの習慣をやめろという訴えとして始まったものが、その習慣自体の一部になってしまったというわけだ。

古代インドでサイコロが魅力を持ち続けていたのは、あらゆる学童が知っている、『マハーバーラタ』に出てくるユディシュティラが、無責任なサイコロゲームで王国を失った物語からも知られる。ここでも、これがユディシュティラを高貴な人物にするわけではないが、この全智であまりに無謬の叙事詩の登場人物を、ちょっと人間的で感情移入しやすい存在にしてくれるのは確かだ。それがどうしたと言われそうだが、私たちが暮らす相互不信の困った世界においては、こうした人間の不完全性についての理解を価値あるものとすべき理由があるのだ。

エピローグはありません

声は各種の面で重要だ――償いを要求し、強く主張し、穏やかに侮辱し、会話し、共謀し、反対するために。一般に、相互作用のために不可欠なのであり、これは民主主義の活用も含まれる。声の研究のほとんどが、いささか真面目くさった応用を扱っているのは、まちがってはいない。でも遊びやゲームもまた声を提供するし、これだって十分に重要なのだ。『お気に召すまま』でロザリンドが言うように「よい遊びにエピローグは不要なのです」。

遊びでの声は、私たちがお互いの言うことを聞けるようにしてくれる（政治的な沈黙を破れる）。そして、お互いをもっと欠点のある、理解しやすい形で見られるようにしてくれる（無情さのイメージを和らげてくれる）。最も重要なこととして、遊びを通じた声――一方的に考案された遊びであっても――は虐げられた者たちに、他では得られないかもしれない機会を与えてくれる。仕事の中の声と同じくらい、私たちは遊びの中の声を必要としているのだ。

注と参考文献

★1　Georges Ifrah, *From One to Zero,* (New York: Viking, 1985).

★2　Gita Mehta, *Snakes and Latters: Glimpses of India* (New York: Nan A. Talese, Doubleday, 1997), pp.15-16.

★3　C. Panduranga Bhatta, *Dice-Play in Sanskrit Literature* (Delhi: Amar Prakashan, 1985), p. 1.

押しつけられた矮小性

The Smallness Thrust Upon Us

この論説は、パリのコレージュ・ド・フランスにおける二〇〇一年五月二八日のアマルティア・センの演説「社会アイデンティティの発想（The Idea of Social Identity）」をもとにしている。

初出＝*The Little Magazine: Belonging*, volume II, issue 3（2001）, pp. 6-12.

ピーター・セラーズは、ある有名なインタビューでこう語った。「昔は私があったんですが、外科手術で除去したんですよ」。除去だけでもかなり困難だが、同じくらい過激なのが、私たちを自分たちの新しい見方の方向へと押しやろうとする人々による、「本物の私」の外科的な追加――または移植――だ。人々はいきなり、自分が実は思っていた存在ではないと告げられる。ユーゴスラビア人ではなく、実はセルビア人だとか（「おれやお前はアルバニア人が嫌いなんだ」）、単なるルワンダ人ではなく、フツ人だとか（「ツチ人大嫌い」）、あるいは――一九四〇年代のことを思い出せるほど高齢な私たちの中には――主にインド人や人類ですらなく、実は単なるヒンドゥー教徒かムスリムなのだ（そしてそれぞれ「向こう側」にいるムスリムやヒンドゥー教徒と対決しなくてはならない）と言われる。オグデン・ナッシュが宣言したところによれば「学校のどんなガキでもバカみたいに愛することはできる。でも憎悪となるとだな、坊や、これは芸術なんだよ」。この芸術は、技能豊かな芸術家や扇動家によって広く実践されており、その際に選ばれる武器はアイデンティティだ。

現代の政治社会問題の相当部分は、別個のアイデンティティの対立する主張を中心としている。というのも「帰属」概念と「アイデンティティ」概念は、自分や他人に関する思考に対し、実に根深い影響を持ちやすいからだ［★1］。アイデンティティの感覚はもちろん、プライドと安心の源にもなるが、苛立ち、敵対心、暴力の根拠にもなる。アイデンティティの性質について、いくつか基本的な質問を問わねばならない。

私たちの自己概念の中心的な特徴は、アイデンティティがどうしても複数性を持つことと、アイデンティティ選択において、理由づけと検討が潜在的に果たす役割だ。この認識は、私たちの選択の自由を――明示的あるいは暗黙のうちに――否定する、対立的な立場と対比されねばならない。これらは、明示的な形で議論されることは実に稀ではあっても、大きな論争だ。その論点は、究極的にはアイデンティティの戦いの具体的な実例によって浮き彫りにできる。ここでの議論のために選んだ二例は、(1)「コミュニタリアン」的視点(特にコミュニティ中心のアイデンティティを特権化するもの)の優先度とされるもの、および(2)人類を「国籍」だけで見て、グローバルな問題をもっと狭い「国際的」問題として捉えること(そして国民的アイデンティティの特権化)だ。ここには、ある個別アイデンティティを、私たちの何よりも重要で他のすべてを上回るアイデンティティとして押しつける試みがある。そしてこうした試みは、思考する存在としての私たちの生に中心的な選択を排除する方向に作用するのだ。

私たちの多様な多様性

何か一つのアイデンティティ(たとえばコミュニティに基づくアイデンティティ)の重要性を強調する人々は、そうしたコミュニティに基づく多様性を無視するのは、社会分析にとっても実践倫理にとっても、実に大きな損失となりかねないと指摘しがちだ。これは確かにそのとおりかもしれないが、私たちが単に多様であるだけでなく、いろいろちがった形で多様なのだということを認識するには、それよりずっと先に進む必要がある。コミュニティは、階級、ジェンダー、政治的コミットメント、文芸的な伝統、専門職業的アイデンティティ、社会的価値など、数多くの多様性の源と競合する。ある特定の多様性の源に注目した、ある特定アイデンティティの排他性がしばしば（それもたいがいは暗黙に）想定されるが、そうした排他性の主張――あらかじめ決まった優先性ですら――はすべて完全に恣意的なもの以外ではあり得ない。

私たちはだれしも、それぞれの人生の中で、別々の文脈で各種のアイデンティティと関わりを持っている。一人の人間がマレーシア生まれで、インドの先祖を持ち、フランスの市民権を持ってアメリカに住み、キリスト教徒の社会主義者で、女性、詩人、菜食主義者、糖尿病患者、人類学者、大学教授、中絶反対派、バードウォッチャー、天文学者であり、さらには外宇宙からの生き物が色とりどりの乗物に乗ってしょっちゅう地球を訪れ、楽しい歌を歌ってくれるという見方に深く傾倒しているかもしれない。こうした集合体のそれぞれは、この人物が帰属しているものであり、その人物に特定のアイデンティティを与え、その重要性は文脈次第で変わり、正反対の意味合いを持つときにはその人物の関心と忠誠を求めてお互いに競合し合う。ある人物が排他的に――あるいはもっぱら事前に決まったものとして――ある一集団だけに「帰属」するような見方はあり得ない。これらの分類それぞれは、個別の文脈次第では決定的な重要性を持つ。こうした多様な多様性の相対的な重要性を決めるにあたり、理由づけは重要だ。それにより、状況次第で変わる相互の優先順位を理解できる。そうした選択は――一部のコミュニタリアンが主張するような――受け身の「発見」［★2］として解決などできない。

社会的影響

分類は多くのちがった形をとれるし、一貫性をもって生成できるカテゴリーのすべてがアイデンティティの適切な基盤として使えるわけでもない。世界で、現地時間の午前九時から一〇時の間に生まれた人々の集合を考えよう。これは明確な集団だが、こんな集団の連帯性に興奮する人がそんなにいるとは考えにくいし、それが潜在的に生み出せるアイデンティティを喜ぶ人がいるとも思えない。同様に、靴のサイズが25の人たちは、それを根拠にしてお互いに強いアイデンティティ感覚で結ばれていたりはしない。分類は安上がりだ。アイデンティティはちがう。

それどころか、ある分類がまともにアイデンティティの感覚を生み出せるかどうかは、社会状況に依存する。たとえばサイズ25の靴が何やらややこしい技術的、またはビジネス上の理由で、とても入手困難になったら、そのサイズの靴のニーズは本当に共有の困難となって、連帯（変化を求める）やアイデンティティ（協調した行動）のための十分な理由となるかもしれない。同じく、九時から一〇時の間に生まれた人が、まだよくわからない理由で特定の疾患にきわめて弱くなったら、これまた共有の苦難が、アイデンティティ感覚の根拠を提供できるかもしれない。この例の別の変種を考えると、もしどこかの専制主義的な支配者が、その時間帯に生まれた人々の自由を制限したいと思ったら（たとえば何やら超自然的な信念により、その時間帯に生まれた人々は信用できないと思っているとか、あるいはマクベスの魔女のような存在が、あんたは九時から一〇時の間に生まれた人に殺されると告げたせいかもしれない）、ここでもまた、そうした訴追の不運な標的たちの間には連帯とアイデンティティの理由が十分に発生し得る。

ときには、知的には正当化しにくい分類が、社会的な取り決めを通じて重要になってしまうこともある。ピエール・ブルデューは、社会行動が「何のちがいも存在しなかったところにちがいを作り出してしまう」結果になりかねないことを指摘しているし、「社会の魔術は、人々にきみたちは他とちがうと言い聞かせることで人々を変えてしまえる」。「これが競争型試験のやることだ（三〇〇位の候補者はまだ何かだが、三〇一位の人は何者でもなくなる）。言い換えると、社会的な世界は、それを設計するだけでちがいを創り出してしまうのだ」[★3]。

分類が恣意的だったり気まぐれだったりしても、それが分割線の形ではっきりと定められて認知されれば、そのようにして分類された集団は、派生的な関連性を獲得する（公務員試験の場合なら、立派な職につけるか無職になるかのちがいを生み出すかもしれない）。そしてこれは、分割線の両側にとって、十分なアイデンティティの基盤となるだろう。だから、関係するアイデンティティ選択の立論は、純粋に知的なものをはるかに超えて、結果として生じる社会的な意義の領域に入り込む。アイデンティティの選択には理性が関与しているが、それ以外に妥当性の根拠に関する附随的な社会分析も特に必要となるかもしれない。

立論は、アイデンティティの利用と、各種アイデンティティに付与される相対的な重要性を決めるときにも大切なものだ。人々は、自分自身の各種のつながりや個別アイデンティティに、何らかの理由で付与すべき重みを決める機会を持っている。あれをするか、これをするかで選択をする場合には、たとえば国籍、居住地、人種、宗教、家族、友情、政治的コミットメント、職業的な義務、市民としての所属に応じ、何を優先すべきか忠誠心が対立することもある。選んで決断をしなくてはならず、考え抜いた選択をしなければ、そこにあるのは考えなしの選択だ。

コミュニティの特権化

今度はコミュニティと文化の重要性に目を向けよう。これはまちがいなく私たちにとって根深く重要になるが、それでも私たちは、その基本的な認識とコミュニタリアン的な考え方の採用との間に一線を引く必要がある。もちろん、コミュニタリアン思想には魅力的なものがたくさんあり、共有コミュニティの他のメンバーに対する責任の涵養などがその一つだし、コミュニタリアンたちが注目する「暖かさ」「返報性」の意味合いにすら価値はある。

こうした問題はかなり勢いを持つこともある。雄弁な一節でV・S・ナイポールは、過去——自分の歴史的アイデンティティ——を、均質化する現在の規律の結果として失うことに関する懸念の深刻さを描き出している。かれは、『南方での回心』で、具体例を使ってその喪失感を描き出す。

一九六一年に最初の旅行記のためカリブ海を旅していると、マルティニーク群島のインド人を見て、かれらがマルティニークに飲み込まれてしまい、どこかの段階では私と同じ歴史を持っていたが、いまや人種的にも他の面でも、何かちがったものになってしまったこれらの人々の世界観を共有する手段がまったくないのだ、ということを理解し始めたときの、自分の衝撃、汚染され精神的に殲滅されたという気分は忘れられない。[★4]

こうした懸念――この場合は、共通の歴史と、思い込みによるコミュニティの感覚――は、現代世界の人々を動かす最も強力な観念の一つだ。

でも、自分のコミュニティにだけ注目するのは、きわめて限定的だし、また視野も制約しかねない。これはコミュニティの定義がいろいろあり得るからというだけではない（ここでのナイポールの懸念は、たとえば宗教コミュニティについてのコミュニタリアン的懸念とはかなりちがったものだ）。それに加えて――どう定義されようとも――それはある一つのアイデンティティ感覚を他のものに対して特権化するという効果を持っているが、その他のアイデンティティだって重要かもしれないからだ。またそれは、その特定アイデンティティを共有していない「他の人々」に対する無関心な態度を奨励する[★5]。コミュニタリアン思想は、普遍主義的な思想を補うものとなれる可能性はあったが、実際には、他の分析形態を、コミュニティの「優越性」に関する声高な主張で置き換える傾向があった。実際、コミュニタリアン的な観点は実に容赦なく進み、地球温暖化やオゾン層枯渇の進行速度にも比肩するほどだ。

コミュニタリアン思想の多くのバージョンで、ある人のコミュニティのアイデンティティこそが、その人物が持つアイデンティティとして主要または支配的なのだという想定が――明示的にせよ暗黙にせよ——ある。この結論は、二つのちがった立論——相互に関連してはいるが別々のもの——とつなげられる。一つの議論は、あるコミュニティと文化の中にいる人物は、他のアイデンティティ概念へのアクセスや、所属について考える他の方法を知らないかもしれない、という。その人の社会的背景は、その固有の「コミュニティと文化」に深く根ざしており、それが手持ちの倫理や合理性に関する立論や着想としてあり得るパターンを決めてしまう、というわけだ。二番目の議論は、結論を知覚上の制約に根拠づけたりはせず、アイデンティティというのはどのみち発見されるものであり、コミュニタリアン的なアイデンティティこそがあっさりと最高の重要性を持つものとして認識されるはずだという主張に基礎を置こうとする。

文化の障壁

知覚上の制約議論から始めよう。これは驚くほど強い主張の形をとることもある。熱烈なバージョンだと、ある人物が所属するコミュニティで得られるもの以外には、合理的な行動の基準は一切持ち出せないのだと言われる。合理性を持ち出した瞬間に「どの合理性ですか?」「だれの合理性ですか?」という逆襲をくらってしまう。また、ある人物の道徳的判断についての説明を、その人物が所属するコミュニティの価値や規範に基づいてやるべきだと議論されるにとどまらず、そうした判断についての評価ですら、そうしたローカルな価値や規範の枠内でのみ行えるのだと主張される。このアプローチは、人類学の一部学派から着想を得たものだが（ただし人類学側のお墨つきはもらえるかどうか）、行動や制度についての文化をまたがる規範的な判断を拒絶するという効果を持ち、ときには文化をまたがる交流や理解の可能性すら否定するものとなっている。ここには、大きな世界を小さな島々に分割し、その島どうしは知的、規範的にお互いの手の届かないところにいるのだということだわりがある［★6］。

実際にはいわゆる「文化」は、人々の理由づけを形成するような「独自に定義された」態度や信念の集合を持つ必要はまったくないし、実際そうした「文化」の多くは、内部でのかなり顕著なバリエーションを持っているのだ。広く定義された同じ文化の中で、ちがった態度や信念が存在することだってある。もちろん、コミュニティや文化は人々の思考に強い影響を持ち得るが、機会次第で人々が「ちがった」考え方をする能力を排除するなどということは、まずない。もし排除できるなら、準拠や忠誠をチェックしてまわる必要もなかろう。そうしたチェックは、コミュニタリアン活動では実に活発で、原理主義者の禁書から、タリバン当局のひげや頭スカーフの監視まで様々だ（それを言うなら、インドでそれぞれ推奨活動を行っている伝道者たちが提案している、やたらに厳しい制限だってそうだ）。人々の立論には様々な影響があり、自分のコミュニティや文化があるというだけで、他の立論を考える能力を捨てる必要はない。

実は、こうした選択を自由に行う能力の拡大は、私たちが「発展／開発」と呼ぶ現象に欠かせない一部だと考えられる。これはそのために必要な社会的、政治的、経済的変化を要求するもので、教育機会の拡大と門戸拡張から、公開の公的論争や対話の充実、極貧によるハンデの除去など様々な施策が必要だ。必要なものとしては、他の社会や他の文化に接する機会などがあるし、また同時に、自分自身の背景についてフェアな理解を得るための十分な機会――政治的、社会的、経済的な――があることも必要だ（そして、外国からの商業主義の大波による世界的な爆撃に圧倒されないことも必要となる）。

文化分離主義者たちは、人々がまったくの空白状態では立論できないと指摘するし、それはそのとおりだ。でもだからといって、ある人物の事前のつきあいがどんなものであれ、そのつきあいがずっと変わらぬまま、排除不可能で永続的な形で続かなくてはならない、などということにはならない。「発見」の立場への代替として出てくるのは、別にどんなアイデンティティにも「影響されない」立場からの選択（一部の文化極論主義者はどうもそう含意したいらしいが）などではなく、その人がたまたま置かれている影響を受けた立場にあってすら存在し続ける選択だ。選択は別に、どこでもない場所からどこかへと飛び出すものである必要はなく、ある場所からどこかよそへと動く可能性を考える、ということなのだ。

アイデンティティの相克

コミュニタリアン的アイデンティティを特権化する第二の方法を今度は考えよう。つまり、それを文句なしに比肩するもののない存在と見なくてはいけない（他の競合アイデンティティの主張も一応は理解できる場合ですら）という主張だ。でもどうして？　コミュニティへの帰属感は、多くの場合には確かに強いが、他のつながり、所属、コミットメントを邪魔――あるいは圧倒――しなくてもいいはずだ。みんなこうした選択には絶えず直面している（それがいちいち細かく述べられたりはしなくても）。

たとえば、デレク・ウォルコットの詩「アフリカからはるかに遠く」を考えてほしい。著者はカリブ海にいて、自分の歴史的なアフリカ人としての背景と、英語やそれに伴う文芸文化への忠誠（これまたかれにとってはきわめて強いつながりだ）を感じている。

血潮まで引き裂かれどこに向かうべきか？
英国支配の酔いどれ警官を呪った私が、この
アフリカと英語の舌とでどう選ぶべきか？
どちらも裏切るか、双方の与えたものを返すか？
こんな虐殺に直面して冷静でいられようか？
アフリカに背を向けてどうして生きていけようか？

ウォルコットは自分の真のアイデンティティを単純に「発見」するのではない。どうするか、そして人生の中での各種忠誠の余地をどのように――そしてどこまで――作るかについて、決断しなくてはならない。現実のものにせよ想像上のものにせよ紛争の問題に直面しなくてはならず、ちがった優先度と差別化された結びつきが持つ意味合いを問い直さねばならない。ウォルコットは、自分のアフリカに対する不可分な親近感と、英語への愛と自分のその言語使用（それどころか、その言語の驚くほど美しく建設的な使用）の間にある紛争について思いめぐらせるが、それは人の生における別個の引力というもっと広い

問題を指し示すものだ［★7］。

ここでの問題は、どんなアイデンティティでも好き勝手に選べるのか、というものではない（そんなのは馬鹿げた主張だ）。むしろ、ちがったアイデンティティやアイデンティティの組み合わせについての選択肢はあるのか、ということ、そしてもっと重要なこととして、人々が同時に持つ各種アイデンティティについて、どんな優先順位をつけるかについての大きな自由があるか、ということだ。その人の選択は、自分がたとえばユダヤ教徒だという認識により制約されるかもしれないが、それでもその特定アイデンティティに対し、他に持っているはずのアイデンティティ（たとえば、政治信念、民族性の感覚、ヒューマニストとしてのコミットメント、職業的なつながりなど）との比較で、どれだけの重要性を与えるかについては、やはり決断を求められる。

国、個人、人類

最後に国籍の特権化に目を向けよう。これまた、コミュニティ最優先の決めつけと同じくらい人々を制約してしまう。もし世界がちがった国民に「区分」されてしまい、別の国民を見るときに、ある国の市民が別の国の市民を見る以外の見方ができないのであれば、個人間の人間関係は国際関係に取り込まれてしまう。これはグローバルな正義の理解に対して大きな影響を持つ。グローバルな正義は、世界の経済秩序をめぐるアジテーションや、「グローバリゼーション」と呼ばれるものに関連する抗議デモなどのおかげもあって、最近ではかなりの注目を集めるようになっているのだ。アイデンティティの問題は、このとても大きな問題にどう関係してくるのだろうか？

ここで行うべき最初の区別は、広いグローバルな視点と、狭い国際的な視点との区別だ。国籍や市民権の重要性は現代世界では否定できないが、それ以外のアイデンティティで、国境を越えて結びついた人々の関係（国や政治ユニット以外の区分に基づいた分類による連帯のアイデンティティ）にどう注目すべきかも考えるべきだ。たとえば政治的な仲間意識、文化的なつながり、社会的な信念、共有された人間的懸念、共有された欠乏による結びつき（これは階級やジェンダーなどとも関連する）など、市民性以外のつながりによるものだ。職業的なアイデンティティ（たとえば医師や教師としてのアイデンティティ）の要求と、それらが国境とは関係なしに生み出す義務感とをどう評価すべきだろうか？　こうした配慮、責任、義務は、単に国民アイデンティティや国際関係に寄生するだけの存在にとどまらず、国際関係とは正反対の方向に向かうこともしょっちゅうあり得るのだ。ある意味で最も広いアイデンティティと言える「人間」というものでさえ、きちんと考えて見れば、ずっと広い視点を認識させてくれるだけの力を持つはずだ。共通の人間性と関連づけられた各種の動機は、「国」や「市民性」といった集合体への帰属を通じて仲介される必要はない。

これは決定的に重要な認識だ。この論点は、私たちの故郷であるこの危ういインド亜大陸では容易に見てとれる。私たちは、インドやパキスタンの人々がそれぞれの国の市民というだけでなく、お互いを人間として見られる人間どうしなのだという事実を把握すべき十分な理由がある。私たちは、相互のつきあいをそれぞれの国や政府を通じて行う義務などない。私たちの危うい世界——まさに爆発的な原爆を持つ世界——は（インド亜大陸、ひいては他のところでも）自分が何者かを自問することを要求するのだ。自分の人間性が切除され、国籍だけが残った場合のあり方だけを考えてはいけないのだ。

グローバル化とグローバルな正義

こうした問題は、近年他の理由からも重要となってきた。たとえば、グローバリゼーションの課題という文脈などだ。そうした課題は、各種のレベルで注目を集め、中には騒々しく荒っぽい抗議デモもあった——シアトル、メルボルン、ワシントン、ロンドン、プラハ、ケベックなど各地で。最近のグローバリゼーション反対デモについて真っ先に指摘しておくべきことは、こうした抗議自体が実にグローバル化したイベントだということだ。かれらを「反グローバリゼーション」抗議として見るのは、かなり誤解のもとだ。かれらは世界的な不満と不信を表現する声なのであり、世界中の多くの国やちがった地域から人々を集めている（デモ参加者はシアトルやケベックの「地元連中」ではない）。そしてかれらの価値観の多くは、不平等と格差というグローバルな問題と関連している。

デモ参加者たちの懸念はしばしば、まとまりのない要求や、粗雑に考案されたスローガンに反映されているが、そうした抗議のテーマのほうが、かれらの理論よりも一貫して重要だ。かれらの絶え間ない問いかけのほうが、スローガンの中で提出されている出来合いの答えよりも重要だ。浮かび上がってくる問いかけは、グローバルな経済と政治の体制における、大幅な制度変更を要求しており、その中身は特許法改定や経済関係の互恵性から、一九四四年ブレトン・ウッズ合意の初期の努力から受けついだ制度的アーキテクチャの拡大まで様々だ。こうした変化は、本当にグローバル化されたやりとりを、減らすよりはむしろもっと増やすだろう。特に重要なのは、こうした運動や、その他多くのグローバルな懸念の表明（たとえば環境問題のアジ）に表現を見出しているアイデンティティの感覚は、国民としてのアイデンティティを大きく超えるということだ。

アイデンティティの選択は、グローバルな正義に強く影響する。アイデンティティ選択の可能性を認識すると、グローバルな正義が国際的な正義（この両者はよく混同される）よりずっと大きな観念として見るべきものだという含意が即座に出てくる。グローバルな正義を国際的な正義として見るのは、ある人物の国民アイデンティティが、なぜか私たちの支配的なアイデンティティでなければならないと想定することだ。でも世界のあちこちにいる人々は、いろいろちがった形で相互に作用し合う——商業、科学、文学、音楽、医療、政治的なアジ、さらにはグローバルNGO、ニュースメディアなどを通じてそうした相互作用は行われる。かれらの関係は、政府や国の代表などを通じてはほとんど仲介されていない。

たとえば、フランスのフェミニストが、仮にスーダンなどでの女性の低い地位のある側面を正すような仕事をしたいと思ったら、その人はある国の国民が別の国民に対して感じる同情を通じて活動をしているわけではない。同じ女性としてのアイデンティティ、または同じ人間としてジェンダー平等を重視するというアイデンティティのほうが、市民権よりは重要かもしれないのだ。同様に、多くのNGO——

国境なき医師団、オックスファム、アムネスティ・インターナショナル、ヒューマン・ライツ・ウォッチなど――は明示的に、国境を越えた連帯や関係性に注目している。

理性か降伏か？

終わりに、いくつかの問題に注目しよう。まず、私たちはとても多くのちがった集団に所属しており、それらの間で優先順位を選ばねばならない。ある州やコミュニティや、国でもいいのだが、そうした局所的なアイデンティティの、一部では抵抗しがたいと呼ばれる要求が持ち出され、私たちを無理矢理従属させることはあっても、私たちは自分たちに矮小性が押しつけられるのに抵抗しなくてはならない。

第二に、コミュニタリアン的なアイデンティティは、私たちにとって重要なこともあればそうでないこともあるし、どの程度の重要性をそれに持たせるかを決めるのは、私たち自身だ。その選択は、何やら勝手に想定された不可思議な障壁だの、事前に決まった優先度についての説明もない信念だのを根拠に奪われてはならない。

第三に、世界は単なる国の集まりではなく、人々の集まりでもある。ある人間と別の人間との関係は、それぞれの政府に仲介してもらわなくてもいい。これは、私たちが暮らす、ミサイルや原爆の陰が強まる危うい不安定な世界においては、とても重要な認識になり得る。

第四に、国際正義はグローバルな正義の要求を完全に包含するものではない。私たちのグローバルな相互関係は、国際的な相互関係よりずっと広範なものだったりするし、反グローバリゼーションの抗議ですらグローバルなイベントとなるのを逃れられない。平等性の問題、懸念、責任は、適切な広がりを持った視点での対応が求められる。

まとめると、アイデンティティの複数性の含意と、社会的な立論と選択の役割は、このようにすさまじく広範だ。それらは、安全保障から平等性に至る様々なきわめて重要な問題に対し、直接的な関係を持つ。私たちは、相互理解不能性（不可侵な文化障壁により生じるとか言われているもの）をいい加減に想定して、直面すべき問題や必要な選択から逃げるわけにはいかない。また、立論の領域を、受動的な発見の領域に変換するという正当化しにくい手口を通じてうっちゃってしまえるものでもない。私たちは、自分が送る人生について責任を持たねばならず、自分たちが暮らす世界についてすら責任をとるべきだ。それ以外の道は、社会的な叡智ではなく、知的降伏でしかないのだ。

注と参考文献

★1　「インド人のアイデンティティ」という発想から出てくる特別な問題については、二〇〇一年二月一六日にニューデリーで行った、ドラブジ・タータ－記念講義第二回で論じようとしてみた。*The Argumentative Indian: Writings on Indian History, Culture and Identity* (London: Allen Lane, 2005) 所収の"The Indian Identity"〔邦訳＝アマルティア・セン「インド人のアイデンティティ」『議論好きなインド人』（佐藤宏、粟屋利江訳、明石書店、二〇〇八年）」を参照。

★2 コミュニタリアン的な立場からの「発見」という見方に関する強力な主張としては、Michael Sandel, *Liberalism and the limits of Justice, 2nd edition*（Cambridge: Cambridge University Press, 1998), pp. 150-2〔邦訳＝マイケル・サンデル『リベラリズムと正義の限界』（菊池理夫訳、勁草書房、二〇〇九年）〕を参照。

★3 Pierre Bourdieu, *Sociology in Question*（London: SAGE, 1993), pp. 160-1〔邦訳＝ピエール・ブルデュー『社会学の社会学』（安田尚他訳、藤原書店、一九九一年）〕.

★4 V.S. Naipaul, *A Turn in the South*（1989).

★5 こうした問題の一部については、二〇〇〇年イギリスアカデミー講演 "Other People" で論じた。全文は以下で入手可能。<http://www.britac.ac.uk/events/archive/other_people.cfm>.

★6 この問題については *Reason before Identity*（Oxford and New Delhi: Oxford University Press, 1999)〔邦訳＝アマルティア・セン『アイデンティティに先行する理性』（細見和志訳、関西学院大学出版会、二〇〇三年）〕で論じた。また、かなり詳しく *Identity and Violence: The Illusion of Destiny*（New York: W.W. Norton and Company; and London and New Delhi: Penguin, 2007)〔邦訳＝アマルティア・セン『アイデンティティと暴力――運命は幻想である』（大門毅・東郷えりか訳、勁草書房、二〇一一年）〕でも論じている。

★7 カリブ文化と政治におけるアイデンティティ紛争の特別な関与については、二〇〇一年三月二三日、トリニダード・トバゴでのエリック・ウィリアムズ記念講演 "Identity and Justice" で述べた。この講演は、*The Face of Man, Volume 2: The Dr. Eric Williams Memorial Lectures 1993-2004*（Republic of Trinidad and Tobago: Central Bank of Trinidad and Tobago, n.d.）に収録されている。

飢餓——古来の苦悶と新しい不手際

Hunger: Old Torments and New Blunders

初出 = *The Little Magazine: Hunger*, volume II, issue 6（2001）, pp. 8-15.

「あまりに古い話なのに／でもなぜかいつも新しい」と述べたのは『抒情間奏曲』のドイツの詩人、エッセイスト、政治活動家、ハインリッヒ・ハイネだ。このハイネの一九世紀初期における苛立ち（『間奏曲』は一八二三年刊だ——その七年後、かれは革命パリに自発的亡命をとげる）は、私たちが暮らす労苦の多い世界の中で、古い問題の野蛮さが新しい追加の次元を伴って継続しているのを見るときに、どうしても脳裏を横切ってしまうものだ。それが最も苛立たしいのはインドにおける大量の飢餓と栄養失調のひどい継続ぶりかもしれない。

一九四七年の独立以来の半世紀で、インドで何も成果がなかったというわけではない。もちろんよいことも起こっている。まず、独立と共に飢饉が急激に根絶されたのはきわめて重要な成果だ（最後の大規模な飢饉が起きたのは一九四三年——独立の四年も前だ）。そしてこれはまちがいなく、他の発展途上国の多くが飢饉を防ぎきれていないのと比べれば、大きな業績と言える。それでもこの飢饉防止という立派な記録は、この国で何億人もの生活を損なう、慢性的な飢餓の広範な存在を排除するのに同様の成功を伴っていない。

第二に、独立前のインドを実に特徴づけていた——そして苦しめていた——停滞する農業は、革新的な手法導入により完全に姿を消し、インド農業の生産能力は激増した。技術的な制限は大幅に除かれた。今日のインド食料消費を抑えているのは、これ以上食料を生産できないという運用上の能力不足ではなく、食料を得る権利を、人口の中でもっと恵まれない層の手の届くところにもたらせずにいるという広範な失敗だ。実際、M・S・スワミナタンが指摘したように「インドは農業進化の中で、消費が改善されない限り生産も増えないという段階に達しているのだ」[★1]。

第一の敵――自己満足と無知

物事を変えるにはどうすれば? 最初に始末すべきなのは、インドの食品をめぐる記録に対する驚異的な自己満足ぶりと、それを支える広範な無知だ。疑問の余地など一切なしに認識すべきことだが、インドはしつこい飢餓の広範な存在に対処するにあたり、あまりよい成績をあげていない。特定地域におけるひどい飢餓の慢性的な再発(それが全面的な飢饉に拡大しないからといって、その地元でそれがひどい状態をもたらしているのが正当化されるわけではない)が見られるばかりか、インドの大半では地域ごとの飢餓が大幅に広まっているのだ。実際、インドはこの点で、サブサハラアフリカよりずっとひどい[★2]。全般的な栄養不足――ときには「タンパクエネルギー栄養障害」と呼ばれる――は、サブサハラアフリカよりもインドのほうが、二倍近くも高い。アフリカでは間歇的に飢饉が起きているけれど、そこでも通常の栄養状態はインドよりずっと高く保たれているというのは驚異的なことだ。インド児童の半数は、どうやら慢性的に栄養失調で、成人女性の半数以上は貧血に苦しんでいる。母体の栄養失調や、体重不足の赤ん坊発生率、人生の後年における心肺疾患の頻度(子宮内で栄養が不足すると、大人になってから特に起こりやすくなる)の点で、インドの記録は世界最悪クラスだ。

このおぞましい状況の持続における衝撃的な特徴は、それが存在し続けているというだけでなく、それが世間の真面目な関心を集めるときにも（集めないときも実に多いが）、見解がひどく分かれてしまっているということだ［★3］。実際、インドが独立以来、飢餓の挑戦に実に見事に対応してきたというまちがった信念が、しつこく繰り返されるのを耳にするのは驚くべきことだ。これは飢饉の防止（これは単純な成果だ）と、地域的な栄養不足と飢餓を避ける（これはずっと複雑な仕事だ）というのを根本的に混同していることから生じている。インドはこの後者の面で、世界のほとんどあらゆる国よりひどい成果しかあげていない。もちろん、自分で自分の首を絞めるやり方はいろいろあるが、無知に基づく自己満足は、そのやり方としては最も効果的ではある。

貧困、保健、教育

これで次の問題がやってくる。自己満足を始末したら、次は何をすれば？　よい栄養状態に対する古い障害は、もちろんまだ残っているし、それが力を失ったわけではないことは認識すべきだ。人々は、十分に食べ物を買えるお金がなければ飢える。飢餓はもっぱら全般的な貧困の問題であり、したがって全体的な経済成長とその分配パターンは、飢餓問題解決にはどうしても重要なものとなる。特に注目すべき重要なものとしては、雇用機会、それ以外の経済手段獲得方法、さらには人々の食料購買力に影響し、したがってかれらが実質的に享受する食料取得権を左右する食料価格がある［★4］。

さらに、栄養不足は不健康の原因であるだけでなく、その結果でもあるので、保健全般にも注意を払い、特に栄養素の吸収を妨げる風土病の予防に力を入れねばならない。また、基礎教育の不足も栄養不足につながるという証拠はたくさんある。知識とコミュニケーションが重要というのも一部にあるが、仕事や所得の確保は教育水準に影響されるからでもある。

母体の栄養不足とそれがもたらす広範な悪影響

つまり低所得、比較的高い価格、劣悪な保健、基礎教育軽視はすべて、インドにおける驚異的な栄養不足を引き起こし、持続させる要因だ。でもシディク・オスマーニが示したように、こうした変数の低水準を考慮した後ですら南アジア全体、なかでも特にインドで「実際に見られるものよりもずっと高い水準の栄養摂取実績が本来であれば期待される」[★5]。だから、何か別の要因を持ち込むしかない。オスマーニの示唆では——かなり説得力あるものだが——母体の栄養不足の永続的な影響が、低体重の赤ん坊としてあらわれ（インドと南アジアはこの分野で世界最先端だ）、それが各種の病気にかかりやすい子供や大人に成長するのだという。これは、ラーマリンガスワミらなどの同定した他の研究[★6]とも整合している。最近の医学研究では、胎児時代の栄養不足がもたらす長期的な影響が明らかになっている。それは誕生時の低体重に反映され、それがどうも免疫系の欠陥など他の健康面での弱点を引き起こすらしい。母体の栄養不足と出生時の低体重症に関連した健康と栄養上の悪影響は、インドのひどい栄養状態を説明するにあたって、大きな要因となっているのはほぼまちがいない。

物質的な栄養不足は、インドにおける一般的な女性蔑視のジェンダーバイアスとも因果関係があるので、インドが女性に不公平であるために支払うペナルティは、女児だけでなく男児にも、女性だけでなく男性にも打撃を与えるようだ。男子と比べた女子が相対的に見て栄養的にどれほど後進的かについての実証的な証拠ははっきりしないが（本号でスヴェドベルグ論文が論じているとおり）、妊婦の軽視に関する動かしがたい証拠はいくらでもある。たとえば、貧血に苦しむ妊婦の比率――全体の四分の三――は世界の他のところに比べて、インドでは驚異的に高い。低体重での出生がもたらす長期的な影響は、子供――男の子も女の子も――のよい健康と栄養状態の可能性を悪化させるだけではない。人生の後年で心肺疾患発生の確率を大幅に高めてしまう［★7］。興味深いことに、一般に男性のほうが心肺疾患を起こしやすいので、妊婦の栄養状態無視による悪影響は、実はこの意味では女性よりも男性のほうにもっと大きく出る。女性への不公平として撒かれた種は、当の女性たちの苦しみに加え、男性の状態悪化として果実をつけるのだ。

ここまでの分析は、インドがしつこい飢餓の広範な広がりを克服するために取り組まねばならない、具体的な問題を同定した。インドは、その飢餓により多くのちがった形で苦しんでいるのだ。対策の分野は、経済機会（たとえば所得増大とその分配パターン）、社会設備（たとえば基本的な保健と教育）、女性特有の欠如（たとえば母体の栄養不足など）だった。これらは飢饉防止や生産機会の技術的な拡大といった、成功の見られた他の分野とはちがい、古い問題がまだ克服されていないものだ。それでは、新しい問題とは何だろうか？

史上最大の食料の山と最悪の栄養不足

栄養上の進歩に対する障害は、古い分割線からくるものだけでなく、まったく新しいものもある。ときには、古い障害を克服するべく設計された制度そのものが、反動的な影響となって、格差と不均等な欠如に貢献してしまう。インドには、ものすごい食料の山がある一方で、世界で最も大きな栄養欠乏人口の集積があるというひどい組み合わせは、この一例だ［★8］。

一九九八年に中央政府が備蓄する食用穀物の在庫は一八〇〇万トンほどだった——現実的な生産と供給の変動に対応できる、公式な「バッファ在庫」の基準に近い量だ。その後、この在庫量はどんどん増え続け、五〇〇〇万トンを優に超えて、最近の報告だといまやこの在庫は六二〇〇万トンにものぼる。ジャン・ドレーズのグラフィックな描写を使うなら、この穀物の袋を一列に並べると、一〇〇万キロ以上の長さになり、月まで往復できてしまう。ジャン・ドレーズがこれを昨年（二〇〇〇年）書いて以来、在庫はもっと増えて、いまや月まで往復してからもう一度月に行けてしまう。

インド政府によれば、この大量の在庫のわずかな一部は各種のよい目的のために使われるとのこと。たとえば一〇〇万トンは、アフガニスタン救済にまわされるという（これは一人の人間としても、アフガニスタン救援に大きく関与しているオックスファム名誉会長としても大いに称賛したい）。これは結構なのだが、でもこの程度では、この巨大な在庫の山をさほど減らしはしないし、その容赦ない増加を止めもしない——

まもなく七五〇〇万トンに達し、いずれ一億トンにもなりかねない［★9］。食料大臣はまた、農民への補助金支払い方法を変えようと提案しており、どうやら地域ごとにもっと平等にそれを分配したいらしい。いまや政府は、食用穀物を最低支持価格で買わされるのではなく、食品は市場価格で販売され、政府は農民たちに市場価格と最低支持価格との差額を支払うことになるという。農民たち——超大規模農家ですら——は、自分たちの「利益」と称されるものが「保護される」と知って安堵するのはまちがいない。そしてもちろん、在庫はいまや公式な「バッファ在庫」必要量の四倍に近づいているのに、まだ増加を続けるのもまちがいない。そして、この補助金プログラムのための公共支出（しばらく前には年額二一〇〇億ルピーというとんでもない金額と推計された）は減りそうにない。私たちはどうやら、すさまじい費用を払って、世界最悪の栄養不良と、世界でも最大の利用されない食料備蓄を持つという、うらやましくもない組み合わせを維持しようと決意しているらしい。

政策の迷妄

この反生産的な政策への奇妙なこだわりは、どう説明できるだろうか？　目先の説明はすぐに出てくる。在庫の蓄積は、政府が食用穀物の非現実的なまでに高い最低支持価格にコミットしていることから生じている——特に小麦と米についてはそれが顕著だ。でも高価格レジームは一般に（調達価格と消費者小売り価格とのギャップがあっても）調達を拡大し、需要を抑える。食料生産者と販売者にとっての大当たりは、食料消費者の窮乏と表裏一体だ。食料の生物学的なニーズは、食料の経済的な取得権（つまり、人々がそれぞれの経済状況とそのときの価格の下で買えるもの）とは同じではないので、調達された大量の備蓄は、全国で頻発する栄養不足にもかかわらず、処分が難しくなる。大量の供給を生み出す価格システムそのものが、貧しい消費者たちにとって食料を手の――そして口の――届かないものとしている。

でも政府は調達価格水準に合わせて食品価格を補助することで、この問題を矯正しているのでは――それで食品価格はまちがいなく、消費者にとっても引き下げられるはずですよね？　そうは問屋がなんとやら。ジャン・ドレーズと私はこの問題について、共著の『インド――開発と参加』でもっと詳しく論じているが、話の大きな部分の一つは、補助金の相当部分が実は、すさまじく巨大な食料穀物の備蓄を維持し、それに伴う肥大した手に負えない食料管理制度（インド食料組合を含む）を支えるのに使われているという単純な事実だ。さらに、価格補助の最先端は、農民たちにもっと生産してもっと稼ぐよう支払うことであり、既存在庫を低価格で消費者に売ることではないので（こちらも起こりはするが、限られた範囲で限られた集団に売られるだけだ）、食料補助の全体的な影響は、栄養不足のインド消費者に食品を移転するよりは、農民たちにお金を移転するほうが圧倒的となる。

もっと明瞭な階級分析が必要

左派が右派を即座にゴミ箱送りにできるほど先鋭的な階級分析を求める主張があるとすれば、これこそがそれだと思うのが人情だ。確かに、一部の公共利益を求める集団は抗議をして、基本的人権の問題を最高裁にまで持ち込んだ。でも階級格差の観点からの、この問題に対する系統的な批判は、驚くほどおとなしく沈黙している。聞こえてくる抗議は不思議なほど分裂しており、農民や耕作者たちのために食品価格を高くしておくべきだという呪文が繰り返されるばかり。なぜこんなことに？

食料調達政策が導入され、農民から高値で食料を買うべきだという主張が確立したときには、多くの便益が予想されていたし、それらがすべてピント外れなわけではなく、また平等性の主張もある程度はあったのだ。まず、ある程度まで備蓄を持つのは、食料安全保障のために有益だ——飢饉防止のためには不可欠とさえ言える。だから、ある上限までは大量の備蓄を持つのがよいことだということになる——今日の条件下では、まあ二〇〇〇万トンかそこらの備蓄でもいいだろう。でも、必要なだけの備蓄を持つのがよいことだからといって、備蓄をそれ以上に増やすのはもっとよいはずという発想は、当然ながら高価なまちがいだ。

この文脈ではまた、高い食料価格を擁護する二番目の立論も検討が必要だ。これまた、もともとはよいアイデアだったのに、その後反生産的になってしまったものだ。食料価格低迷で苦しむ人々の中には、あまり豊かでない人々もいる——作物の一部を販売する小農民や小作人だ。この集団の利益が、大農民の利害とごっちゃにされ、これが食料政策の致命的な混乱を引き起こしている。特権的な農民たちの強力なロビーは、高い調達価格を求め、公的資金を使ってそれを高止まりさせろと要求する一方で、やはり高価格で利益を得る貧農たちの利益は、そうした裕福でない受益者たちを代表する政治集団が主導している。こうした貧農たちの苦労の物語は、高い食料価格を支持するレトリックの中で強力な役割を果たすだけでなく、それがとても恵まれない人々の助けになるのだという、多くの平等を求める活動家たちの心からの確信においても重要なものとなっている。そして、それは確かに貧農を助けはするのだが、でも豊かな農民のほうがずっと恩恵を受けるし、かれらの圧力団体に都合がいいだけで、食料を売るより買う側にいるずっと多くの人々の利益は、ひどく犠牲になってしまうのだ。

こうした政策が、階級ごとにどう影響を与えるかについて、もっと明示的な分析が必要だし、特に社会の最下層の人々への影響は明確にすべきだ。こうした人々は、他の欠乏（特に低所得、ひどい保健、不十分な就学機会）に加え、驚くほど食料不足で栄養不足なのだ。日雇い労働者、スラム居住者、貧しい都市従業員、移民労働者、地方部の職人、地方部の非農業労働者たち、現金賃金を受けとる農業労働者にとってすら、高い食料価格は食べられるものを目減りさせてしまう。高い食料価格の全体的な影響は、社会の最も恵まれない人々の多くに、特に大打撃を与えることなのだ。そして、確かに一部の農業系の貧民は助かっても、全体としての効果は分配面できわめて逆進的となる。もちろん、高い食料価格を求める方向で、農民ロビーからは容赦ない政治圧力がきているし、農業系貧民の一部が恩恵を受けるという、ちょっと不純な話は、高い食料価格が貧困者のためになる立場なのだという混乱を許容してしまう。でも全体としての効果は、それとはほど遠いものなのだ。

中途半端な知識は危険と言われる。わずかばかりの平等性も、それが大量の恵まれない人々への不正を伴うものであれば、残念ながらやはり危険になってしまうのだ。

インドでしつこく続く広範な栄養不足——世界の他のあらゆる地域よりひどい——はきわめて驚異的だが、それを容認している沈黙もまた驚異的だし、さらにはそれをときに黙殺しようとする知ったかぶりも同罪だ。栄養上の欠乏は、各種年齢のインド人の生に影響するが、それらは——ここで述べたように——密接に関連し合っている。たとえば、女性の栄養状態の軽視は母体の栄養不足、子宮内での胎児の栄養欠乏、出生時の低体重、子供の栄養不足と不健康を通じ、最終的には大人の病弱性にも作用する。最近の研究は、初期の栄養不足が長期的な健康や、認知機能や技能にさえ与える影響を赤裸々に描き出している。インドがこれほど大量の小児期栄養不足を起こしているという事実は、これをことさら懸念すべき状態にしている。実際、初期の栄養不足の悪影響は、生涯を通じて深刻なものとなり、後年に心肺疾患で苦しむ傾向も高めるのだ（これまたインドでは、他の影響について調整した後でも、ほとんど他のどこよりも高いのだ）。

欠乏と飢餓の「あまりに古い話」と戦うにあたり、政策問題が「なぜかいつも新しい」形をとることもあるという事実も考慮しなくてはならない。経済成長と分配、保健と基礎教育、そしてとても古い問題であるジェンダーバイアスと女性の健康軽視に取り組むにあたり、私たちはまたそれぞれの政策でだれが利益を受けるのか、そしてだれが——最も強調すべきこととして——利益を受けないかについて、明示的な検討に基づいた再評価をしなくてはならない。社会で虐げられた人々の多くは、かれらを押さえつけてきた伝統的な問題に直面するだけでなく、恵まれない人々を助けるつもりだったのに、結果的にまるでちがう効果を持ってしまった公共政策による、新しい障害にも直面するのだ。

私たちの民主主義システムを考えれば、欠乏の原因と、それに使える政策的な対応とされるものについての明確な理解以上に重要なものはない。公共のアクションは、国が公共のために行うことだけでなく、公共が自分たち自身のために行うことも含むのだ。それは人々が是正行動の要求を通じてできることや、政府への説明責任要求でできることも含む。私はすさまじい費用がかかるのに、社会下層の機会や利益を無視する――ときには悪化させる――公共政策について、個別階級ごとにもっと詳しい検討を行うべきだと論じてきた。古い欠点の継続に反対して抗議するべきだという主張は、ずいぶん前からかなり強いものだったが、平等を目指すと言いつつも、まさにその平等を悪化させるような政策という形の新しい障壁に抵抗するという、追加の課題をそこに加えねばならない。公共政策を、その実際の影響に関する詳しい検討にかけるべきだという主張はもちろんとても強力だ。でも抗議の必要性――怒り、怒鳴る必要性――も、負けず劣らず強いのだ。

注と参考文献

★1　M.S. Swaminathan, "Bridging the Nutritional Divide: Building Community Centered Nutrition Security System,"

The Little Magazine: Hunger, volume II, issue 6（2001）.

★2　これについては S.R. Osmani, “Hunger in South Asia: A Study in Contradiction” および Peter Svedberg, “Hunger in India: Facts and Challenges.” いずれも *The Little Magazine: Hunger*（2001）収録を参照。また Svedberg の *Poverty and Undernutrition: Theory, Measurement and Policy*（Oxford: Clarendon Press and Oxford University Press, 2000）も参照。

★3　ジャン・ドレーズと私は、欠陥の多い公共政策の形成と持続において、公的議論の不十分さが果たす役割を共著書 Drèze and Sen, *India: Economic Development and Social Opportunity*（1995）およびその続きのモノグラフ *India: Development and Participation*（New Delhi: Oxford University Press, 2002）で論じている。

★4　基本的な問題については *Poverty and Famines: An Essay on Entitlement and Deprivation*（Oxford: Clarendon Press, 1981）〔邦訳＝アマルティア・セン『貧困と飢饉』（黒崎卓・山崎幸治訳、岩波書店、二〇〇〇年）〕で論じようとした。

★5　Osmani, “Hunger in South Asia.” またかれの “Poverty and Nutrition in South Asia,” First Abraham Horowitz Lecture, United Nations ACC/SNN, mimeographed, 1997も参照。

★6　V. Ramalingaswami, U. Jonssons, and J. Rohde, “The Asian Engima,” *The Progress of Nations 1996*（New York: UNICEF, 1996）.

★7　特に D.J.P. Barker, “Intrauterine Growth Retardation and Adult Disease,” *Current Obstetrics and Gynaecology*, volume 3（1993）；“Foetal Origins of Coronary Heart Disease,” *British Medical Journal*, volume 311（1995）；*Mothers, Babies and Diseases in Later Life*（London: Churchill Livingstone, 1998）を参照。また N .S. Scrimshaw, “Nutrition and Health from Womb to Tomb,” *Nutrition Today*, volume 31（1996）も参照。

★8　以下の議論は二〇〇一年一一月一三日に行われた私のネルー講義 "Class in India" に基づいている。Amartya Sen, "Class in India," *The Argumentative Indian: Writings on Indian History, Culture and Identity* (London: Allen Lane, 2005)〔邦訳＝アマルティア・セン「インドにおける階級」『議論好きなインド人』（佐藤宏、栗屋利江訳、明石書店、二〇〇八年）〕も参照。

★9　M.S. Swaminathan, "Using the Food Mountain," *The Hindu*, 10 November 2001; また同日の社説 "Resolving the Food Riddle" も参照。

自由について語る――なぜメディアが経済発展に重要か

Speaking of Freedom: Why Media is Important for Economic Development

この論説は、カリブ科学アカデミーと西インド諸島大学が二〇〇一年三月にトリニダードで開いた共同会合での演説と、二〇〇一年一月にニューデリーで行われた国際報道研究所の総会におけるキーノート演説を基にしている。

初出=*The Little Magazine: Listen*, volume III, issue 3（2002）, pp. 9-16.

「パーラメントヒルズの草原」と題された、遊び心に満ちた韻文で、ジョン・ベッチェマンはイギリスについての魅力的な描写を行っている。

我が国が象徴しているものを考えよう
本からブーツから田舎の小道
自由な言論、無料パス、階級区分
民主主義と適切な排水

このよいモノの多様なバスケットは、イギリスについてのある見方を反映している。少なくとも、イギリス人の自己認識を垣間見ることはできる――イギリス人が見て、愛しているイギリスの姿を。この自己認識には、愛情深いお馴染みぶりと、全般的な納得感がある。

だれにとっての自由?

大都会ではなく帝国の中で育った私たちにとっては（イギリスのインド支配は、私が一四歳間近のときに終わった）、こうした美徳の中でも目にしたものには濃淡があった。階級区別はまちがいなくあり、適切な排水さえときどきは見かけ、もちろん政権に忠実な人々には無料パスは山ほど出た。異論を唱えたり、本当の自由な言論を実践したりする人々がもらえるパスは、別のところに連れていかれるものだった。小学校と中学校にいたとき、私は叔父を含む親戚縁者の三人が投獄されているのを知っていた。別に何かで有罪になったからではなく、単にイギリス支配下の「予防的収監」なるものの下で「念のため」拘束されていたのだった。これは、かれらを自由にしておくと、煽動的な言論という形にすぎないものであっても、何らかの政治的な被害を及ぼすかもしれないから、という想定に基づいたものだった。処罰を受けるためには、自由な言論と自由な行動の選択を行使する必要はなかった。反逆的な言論の予想や、忠実でない行動の期待だけで、長期の収監には十分なのだった。

民主主義——故国イギリスでは実に重視されていたもの——は、植民地に輸出される財の一覧には完全な形では載っていなかった。異論を述べる言論が多少は容認されたときですら、言論の自由はよくてもきわめて脆弱だったし、実際に荒っぽい調子を受けずとも、それが予想されるだけで壊れてしまった。実際、自由な言論は「無料パス」（ベッチェマンが触れていたもの）とまったく同じで、だれかの判断次第で配布されるものであり、植民地政府が無益な無配慮と決めたものがちょっとでも予想されたとたんに引っ込められるのだ。

*

これを半世紀以上も経って回想するのは、別に過去についてぶつくさ言ったり、はるか昔の親分たちに糾弾の指を突きつけたりするためではない。そんなのはまったく無意味な行動だろう。その一方で、世界に民主主義と自由な言論をもたらすにあたり、あれほど貢献した国の植民地ですら、民主主義と自由な言論の実現を確立するのがいかに難しかったかを思い返すのは有益だ。イギリス人は、自分たちの自由な言論実践と、自国での民主主義に対する挑戦に抵抗する決意の点では、十分に胸を張れる（それを外国に分配するにあたっては実にしみったれていたとはいえ）。そして同じ理屈で、インドや他の旧植民地で、民主主義と自由な言論保護のために立ち上がらねばならず——そしてしばしば戦わねばならなかった——人々、しかも時には厳しい敵対に立ち向かわなければならなかった人々は、いま手にしているものを大切に思うだけの理由がある。これを回想する価値があるのはまさに、苦労して獲得されたこれらの利得が、しばしば適切に理解もされず評価もされていないからだ。特に自由な言論は、いまだに世界では比較的希少な財であり続けているし、自由な言論の重要性は、現代世界にあって真剣な議論に値するものなのだ。

普遍的価値としての自由

自由な言論と政治的自由の普遍的な価値の認識は、世界全体としてはまだ比較的新しいものだ。自由な言論と民主主義的な価値観の出現は、長い歴史を持つ——イギリスでは特にそれが顕著だ。でもそうした価値観が普遍的だというのは、まだかなり目新しく、批判的な認識と擁護を大いに必要としている。

マグナカルタ〔権利章典〕を通じてイングランド王に制約を課した反乱者たちは、自分たちの主張を純粋に地元だけのものと思っていた。つまりイングランドだけの話だった。アメリカの独立闘士やフランスの革命家たちは、民主主義が一般的なシステムとして必要なのだという理解に大きく貢献した。それですら、かれらの実務的な要求の焦点はまだかなり局地的で、大西洋北部の両側だけに実質的に限られ、それぞれの地域の特別な経済、社会、政治的な歴史の上に構築されていた——つまり古き「西洋」ということだ。アフリカ系アメリカ人たちは、民主的革命家たちがアメリカ人のために要求した自由のシステムの一部ですらなかったし、イギリス支配を打倒したアメリカ共和国では、課税よりはるかに厳しい多くのことが、代表なしに行われていた。

実際、一九世紀を通じて民主主義理論家と、自由な言論の擁護者たちは、ある国がすでに「民主主義にふさわしい」かどうかを議論するのが実に当然だと思っていた。これが変わったのは、やっと二〇世紀になっていからで、この問題自体がまちがっているという認識が生じた。人々は別に、自分たちが民主主義にふさわしいかどうか判断してもらう必要はない。民主主義を通じて、ふさわしい存在となるのだ。これは一大転換であり、何十億人もの人々が、ちがった歴史と文化と多様な豊かさを持っている現代世界すべてをカバーするものだ〔★1〕。

自由と開発

民主主義と自由な言論の価値は、開発の課題とどう関連するのだろうか？　これがこのエッセイの主題だ。自由な言論は、経済開発や社会開発と競合するものなのだろうか。それとも相補的なのか、そしてその場合にはどんな形で？　あるいはもっと先に話を進めると、自由な言論は開発の一部──構成部品──なのだろうか？　こうした問題は議論される必要があるし、それも経済学者たちがだれよりもやるべきだ（私もその一人だ）。

まず、明記しておくべき最初の主張は、開発というのは単に、都合のいい命のない物体を増やすプロセスだと見ることは本当はできないのだということだ。たとえば一人あたりGNPを上げるとか、工業化や技術進歩や社会の近代化を促進するといった話ではない。こうした達成はもちろん、有意義だ──しばしばきわめて重要でもある。でもその価値は、そこに関わる人々の生活や自由に対する影響で決まるべきだ。選択の責任を持つ成人にとって、注目すべきは結局のところ、かれらが自分にとって価値あると思うことをやる自由があるか、ということでなければならない。この意味で、開発とは人々の自由拡大のことなのだ。

明記すべき第二の点は、言論の自由はまさに、人間の自由のきわめて重要な一部だということだ。お互いに話をして、お互いの言うことを聞けるというのは、私たち人間が価値を置くべき大きな理由を持つ、中心的な能力《ケイパビリティ》であることは否定しがたい。これは主に、アリストテレスがはるか昔に記したように、人が社会的に相互作用する生き物であり、その人生の充実は他人との関わりを持ち、対話し、つきあう能力を必要とするからだ──その相手は、地元の人でもあり外国の人でもある。だから言論は人生の一部であり、自由な言論は人間の自由の基本的な一部なのだ。

自由な言論は、内在的に重要だというだけでなく、道具としての役割もあるし、また建設的な重要性さえ持っている。人間開発における自由な言論の役割について、もっと完全な図式を描き出すためには、そうしたものも当然ながら議論しなければならない。でも、まずはこの自由な言論の内在的な重要性を認識して、この基本的なつながりが、自由な言論の道具としての役割や建設的な機能に関する複雑な議論の中で見失われないようにしておくのが最も重要だ。これからすぐに論じるように、自由な言論の間接的な貢献は莫大なものだが、そうした間接的な貢献がない場合ですら、人間の生活における自由な言論の、直接的で内在的な重要性が、それ自体として適切に認識されるべきだという点から始めるのが正しいのだ。

報道の自由

では今度は、自由な言論の多様な役割と、そうした役割と開発プロセスとのつながりについて、きちんと分析をしてみよう。まずは、自由な言論で最も重要でありながら最も論争の多い部分の議論から始めよう。つまりは、報道の自由だ。報道の自由は、まさに開発の中心的な一面なのだ。

でもこの評価の理由をずばり論じる前に、まずは手始めに警告を一言。報道は、常に愛しやすい対象ではない。なぜ専制的な支配者たちが、自由な報道を嫌いがちなのか——それもかなり手ひどい嫌い方をするのか――は、もちろんすぐにわかる。そして自由な報道が、専制主義的な支配者たちをチクチクやる能力と意志こそは、報道の栄光の一部なのは確かだ。

それでも、報道に対する苛立ちは、決して独裁者や有力者に限ったものではない。抑えのきかない報道によるプライバシー侵害という、大いに議論されている問題がある。これは多くの人の人生を破滅させられる。また、同じくらい重要で、もっとありがちなのは、ひどい誤報を受けるという問題だ。実際、だれかが新聞で誤報を受けると(これはときどき起こる)、それは相当な悪影響を引き起こしてしまう。というのも、濡れ衣は通常、その後のどんな訂正よりもずっと素早く、ずっと広く伝わってしまうのが普通だからだ。公的な生活と関わりを持つ人はだれしも、報道の自由の濫用を懸念するだけの理由が十分にある。

さらに、メディアについて文句を言うべきもっと深刻な――それどころか別種の――理由がある。報道の力を考えれば、それが社会に大きくよい影響をもたらせるのは簡単にわかる。その重要な作業が無視され、公的な探究の責任が果たされないと、きわめて当惑させられるものだ。自由なメディアの約束が果たされず、それに対応して潜在的な便益が失われることで失望させられる場合はあまりに多い。これは深刻な問題だし、後ですぐに取り上げることにする。

何をするものなのか?

まずは報道の自由が持つ、もっと肯定的な面を扱おう。なぜ報道の自由は開発にとって不可欠なのか、と尋ねてみよう。その理由は、いくつかの別々で、基本的には独立に検討できる理由のせいだと私は思う。そしてそれらを明確に区別するのが重要だ。そうすれば、何が問題になっているかをきちんと評価できるからだ。実際、検閲が行われて報道の自由が弾圧されたら何が失われかねないかを知る必要がある。一〇〇年近く前にノースクリフ卿［イギリス『デイリー・メール』紙の創業者］が「報道《プレス》の力はきわめて大きいが、抑圧《サプレス》の力ほどは大きくない」と愚痴ったのは正しいだろう。でもその抑圧《サプレス》の力が専制主義的に行使された結果として世界が何を失うかは理解する必要がある。

私に言わせれば、報道の自由は少なくとも以下の四つのちがう理由から開発にとって重要だ。

・内在的価値——言論と公的コミュニケーションには内在的価値があり、それは報道の自由の重要性と不可分に結びついている。
・情報提供機能——自由な報道の情報提供機能は、知識を広めて批判的な検討に貢献する。
・保護の役割——報道の自由は、無視され恵まれない人々に声を与え、それにより人間の安全保障というもっと大きな目的を支援することで保護の役割を果たす。
・建設的な貢献——自由な公的議論は、社会正義の核心となるようなアイデアを生み出し、価値観を形成し、共有された公的基準を生成するにあたって建設的な貢献を行う。

これらを順番に論じよう。

自由の内在的な価値

開発の評価は、人々が送れる生活や、実際に享受できる自由と切り離すことはできない。私はこの主張の正しさを拙著『自由と経済開発』［★2］で検討しようとした。開発は、単に利用されるだけの味気ないモノの蓄積、たとえば国民総生産（GNP）の増大とか技術進歩とかだけで判断されるべきではない。責任ある人間にとって、最終的に注目すべきは自分が価値を置く理由のあることを行う自由があるか、ということでなければならない。これは自由を開発の中心的な目標とするし、この基本的な認識があれば、言論の自由とコミュニケーションの自由が、開発を構築する含有物の一つでなければならないということはすぐにわかる——それは開発の目標の重要な構成要素なのだ。

この観点からすると、言論の自由は間接的な影響により正当化される必要などなく、私たちが価値を置き、価値を置くべきものの一部にして本質的な要素と考えられる。だからそれは、開発のあらゆる指標に直接表れねばならない。自由な報道がなく、人々が相互に直接話し、やりとりする能力を抑圧するのは、人間の自由を直接貧しくして発展を阻害する。そんな抑圧をもたらす専制的な国が、たまたま一人あたりのGNPが高いとか、大量の物理的富の山を築いたとかする場合ですら、その開発は阻害されているのだ。

報道の情報提供の役割

今度は報道の情報提供機能に目を向けよう——これは報道の道具としての役割の一部だ。この機能は、専門化された報道（たとえば、科学の進歩や文化イノベーションについてのもの）に限らず、人々に全般的に、どこで何が起きているかについて報せるものだ。さらに、探究型ジャーナリズムは、そのままでは気づかれなかったり陽の目を見なかったりする情報を明るみに出せる。これはすべて実に当たり前なので、ほとんど詳述するまでもないほどだ。

すぐ後で、報道の自由が人々に耳と声を与えるという保護機能について論じる。でも自由な報道の情報提供機能について語ったついでに、情報の素早い拡散は、保護と安全保障にも貢献できると述べさせてもらう。たとえば一九五八－六一年の中国の飢饉を考えてほしい。二三〇〇万人から三〇〇〇万人が死んだとされる。中国政府は自国での飢餓をなくす強い決意を抱いてはいたが、この飢饉の三年間、その悲惨な政策（これはきわめて不適切な大躍進政策と関連していた）を根本的に改めたりはしなかった。それで済んだのは、政治的な反対がなく、メディアからの独立批判がなかったからだ（これについてはまた後で）。そして中国政府自身も、政策変更の必要を感じなかった。それは大躍進がどれほど失敗したかという情報が十分になかったせいでもある。

検閲のないマスコミなどの、公的なコミュニケーション様式がなかったため、中国の地元役人はどこでも、自分たちは失敗していても、他の地域はうまくやっているという印象を持っていた。おかげでそれぞれの地方ユニット——各種の人民公社やコミューン——は、農業データを捏造して、自分たちもかなり成功しているふりをするインセンティブができてしまった。こうした報告数字の合計は、中国政府自身による国内の食用穀物総量の推計値を大きくふくれあがらせた。実際、このために中国中央当局は、飢饉のピークでも自分たちが実際よりも一億トンも多くの穀物を持っているというまちがった信念を抱いてしまったのだった。

専制政府によるマスコミ検閲の結果による情報喪失は、その政府自身にとっても悲惨なほどのまちがいを引き起こしてしまう。マスコミというのが神のように「奇跡を行うにあたり／謎めいたやり方で動く」などとウィリアム・カウパーを引き合いに出したら、すでに尊大なマスコミがいっそう思い上がってしまうだろうか。でもマスコミが尊大かどうかはさておき、マスコミの検閲が市民を無知な状態に置くにとどまらず、当の政府もきわめて重要な情報が得られなくしてしまうというのはまちがいないことだ。

詰問と安全保障

今度は、人々のニーズに応える政治的インセンティブを政府に与えるという、マスコミの詰問機能に目を向けよう。支配者たちは、人々からの批判に直面して選挙でかれらの支持を求めねばならない場合には、人々の要求に応えるインセンティブを持つ。だから民主的な統治形態と、そこそこ自由なマスコミを持つ独立国で大規模な飢饉が一度も起きていないというのは、意外でも何でもない。一九五八–六一年の中国飢饉が、三年にもわたり何千万人もの人々を殲滅しつつも、急激な政策変更が起きなかった理由は、単に政府がまちがった情報を持っていたからというだけではない（もちろんこのまちがった情報自体も、すでに論じたとおり、マスコミ検閲と関係しているのだが）。そこには人々が危機と死亡について何も報されず、また政府批判のできる新聞がなかったという点も作用している。

似たようなことが、他の大飢饉についても言える。たとえば一九三〇年代のソ連の飢饉や、一九七〇年代のカンボジアの飢饉、あるいは過去三〇年のアフリカ軍事独裁国における飢饉や、ごく最近のスーダンや北朝鮮の飢饉、さらには植民地支配下の飢饉などだ。実際、私が子供時代に目撃した一九四三年ベンガル飢饉は、民主主義の欠如で起きただけでなく、地元マスコミに報道と批判に関する厳しい制限がかかっていたせいもある。この惨事が、インドを統治していたイギリスで注目を集めたのは、カルカッタ［現コルカタ］の『ザ・ステイツマン』紙（当時はイギリス所有）の勇敢な編集者イアン・スティーブンスが、一九四三年一〇月一四日と一六日に、禁を破って生々しい描写や痛烈な論説を載せようと決めたせいだった。その後すぐに、ベンガル知事からロンドンのインド事務大臣に宛てた、死者数の規模に関する自責の手紙が一〇月一八日に出され、その後の数日でさらに自己批判の告白が続き、その後ウェストミンスター議事堂で白熱した国会討議が続き、そして最後に――やっと――翌月になって公的な救済の手配が行われ、おかげですでに何百万人も殺した飢饉は終結に向かったのだった。

マスコミの保護的な役割は認識されるべきだし強調されるべきだ。物事がいつも好調かつ順調であれば、自由な報道や関連する民主的自由の保護的な機能は、それほど渇望はされないのが通例だ。でも物事が何らかの理由で行き詰まった場合には、そうした機能が大活躍となる。最近の東アジアや東南アジアの問題からはいろいろな教訓が得られるが、その一つは民主的自由の制限に伴う代償であり、そうした民主的自由の一部は報道の自由だ。実際、この地域に通貨危機（一九九七年から）が起きてそれが全般的な経済不況につながったとき、民主的自由の保護的な力――これは飢饉を防ぐ力と似たものだ――は、同地域の一部諸国では著しく欠如していた。通貨危機で新たに苦境に陥った人々は、必要となる声を持っていないことが多かった。たとえばインドネシアや韓国の被害者たち――失業者や経済的に余剰とされてしまった人々――は物事が万人にとって右肩上がりで推移しているときには、民主的自由なんかにあまり興味を示さなかったかもしれない。でも物事が急落したら、人々の立場の急落には大きな差ができた（大規模な経済停滞では必ずそうなる）。そして自由なマスコミを含む民主制度の欠如は、転落者たちの声を聞きとりにくい効果の薄いものにしてしまった。当然ながら、最近のデモや反乱が注力してきた要求の一部は、自由な報道を含む市民権や民主的権利だった。そして東アジアや東南アジア諸国の数カ国（もちろん韓国やインドネシアも含まれる）では、政治的権利や市民権の面で驚くほどの進歩がすでに見られる。

建設的な役割と価値形成

次は報道の自由が、他の民主的権利や市民権とともに中心的な存在だという四番目の理由に目を向けよう。適切な情報に基づいた、無理強いされない価値観の形成は、コミュニケーションと議論に対するオープン性を必要とするし、報道の自由はこの過程において決定的なものにならざるを得ない。実際、価値形成は相互作用的な過程であり、マスコミはこうしたやりとりを可能にする大きな役割を担っている。新しい基準が生まれる中で（たとえば小家族が通常となり、出産の頻度が下がったりなど）、そうした新しい規範を地域や、いずれは地域をまたがる形で広げるのは、隣接する人々による模倣だけでなく、公的な議論なのだ。

何が「基本的なニーズ」として認められるかという概念そのものですら、何が重要かという公的な議論に依存しがちだし、同じくらい重要なことだが、何が可能かに関する公的な議論にも左右される。人間は各種の悲惨や欠乏に苦しむ——解消しやすいものもあれば、そうでないものもある。人間の直面する苦境全部を扱い始めたら、「基本的ニーズ」に関する現実的な議論の基盤としては使いものにならない。実際、もし実現可能ならば価値を置くべき理由が十分にありそうなものは多い——たとえばあらゆる病気に対する免疫や、不老不死ですらそうだ。でも私たちはこうしたものをニーズとしては見ない——見ることができない。それはまさに、そうしたものが実現不可能だとみんな思っているからだ。私たちのニーズに関するとらえ方は、欠乏の性質や広がりと関連するだけでなく、それについて何ができる／できないかの理解にも関連している。こうした評価と理解は、公的な議論の自由と活気に強く影響を受ける。自由な報道は、他のつながりもさることながら、価値形成における建設的な役割によって開発プロセスの大きな味方となるのだ。

報道の自由の活用

話を終える前に、マスコミの有効性を引き下げ、ときにはその社会的な機能において、無害よりもひどいものとしてしまう実践上の制約について、先送りした問題に戻ろう。しばしば出てくる批判として、新聞はその報道がちっとも中立でない場合があるとされる。これはそれ自体としては致命的な欠陥ではない。ちがった新聞が別々の視点を提供し、それらが共存することで、関心を求める多くのちがった視点に声を与えるのであればかまわない。

でも問題は、マスコミが持つ系統的な歪みのため、これが実際には起こらないかもしれないということから生じる。この文脈だと、新聞が民間所有だということが懸念材料とされてきた。これはもっとも な懸念だ。そしてまた、広告出稿者たちの選択的な影響についての疑念もある。これもまた、もっとも な懸念かもしれない。イギリスのジャーナリスト、ハンネン・スワッファーは四半世紀前に苛立ってこう語っている。「イギリスにおける報道の自由というのは、広告出稿者たちが反対しない範囲で所有者の偏見を印刷する自由ということだ」。この判断はおそらくあまりにシニカルだし、不当に厳しいものではあるが、報道の自由をもっと活用するために注意すべき問題がここには出ている。

実は、新聞所有の力を逃れる簡単な方法などない。新聞の設立には財産が必要だし、新聞所有者たちがその財産だけを保有して、他には一切何も持たないという仕組みがあり得るとはなかなか思えない。この問題と対応するにあたり、公共による所有もまた役に立たないかもしれない。というのもそうなったら、政権政府に特別な力が与えられてしまい、これは報道の自由の狙いをかなり台無しにしてしまうからだ。

この文脈だと、ジョン・ケネス・ガルブレイスが「牽制し合う権力〔拮抗力〕」と呼んだものの発想を持ち出すと有益だ。必要とされるのは、何か特定の権力を潰すことではなく、ある権力を別の権力で対抗させることだ。ここでの文脈で言えば、これはビジネス業界の各種部分からの民間所有が複数存在するのを支持する議論となると同時に、独立機関や法定委員会を通じた所有を求める議論ともなる。新聞以外に、ラジオ、テレビ、インターネットなどのメディアが存在するのも、カバー範囲と多様性を大いに高める。私たちは相当部分まで、この偏向問題を克服するにあたって競争と対立の牽制し合う力に頼るしかない。

これとは別の課題として、ジャーナリズムの倫理とコミットメントの重要性の問題がある。これは本稿ですでにちょっと触れたものだ。これはジャーナリズムの正直さや客観性だけの問題ではない（とはいえ、これらも重要な形で関係してくるが）。あまり報じられていないものを報じるために必要となる、主体性、想像力、特別な動機の問題でもある。たとえば、飢饉やひどい失業といったとても目立つ欠乏については、強い描き方をするのは実に簡単だが、それほど目に見えない欠陥（たとえば極端ではない飢餓や、学校制度の欠点など）を取り上げるのも、とても重要だったりする。たとえば報道の自由は、他の民主的自由とともに、独立インドが半世紀にわたり大規模な飢饉を避けるにあたって確実に有益だった（これはイギリス統治下でしょっちゅう起きたこととは好対照だ）。それでも、あまり目立たないが、やはり重要な欠乏（たとえば地域ごとの栄養失調や慢性的な非識字率、あるいは不十分な保健）は、本来受けるべき注目をインドのマスコミでは受けていない。

これを克服するのに必要なのは、ジャーナリズムによる主体性と創意工夫のもっと十全な発揮だけでなく、個別の欠乏について力強く注目している専門圧力集団の発達だ。これまた、広い意味での牽制し合う権力を呼びおこし、社会制度の仕組みと活動家の連合の全体的な到達範囲を広げる必要がある。多くの分野で、ある程度の成功例が見られる。たとえばインドの女性団体やフェミニズム組織は近年、ジェンダー格差の個別側面をもっと目に見えるものとし、重要性を高めることで、世間的な認知と論争を活性化させるのに大きく貢献している。

終わりに

これで話の発端に戻ってきた。開発の過程においては、報道の自由が決定的な重要性を持つことを理解するのがきわめて重要だが、その到達範囲を広げ、その有効な機能を確保する方法や手段を検討することも必要なのだ。報道の自由は、いくつかちがった、別個の重要性を持つ役割を担っている。たとえば、（1）開発の構築要素としての内在的な重要性、（2）社会の知識と理解を広げるための情報提供機能、（3）人の安全欠如を減らし、深刻な欠乏を防ぐにあたっての保護的な役割、（4）相互作用による情報豊かな価値観形成への建設的な貢献だ。

でも、こうした機能はどれ一つとして機械的なものでも、自動的に生じるものでもない。コミットメントも必要だし、多様性と不偏性を確保するために、十分に牽制し合う権力を持つ、適切な広がりを持った制度構造が必要だ。報道の自由はきわめて強い支持に値するものだが、マスコミのほうも、そうした特権だけでなく責務も負う。実際、報道の自由は権利と義務の双方を定義づけるのであり、私たちはその両方のために立ち上がるべきなのだ。

注と参考文献

★1 こうした点については拙稿 "Democracy as a Universal Value," *The Journal of Democracy*, volume 10, issue 3 (1999), pp. 3-17で論じた。

★2 *Development as Freedom* (New York: Knopf; and Oxford: Oxford University Press, 1999)〔邦訳＝アマルティア・セン『自由と経済開発』石塚雅彦訳、日本経済新聞社、二〇〇〇年〕.

日光その他の恐怖——学校教育の重要性

Sunlight and Other Fears: The Importance of School Education

初出=*The Little Magazine: Growing Up*, volume IV, issue 3（2003）, pp. 8-15.

フランシス・ベーコンの洞察によれば、暗闇に対する子供の恐怖は「お話をすると高まる」。かれはここで、人々が死を過大に怖がるアナロジーとしてこれを持ち出している――この比較は「死について」という陰気なエッセイに登場するものなのだ。残念ながら、世界の実に多くの子供たちの心に恐怖をたき込むには、お話を発明してまわる必要はない。それも暗い闇夜に対する恐怖だけでなく、日光に照らされた昼間に対する恐怖だって引き起こせる。食事抜きで始まる一日、他の子供と一緒に通える親しみやすい学校のない一日、危うい子供時代に絶えずつきまとう病気や疫病からの助けのない一日、そして最後ながら負けず劣らず、将来について期待できるものがたいしてない一日には、怖がるべきものがたくさんあるのだ。今日のインドの貧困を示すものとして、私たちの子供たちの多く――いやほとんど――の置かれている状態に勝るものはない。

このすべてがなんとも悲しいのは、インドの子供たちが暮らす現実世界の荒涼ぶりもさることながら、こうした欠乏は現在のインド程度の資源しかなくても、克服がそんなに難しくはないからだ。インドの子供たちが現在のひどい状況にとどまっているのは、資源不足のせいではなく、政治的社会的取り組みが欠如しているせいなのだ。

十分に食べられず栄養不足

インドの子供たちの飢餓を考えてみよう。大英帝国時代の飢饉は、インドの独立とともに急速に消えたけれど、特に子供の飢餓と栄養不足解消についてのインドの記録は総じて、かなりひどいものだ。一部の地域では極度の飢餓がしつこく続くばかりか、もっと驚異的なこととして、インドの大半では特有の飢餓が恐ろしいほどに広がっているのだ。実際、インドの子供たちはこの点で、飢饉まみれのサブサハラアフリカの子供たちよりもはるかにひどいほどだ（これは本誌でピーター・スヴェドベルグが詳しく論じたとおり）［★1］。年齢に対する体重不足の通常の基準で見ると、アフリカの栄養不足の子供たちは全体の二－四割だが、インドで栄養不足の子供たちはとんでもない四－六割となる。全般的な栄養不足——ときにタンパクエネルギー栄養障害と呼ばれるもの——は、サブサハラアフリカよりもインドが二倍近く高い。

それなのに、インドは中央政府の備蓄としてすさまじく巨大な食用穀物の在庫を積み上げ続けている。一九九八年にこの備蓄は一八〇〇万トンほどで、これはインドを自然の変動から守るのに適切とされる「バッファ在庫」の公的な規範にほぼ近い。でもそれ以来、在庫はどんどん増える一方で、五〇〇〇万トンから七〇〇〇万トンの間をうろうろしている——穀物袋に入れたら、長さ一〇〇万キロ以上も延びて、月まで往復してもまだお釣りがくるほどの量だ。この在庫は、貧困線以下のすべての世帯に穀物一トンずつあげてもまだ余る。もちろん、それを実際に配ろうなどという計画はまったくないが。

ご存じのとおり、政府は食料価格補助にとても巨額のお金を使っている。でも仔細は省くが、補助金は生産者価格を高止まりさせるのにも使えるし（つまり、食料を政府に売る農民たちの販売価格を高止まりさせるということ）、消費者価格を引き下げるのにも使える（貧困なインドの買い手が自分や子供たちのために食料を買える価格を引き下げる)。農民からの政治的圧力で前者が好まれているし、農民たちは確かに貧乏な消費者——さらにお腹を空かせたインドの子供たち——よりもずっと力がある(その力は貧しい人々には夢のまた夢だ)。結果として生じる全般的に高い食品価格が、調達は増やして需要は抑える。この奇妙な価格制度は、食料のすさまじい供給を生み出す一方で、インド児童の渇望する手にはそれが届かない。在庫は増えて大きいままであり、「食料補助金」の大半は、食料穀物のすさまじく巨大な在庫を、巨大な食料管理組織によって維持するための費用負担に費やされる。

インドの食料政策の全面的な刷新がいますぐ必要だし、費用便益についてよく考えた経済評価に基づく必要がある。そこには、農民たちをなだめるために生じる不平等な負担や、必要ないほど巨大な食料備蓄を毎年抱えるための費用負担を含めねばならない。この評価にはまた、インドの子供たちがなぜ朝日を恐れるかという人道的な理解も必要だ。それは、ひもじい一日がまた始まるというしるしだからなのだ。

学校に通えず見すごされる

学校教育はどうだろうか? インドは、他のどの国よりも多くの子供が学校に入れないでいる。インドは人口が多いと指摘する人々なら、そんな統計はたいしたものには思えないかもしれない。そして確かに、インドの人口は多い。でも中国の人口はさらに多いのに、学校に入れない子供の数はずっと少ない——いや、相対的には微々たるものでしかない。また、比率で言ってもインドは学校に通う子供の比率がアフリカよりたいして高くはない。インドのはるか後塵を拝していたバングラデシュは、最近になってインドを追い越しそうになっている。

もちろん学校行政の公式統計は、目先の安心は与えてくれる。学校登録していないインド人の子供はほとんどいないという数字になっているからだ。でもこうした公式統計は昔から信頼できない。学校は、学校の登録児童数を過大に申告し、さらには就学児童数をもっと過大申告するインセンティブが組み込まれている（たとえば登録児童数と実際に通っている児童数をごっちゃにしたりする）。インド国勢調査や、国民標本調査などの独立統計を見ると、相変わらず大量の割合のインド児童たち——五人に一人——が普通の日には学校にいないことがわかる。地域的なパターンはかなりの非対称性を示していて、ケーララ州、ヒマーチャル・プラデーシュ州などではほとんどの児童が学校に通っているが、ウッタル・プラデーシュ州やラージャスターン州などでは、かなり高い比率の子供たちがまったく学校に通っていない。

まちがいなく、もっと学校の建設が必要だ。さらには、その運営もずっと改善しなければならない。これは深刻なニーズだ。でもしばしば障害として挙がるのは、親が子供（特に女子）の教育に関心がないと称する話だが、これはそうしたニーズとはまったくちがった代物だ。この「事実」と称されるものはもちろん、はるか昔から流布されてはいるが、この現象とされるものをきちんと検証した実証研究はすべて、これが嘘だということを示している。この様子を特にはっきり示しているのは、ＰＲＯＢＥチーム（ジャン・ドレーズ、アニタ・ラーンパールなど数多くの熱心な研究者）が実施して一九九九年に発表された、インド学校問題に関する最も広範な調査だ［★2］。どうやら、ほとんどすべての親たち――地域によらず――は子供たち（女子を含む）に学校に通ってほしいと思っているだけでなく、その相当部分（しばしば親の八〇パーセント以上）が子供を学校に通わせるのを義務化すべきだと思っているらしい（もし信頼できる学校が近所にあれば）。これは、子供たちの大半が学校に通う地域だけでなく、学校に行かない子供たちがとても多い地域でも見られる。だから子供たちが学校に行かない理由は他をあたらねばならない。

地域ごとの研究も似たような図式を裏づけているようだ。私がノーベル賞の助けを借りてありがたくも設置できたプラティチ信託基金による最初の各種教育報告も、調査された地域（主に西ベンガル州）の両親たちの圧倒的多数が、子供を学校に通わせたくてたまらないことを示している［★3］。

この親たちの意欲のなさに関するまちがった診断は、いくつかまったくちがった理由からきわめて残念なものだ。まず、このまちがった診断は、中央や各州の政府がまともな州としての責務を果たさない口実として昔から使われてきたことだ。こうした政府の失敗は――他のどんな要因にも増して――インドの学校教育問題全般と、特に女子教育の問題の原因となっている。インド独立以来数十年、政府が何度変わっても――これは中央政府も各州の政府も同じだ――子供たち、特に女子が学校に通わないという失敗の大きな理由として、この両親たちの意欲欠如が挙げられてきた。でもＰＲＯＢＥ報告や、その他あらゆる実地調査が示すように、あらゆる子供たち――男子だけでなく女子も――を学校に通わせる意欲は、両親たちにはまったく欠如していないのだ。

学校に通わない理由の説明は主に他のところにある。通いやすい手近で近接した学校がないのが理由の一つだ。さらに、学校を増やすのが重要な政策課題である一方で、子供たち、特に女子が学校で安全だと安心できるようにするのも重要だ（両親たちはその間に土地を耕したり商品を運んだり、他の各種活動で働いている）。こうした学校の多くは教師が一人しかおらず、一部の地域では教師のサボりがきわめて高く、多くの場合に両親たちは、一日中子供の面倒を見てくれる人がいるかどうか安心できないのだ。これは女子の場合には特に深刻になりかねない。親たちの正当な心からの懸念を無視し、親たちが意地悪だから子供が学校に通わないのだと主張するのは、もともとひどい状況にさらに拍車をかけるに等しい。

さらに多くの学校にはトイレがない。教室すらないところもある。一般的に親たちが、女子を含む子供たちを学校に通わせたいと主張しているのに、個別の場合に親が子供を学校に通わせたがらない理由を理解するには、学校があるかないかを数えるだけでなく、学校の運営にまで踏み込み、教師の参加だけでなく物理的な設備も考えねばならない。

この私自身、カルカッタのプレジデンシー大学で経済学を学ぼうとしていた学生時代、悲惨なほど低い学校教師の給料引き上げを要求する運動に参加したものだ。これが五〇年前のことだ。公務員に対する新しい給与体系により、学校教師の給料はすさまじく上がった。実際、学校教師の給料と、農業労働者の稼ぎの相対的な差を比べれば、前者のほうが圧倒的な勢いで増大し、いまやまちがいなく莫大なものとなっている。一部の評論家は、相対報酬の問題を持ち出すのに反対する。なぜそんな比較をことさら行う必要があるのか、というわけだ。これはよい反論だし、確かに同じくらい示唆的となる比較は他にもいろいろある。でも、教師と労働者の差がはっきり関係してくるのは、経済的な面からであり、そして同じくらい重要な点として、根本的な社会的問題がある。

経済問題は、インドの恵まれない人々の子供たちを、都市部だけでなく地方部でも教育するための費用に関係してくる。通称「代替」学校――たとえば西ベンガルの初等学校センター（シシュ・シクシャ・ケンドラス＝ＳＳＫ）――では、同じ教育を受けた有資格教師を、公共部門の標準学校教師給与の数分の一で雇えるという事実は、インドの非識字大衆の子供たちの教育費用が無用に引き上げられていることを示す。インドの学校教師がいまや立派な給料をもらっているという事実は大いに喜ぶべきだが、学校制度の範囲を広げるにあたっての費用面への影響も考慮すべきだ。

無理もないことだが、多くの州（西ベンガル、マディヤ・プラデーシュなど）は標準学校を持つよりも「代替」校拡大の方向をますます目指すようになっている。プラティチ信託基金の報告では、こうした代替ＳＳＫは標準学校よりひどいわけではないと示唆している。これは多少は安心できることだ（そしてＳＳＫ教師たちの頑張りは、見事なものであることも多い）。でも代替学校の設備は限られているし、アドホックな構造しか持たないこうした代替システムが、インドの学童教育の主流本道になれるとは期待しにくいこともあって、この代替学校方式は長期的な解決策とはなり得ない。ＳＳＫは一時的なつなぎの手法としてはあり得るが、適切な数の標準学校を持つ――そして学校数拡大を財政的に実現する――という基本的な問題には取り組まねばならない。

社会問題もまた、経済的なしめつけと同じくらいすぐに対応すべきものだ。プラティチ教育報告では、恵まれない世帯の子供たちの親が、学校の運営の中で黙殺され無視されているように感じているのを浮き彫りにしている。学校教師のサボりは全般的に多いが、生徒の大半が低い階級の出自で、所得や社会的地位が低い場合には目も当てられないほどだ。貧困児童とその世帯と、学校の高給取り教師との間には大きな「階級分断」がある。教師たちは――この調査が示唆するように――恵まれない子供たちなどに時間を割こうとはしないのだ。

学校で提供される初等教育を補うための家庭教師急増は、学校教育制度がいかに不十分になったかを示すだけでなく、豊かな世帯は自分たちの子供のために追加の教育を得るのにお金をかけることで、ダメな学校の欠点を逃れられることも示している。インドと南アジア以外では、小学生に家庭教師をつけるというのは聞いたことがない。去年、中国の教育関係者と話をしたとき、こちらがどんな現象の話をしているのか、ずばり説明するのにちょっと苦労した。かれらは初等教育で家庭教師など聞いたこともなかったのだ！　このインド特有の異例な仕組みの邪悪は、それがもたらす不平等だけでなく、効率性の面でも問題を作り出すことだ。金持ちの親は学校の質が低くても、その欠陥を家庭教師により補填できるため、あまり苦しむことがないから、影響力を使って学校の運営を改善しようという関心がずっと下がってしまうのだ。

教師がよい給料を得るだけでなく、独立性を維持する動き（これはまったく正当なことだ）には大いに賛成してきた教師組合は、小学校の機能を改善することで、社会正義と平等性を促進するために大きな役割を果たさねばならない。また制度改革の果たす役割も重要だ。これは――プラティチのチームが示唆したように――学校ごとに教師と両親との委員会を持つよう固執すること（貧しく恵まれない親がきちんと代表を出せるようにすること）、さらにその委員会が学校運営にも意味ある声を持てるようにし、場合によっては予算分配の更新も左右できるようにすること。また、多くの州では学校査察の仕組みがいまや機能不全になっているが、これを復活させて学校の運営改善を図らねばならない。インドの児童の飢餓が公共政策の不平等性だけでなく、非効率性のせいでもあったことはすでに述べたが、インド児童の非識字率に取り組むにあたっても、同じような課題が存在するのだ。

給食の多様なメリット

似たような課題は、貧困者やあまり豊かでない家庭に産まれた不運なインド人児童への医療や保健の供給についても言える。分析をそっちに展開するよりも、すでに扱った問題を少し深掘りして、このエッセイの残りの部分でインド児童の学校について具体的な問題を二つ検討しよう。まず、飢餓と栄養失調の問題を、学校での給食提供といったプログラムを通じて改善できるだろうか。第二に、なぜ学校に通うのがインド児童の将来にとって、そもそもそんなに重要なのだろうか？

給食はインドが発明したわけではない。ヨーロッパなどでは何世紀にもわたり、子供たちにとって学校を魅力的にして栄養状態を改善するために使われてきた。最近では、すべてのインドの学校で調理済み給食を標準で提供しろというかなりの社会的な声が上がっている。最近では、インドの子供は学校に行く権利があるだけでなく、そこで給食を食べる「権利」もあるというのを支持したのは、インド最高裁の手柄だ。インドの多くの州は、そんなことを実施する資金がないと主張している。確かに、インドの州のいくつかは本当に現在、財政的な困難に直面してはいる。すでに述べた公共部門給与の大幅引き上げは、学校教師の給料よりもずっと広い範囲に及ぶもので、一部の州の債務履行困難に貢献している。この点で中央政府がどこまでそうした州を助けられるのか、このきわめて重要な試みのために協力の手法や手段を考える必要性がある。

それでも、各州のほうも自分たちのコミットメントや優先順位を見直す必要がある。実際、多くの州は、タミル・ナードゥ州の先駆的な例に続いて、給食提供のよいプログラムを実施している。またラージャスターン州などもその方向に動いている。これが主要な優先課題だと決めさえすれば、これをすべての州で実施できない基本的な経済的要因など存在しない。でもここで確かに生じる問題は、給食というのが本当に何よりも重要だと見なされ、圧倒的に高い優先順位を与えられるべきか、ということだ。でも、これを説得するのはそんなに難しくはない。学校給食は、数多くの相互に関係した広範な便益をもたらしてくれるのだ。

まず、インド児童は極度の栄養不足に苦しんでいるので、その欠乏をあらゆる学童に食事を提供することで減らすという可能性は、健康面に基づく強い根拠を持つ。学校は、最も必要としている人々への栄養供給現場としてきわめて優秀なものだ。子供時代の栄養不足から生じる身体健康と心的能力の喪失は、インドの国民にとっての主要な窮状であり、学校給食があればこの逆境は大いに減らせる。

第二に、学校給食は学校に通う魅力を高める。給食提供により登校がきわめて改善されるという実証研究が示されているのも、意外でも何でもない。この意味で食事提供は、学校制度の有効性を補うものとなる。

第三に、貧困家庭出身の子供の集中力は、空腹で学校にくるためにきわめて制約されることが多い（プラティチ調査チームは、これが実に頻発することを示した）。食事は学校を補うだけでなく、教育プロセスの有効性を本当に改善できる。

第四に、「乾燥食材」と称されるものを学童が渡されるよりも、学校で調理された形で給食が出されれば、家族内の分配におけるジェンダーバイアスが避けられる。どうやら学童への食事提供は、女子を家事から解放して学校に通わせるにあたっても特によい影響を持っているらしい。

第五に、カーストや宗教、階級、民族などの分け隔てなく学校で一緒に食事をするという体験は、もっと統合されたインドの構築に貢献する。一緒に学校に通うこと自体が博愛的な体験であり、学校で一緒にご飯を食べるのは、差別のない未来を促進するにあたり大いに貢献できる。

これに対して、給食反対派はいくつかの困難を指摘する。財政的な困難はすでに論じたし、まちがいなく克服できる。それに加えて、組織的な問題がある。特に選ばれた食事がきわめて調理に手間がかかる場合などでこれが顕著だ（どうやらラージャスターン州で使われる穀物についてはこれが問題となるらしい）。そして手抜きがあると、明らかに食中毒の問題が生じる。こうした組織的な問題は真面目な調査と対応が必要だ（使うべき穀物の種類や、それほど手間のかからない調理食のほうがそもそも子供の栄養面でもよいのでは、という点の検討も含む）。こうした問題は多くの州で克服されてきたし、他の州でも克服できるはずだ。

ときどき、学校は教育の場であり食事を与える場ではないのだし、教師は調理の面倒まで見る必要はないのだと論じられる。この議論は、子供の生活について必要以上に分断された見方をしている。実際、もっと議論を進めるなら、学校給食をいつも提供するのが標準的な慣行となった場合に、子供の不登校だけでなく教師のサボりも減らせるとすら考えられる。伝統的な種類の学校（給食なし）では、教師が顔を出さない場合には長期的に苦しむのは子供たちだが（教育の便益は数時間で出るものではなく長年かけて出るものだ）、即座にはたいして不満は上がってこないかもしれない。子供は勉強だけでなく、当然ながら遊ぶのも大好きだからということもあるのだ。これに対し、子供が学校で給食を食べるのに依存する場合、教師が学校をサボったらすぐに不満が噴出する。こうした場合には、学校職員のサボりに対する抗議が高まりやすいという事実は、学校をもっと秩序だって運営させるという、きわめてよい影響をもたらすだろう。調理済み給食を提供することで、正常な教育（と時に称されるもの）を邪魔するどころか、教師のサボりという残念な現象の可能性が下がることで、教育の有効性はむしろ高まるかもしれない。

学校に通って何の意味が？

さて最後の問題にやってきた。学校の何がそんなにすごいというのか？　インドにおける正規の学校教育の価値については、昔からかなりの疑念があった。この疑念には、マハトマ・ガーンディーですら加担していた。実際、学校教育の優先度を上げることについての疑念の声があまりにもインドでは多く、この点で世界の他のほぼあらゆる地域（日本、中国、韓国、ベトナムから、フランス、イギリス、アメリカ、ブラジル、キューバまで）とはきわめて対照的となっているほどだ。だから自明のことを改めて強調することになってしまうが、学校教育の意味がどこにあるかを論じさせていただこう。

実際、学校教育の重要性は実に莫大で多面的だ。まず、非識字と算数能力の欠如はそれ自体が大きな欠乏——深刻な「不自由」だ。読み書き算数ができなければ、人は自分の人生をコントロールする自由が失われてしまう。

第二に、基礎教育は人々が職を得て収入のよい雇用を獲得する支援としてとても重要だ。インドは基礎教育の無視により、国内経済の面でも、インド大衆がグローバル商業の機会を活用しにくくなっている点でも、ひどく苦しんできた。インドでの教育機会が改善されるたびに（たとえば高水準の技能教育や専門技能形成など）インド人たちは——適切な教育を受けている人々は——グローバルな機能を実に見事に活用できてきたが、そのオープン性を基礎教育に拡大する（そしてまた、基礎的な技術技能をもっと広く広げる）必要性はいまでもきわめて強い［★4］。インドは、東アジアや東南アジアの近縁の経済的な成功をうらやましそうに眺め、グローバル化された貿易の機会が大きいのを悟りつつある。そうした機会は確かに巨大だが、それを活用するためには、人々の基礎教育が大きな後押し要因となり得る。このつながりは昔から存在していたが、急速にグローバル化する世界では特に重要だ。そこでは品質管理や厳密な仕様に基づく生産がきわめて重要だからだ。

第三に、学校は教育機会というだけでなく、家から出て、ちがう家族の出身で、似たり寄ったりでない価値観を持ち、まったくちがう人生の道筋について知識を持つ他の人々と出会う、社会的な機会でもある。学校の規律は、家庭で得られるものとはまったくちがった種類の体験を与えてくれる。学童の教育は正規の授業だけでなく、通学体験そのものからもくるのだ。

第四に、人々が非識字だと、自分の法的権利を理解して行使する能力が大きく限られる。これはたとえば、非識字の女性が実際に持っている、かなり限られた権利ですら行使するのに大きな障害になりかねない。これはサルマ・ソブハンによる先駆的な研究[★5]で何年も前に確立している。就学欠如は、欠乏している人々を、その欠乏に対抗する手段や手法から遠ざけることで、安全欠如に直結しかねない。

第五に、非識字は恵まれない人々の政治的な声を押し殺し、かれらの不安定性に直結もする。声と安全とのつながりは、とても強力になりがちだ。深刻な飢饉は民主主義では起きないという観察された事実は、政治的な声と参加の有効性を示す一例でしかない。基礎教育が持つ、人々にもっと有効な声を与える力は、きわめて強い保護的な役割を持っており、したがって人間の安全保障にとっても中心的なのだ。

第六に、近年の実証研究ではっきり浮き彫りにされたことだが、女性への敬意と配慮は、女性による独立所得獲得能力や、家以外での雇用を見つけられるかどうか、所有権が持てるか、識字力を持ち家庭の内でも外でも意思決定の教育ある参加者になれるかどうか、といった要因に強く影響される。実際、発展途上国で男性と比べて女性が生存の面でも不利な状態は、女性の主体的役割促進が高まるにつれて激減するようだ――それどころか差がなくなることさえ起こる[★6]。

女性にとっての状況改善を促進する各種特性（たとえば女性の稼ぐ力、家族の外での経済的役割、女性の識字力と教育、女性の所有権など）は、一見するといささか広がりすぎてバラバラに思えるかもしれないが、これらすべてが共通に持つのは、女性の声と主体性に対し、エンパワーメントの強化を通じて力を与えるのに貢献するという点だ。研究で同定されている多様な変数は、統一的な強化力を持っているのだ。

この役割は女性たち自身にとって重要なだけでなく、家族の内部での意思決定を司る力や組織原理に影響を与え、それを通じて万人の生活に広範な影響を与える。たとえば、女性の力が増すことで、出生率が激減するという証拠は大量にある。これは驚くことではない。頻繁な出産と育児で最も生活が痛めつけられるのは、若い女性だからで、その決定力を増やして女性たちの利害に対する注目を増すものはすべて、一般に頻繁すぎる出産を予防する傾向にあるからだ。たとえばインド内の各種地域の比較研究（マムタ・ムルティとジャン・ドレーズが実施）を見ると［★7］、出生率引き下げに最も重要な要因は、女性の教育と女性の雇用だということが明らかになる。

また、女性の教育と識字力は、子供の死亡率を引き下げがちだという証拠も多い。この影響は多くの道筋を通じて作用するが、おそらく最も直接的には、女性が子供たちの福祉に通常与える重要性を通じて作用するものであり、女性のエージェンシーが尊重され力を与えられると家族の意思決定にその方向で影響を与えることにより実現されるようだ。同様に、女性のエンパワーメントは、子供の生存における ジェンダー格差を引き下げる（つまり幼い女子の死亡を増やすバイアスを減らす）のに対しても、強い影響力を持つようだ（これについての証拠もムルティとドレーズが提供している）。

こうした女性の基礎教育と女性のエージェンシー力とのつながりは、学校教育が人間の福祉と自由にどう貢献するかを理解するにあたり、きわめて中心的なものだ。女性（特に幼い少女たち）の生存上の不利を取り除き、児童死亡率（性別を問わず）の引き下げを行い、出生率緩和をもたらすのは、人生と尊厳を脅かす悪いほうのリスクを除くにあたり、基本的な課題となっている。そして女子の就学は、社会変革のために決定的に重要な手法となれるのだ。

最後に、学校教育の提供に加えて、教育の範囲とカリキュラムの拡大を考える必要がある。ここでの課題には、グローバル化する社会における技術技能の重要性も含まれるが、学校は人のアイデンティティやお互いに対する見方に大きな影響を与えるので、他の関連問題も含まれる。最近、文明の衝突という視点がかなりの注目を集めている。この見通しで最も即座に分断的なのは、衝突が避けられないという発想ではなく（これもあるが、先になってからの話だ）、人間を一つの――たった一つの――次元だけで見るべきだとあらかじめ固執している点だ。人々をこの、すべてに優先し、すべてを飲み込むと称する分類で見るのは、それ自体が政治的な安全欠如に貢献するものだ［★8］。

この問題は、間接的とはいえ、パキスタンなどでの原理主義の拡大においてマドラサ［イスラームの学院］が果たす役割という文脈で注目を集めている。でもインドで一部の政治集団が、文化と教育の辺境化を主張するやり方を見ると、ここには他の危険の源がある。学校教科書も横やりを入れられて、インド史理解において「ヒンドゥー」的観点だけを誇張して飾り立てるよう仕向けられている。インドの極度に多元的な遺産にとって重要な、有名な歴史的事象（たとえば印欧系インダス文明の開化から、次から次へと到来する来訪者たちの吸収まで）が、インドの過去を書き直そうとする政治的な試みにより埋められてしまっている。これはまがまがしい展開だ。宗派性のない優れたカリキュラムの重要性は、インドの子供たちによい未来を確保するための教育の役割において、かなり重要なものとなる。

食べ物と同じく、教育も滋養の源だ。インドの子供たちは、身体を飢えさせ、技能を無視され、可能性を無駄にされる必要がないのと同様に、心を汚染される必要もないのだ。私たちは、偏った食料政策、教育的な努力の軽視、不適切な保健配慮を通じて、すでに長いこと自分で自分の首を絞めるようなことをしてきた。そしていまや、さらに首を絞めるよう奨励するような、学校でのカリキュラムにおける野蛮主義が到来している。インドの子供たちは、これよりはましなものを与えられるべきだろう。子供たちに必要なのは、日の光であって暗闇ではなく、まして「お話をすると高まる」ような恐怖などではない。

注と参考文献

★1 Peter Svedberg, "Hunger in India: Facts and Challenges," *The Little Magazine: Hunger*, volume II, issue 6 (November-December 2001).

★2 *Public Report on Basic Education in India* (New Delhi: Oxford University Press, 1999).

★3 *Pratichi Education Report I: The Delivery of Primary Education, A Study in West Bengal* (Delhi: TLM Books, 2002).

★4 これや関連課題については Jean Drèze and Amartya Sen, *India: Development and Participation* (New Delhi: Oxford University Press, 2002) を参照。

★5 Salma Sobhan, *Legal Status of Women in Bangladesh* (Dhaka: Bangladesh Institute of Legal and International

Affairs, 1978).

★6　これは拙稿"Gender and Cooperative Conflict," Irene Tinker (ed.), *Persistent Inequalities: Women and World Development* (Oxford University Press, 1990) 所収、および"Missing Women," *British Medical Journal*, number 304 (March 1992) で論じた。

★7　Mamta Murthi, Anne-Catherine Guio, and Jean Drèze, "Mortality, Fertility and Gender Bias in India," *Population and Develelopment Review*, number 21 (1995) および Jean Drèze and Mamta Murthi, "Fertility, Education and Development: Evidence from India," *Population and Development Review*, number 27 (2001) を参照。

★8　この問題は本書収録の拙稿「押しつけられた矮小性 (The Smallness Thrust upon Us)」で論じている。

世界を分かち合う——相互依存とグローバルな正義

Sharing the World: Interdependence and Global Justice

この論説は、二〇〇四年一〇月二九日の国際連合総会における著者の演説に基づいている。
初出=*The Little Magazine: Globalisation*, volume V, issue 4（2005）, pp. 6-11.

正義は、ただ実践するだけではダメで「実践されるために目に見えねばならない」と論じられている。あるいはもっと厳密には（ヒューワート卿が一九二三年の有名な判決で述べたように）正義は「実践されるためには、はっきりとまちがいない形で見られねばならない」。グローバル化全般の長所・短所と、グローバル化を成功させるために相互依存が持つ個別の役割を評価するときには、この正義の要件を考えると役に立つ。経済のグローバル化は、総合的な目標として実に優れていると論じるべき理由は十分あるし、それが現代世界にとても有益な貢献をしているとも言える。同時に、とても多くの人々に、グローバル化が最貧層を含む万人にとって明らかな恩恵なのだと説得する——かれらに「理解」させる——のはいささか難しいことも否定しがたい。この対立の存在があるからといって、グローバル化が悪い目標になるわけではないが、グローバル化が「はっきりとまちがいなく」よいものだと万人に理解させるのが難しい理由は検討しなければならない。

グローバル化の批判的な評価は、なぜ単なる反対のための反対や頑固さだけで動いているのではない実に多くの批判者たちが、グローバル化は世界の持たざる人々にとって大きな後押しなのだというのを受け入れがたく思っているのかを理解するのとあわせて行わねばならない。多くの人々、特に世界のあまり繁栄していない諸国の人々が、グローバル化は自分たちの利益だと本当に理解しづらいのであれば、そうした心のすれちがいには、何か本当に大きな課題が存在する。その根底にある課題は、公的な立論と、哲学者ジョン・ロールズの言う「公共的な思考の枠組み」を必要とするものだ。これは「理性的エージェントどうしの合意の説明」を提供してくれる。ロールズ自身の批判的評価分析は、ある国内部の正義の問題だけに主に限られていたけれど、それはグローバルな議論にも拡張できるし、適切なグローバル化の目標や、手法や手段を評価したいのであれば、まちがいなくそうした拡張が必要だ。グローバル化の目標は、商品関係だけにとどまって心の関係を閉め出すようなものであってはならない。

便益の分配

一年前〔二〇〇二年〕に、国連総会が事務総長に「さらなる一体性を促進するため」に「グローバル化と相互依存」についての報告を用意してくれと要求したとき、かれらは手法や手段に関する伝統的な問題を取り上げただけでなく、評価の透明性と便益の明白性をめぐる問題も扱おうとしていた。特に私たちは、グローバルな経済関係が、結果として生じる理解が広く共有されるような形で評価されるにはどうしたらいいのかを問う必要がある。

このエッセイを少し一般的な話で始めたところで、今度は簡潔性のために、評価の実際へと飛び込んでみよう。グローバル経済が、地球上のかなりの地域に繁栄をもたらしたということは、ほぼだれにでもわかる。数世紀前には、広範な貧困と「悲惨で粗っぽく短い」生涯が世界の常態であり、きわめて稀な豊かさがごく少数だけあちこちにあるだけだった。この貧困を克服するにあたり、現代技術の導入だけでなく、広範な経済相互関係はきわめて大きく影響し、生産的だった。

また、世界中の貧困者の経済的な苦境の逆転には、現代技術の大きな恩恵や、国際貿易や取り引きの確立された効率性、閉鎖社会よりオープン社会に暮らす経済的・社会的便益をかれらに与えないと実現できないということも、理解するのは簡単だ。きわめて欠乏した諸国の人々は、現代技術の果実（たとえばエイズ治療のために新発明薬使用など）を求めて殺到するし、砂糖から繊維まで各種商品について、豊かな国の市場へのアクセス拡大を求める。そしてもっと声を求め、世界の他の部分からの関心を求める。グローバル化の結果について疑念があるとしても、それは苦しむ人類が殻に閉じこもりたいからではない。

それどころか、何より重要な実務的課題には、経済的なつながりや技術進歩、政治機会の驚異的な果実を、貧窮して虐げられた人々の利益に適切な配慮をした形で活用する可能性も含まれる［★1］。これこそ、反グローバル化運動から生じる建設的な問題なのだと私は主張する。それは最終的には、グローバルな経済関係を捨て去る話ではなく、グローバル化の便益をもっと公正に分配するという問題なのだ。

分け前はどこまで公正か

反グローバル化のデモ隊と、グローバル化支持の擁護者のどちらのレトリックにも実に大きく登場する、分配問題については多少の説明が必要だろう。実際、この中心課題は、いささかぼやけた質問が人気を博したために困ったことになったと私は考える。たとえば、貧困者はますます貧しくなっていると主張されることが多い。確かにそうなっている個別の事例はいくつかあるけれど、実はこれはどう見ても標準的な状況などではない（その正反対だ）。多くの点は、経済的繁栄の指標として何を選ぶかで変わってくる。出てくる答えは、同じ声で語られているわけではない。さらに、そうした失敗の責任はグローバルな関係の性質だけにあるのではない。多くの場合には、その地域の国内経済や社会政策の性質のほうにずっと強く直接的に関係しているのだ。グローバルな経済関係は、適切な国内政策があれば、たとえば基礎教育やヘルスケアの拡大、土地改革、信用制度（マイクロクレジットなど）を通じて花開ける。これらは公共的な議論の主題として——心の運動として——よいテーマだ。というのも経済的な理解は、責任と称するものの批判性を欠いた性急すぎる押しつけにより、大いに阻害されてしまうからだ。

その一方で、現代のような形でのグローバル化推進者たちはしばしば、世界の貧困者が昔よりも（しばしば言われるように）貧しくなるどころか豊かになっているのが普通だ、という自分たちの理解を持ち出す——そしてそれを大いに利用する。つまりグローバリゼーションは、貧困者に不公正だなんてあり得ない、かれらだって便益を得ているんだ——だから何がいけないんだ？　もしこの問いの中心的な重要性を受け入れるなら、グローバル化をめぐる論争すべては、この主に実証的な論争でどっちが正しいかを決めれば結着がつく。貧困者は、貧しくなっているのか豊かになっているのか？

でも、これが尋ねるべき正しい質問なのだろうか？　私は、絶対にちがうと言いたい。貧困者がちょっとばかり豊かになっているからといって、貧困者が経済的な相互関係や、グローバリゼーションの莫大な可能性の便益のうち、公正な分け前を得ているということにはならない。また、国際的な不平等が少しばかり大きくなっているか、小さくなっているか尋ねるのは適切ではない。現代世界を特徴づける、呆れるほどの貧困やとんでもない不平等に反発したり、グローバルな協力による便益の、不公正な分かち合いに抗議したりするには、不平等がとても大きいことを示せば済むはずで、それがますます大きくなっていることを示す必要はない。

中心的な問題が、脇道の問題に関するあまりに激しい論争で隠されてしまうことがあまりに多い（これは論争の双方が貢献してきたことだ）。協力による利得がある場合、協力がない場合に比べて関係者すべてが利益を得るようなやり方はいろいろ考えられる。だから、利得の分配が公正または容認できるものかを考えるのが重要であり、関係者すべてに何らかの利得があるかどうかだけを見るのではダメだ（それだけなら、当てはまる仕組みはいくらでも考えられるからだ）。数学者兼ゲーム理論家J・F・ナッシュが半世紀以上前に論じたように（これは一九五〇年に『エコノメトリカ』に載った論文で、ノーベル経済学賞受賞の際にスウェーデン王立アカデミーが挙げたナッシュ論文の一つだ）、ここでの中心的な問題は、ある仕組みが万人にとって、まったく協力をしないよりはマシかということではなく（そんな仕組みは他にもいろいろあり得る）、考えられる他の仕組みを前提としたときに、出てくるその特定の利得分配は公正な分配かということなのだ［★2］。協力に伴う分配の仕組みが不公正だという批判に対する返しとして、協力がない場合よりはみんな得をしてるじゃないかと指摘するだけでは不十分だ。そんな仕組みはたくさん——いや無数に——あり得るのだから、本当に考えるべきなのは、そうした各種の仕組みの中でどれを選ぶか、ということなのだ。

この論点を明確にするのに、アナロジーを使って見よう。きわめて不平等で性差別的な家族の仕組みが不公正だと論じるときには、別に家族がまったくない場合よりは女性がよい目にあっているなどと示してもらう必要はない。問題にしているのはそういう部分ではないのだ。議論のツボは、既存の制度的な仕組みの中で、家族システム内部での便益の分かち合いがひどく不平等かどうか、という点だ。グローバル化をめぐる論争の多くが専念してきた問題、つまり既存経済秩序により貧困者も便益を得ているかどうかは、検討として不適切だ——実際、結局のところそれはまちがった質問になる。本当に尋ねるべきは、貧困者がもっと公正な扱いを現実的に受けられたどうかであり、経済・社会・政治機会がもっと不平等でない形で分配できたかということだ。そして、もしそれが可能なら、それがどんな国際的、国内的な仕組みで実現できたかを考えるべきだ。そこにこそ真の問題がある。

これはまた、世界経済で虐げられた人々のために、もっとよい仕組みを求める通称「反グローバル化」のデモ隊たちが、まともな意味では——かれら自身のレトリックとは裏腹に——本当に反グローバル化とは解釈できない理由でもある。かれらが求めているのはもっと公正な取り決めであり、改変されたグローバル秩序における機会のもっと公正な分配だ。そしてだからこそ、通称「反グローバル化のデモ」がいまや、現代世界で最もグローバル化されたイベントの一つだということに、何ら矛盾はない。かれらが最終的に求めざるを得ないのはグローバルな解決策であり、地元に引きこもることではないのだ。

でも各種集団がグローバル化された経済社会関係から何を得るかという取り決めは、そうした関係を完全に潰してしまうことなく変更できるものだろうか？　特にそれはグローバル市場経済を破壊したりしないのだろうか？　答えは、私に言わせれば、十分に変更できるというものだ。実際、市場経済の利用は、多くのちがった所有パターンやリソースの賦存状況、社会機会、運用ルール（特許法、反トラスト法など）の下で、一貫性をもって実施できる。そしてそれらの条件次第で、市場経済自体がちがった価格や交易条件、所得分配など、もっと全体として多様な総合的結果を生み出す。社会保障などの公的介入の仕組みは、市場プロセスのもたらす結果をもっと変えられる。それらを合わせると、現在の格差や貧困の水準は大幅に変えられる。このすべては、市場経済の破壊など必要としないが、どんな市場による解決策が登場するかを左右する、経済社会条件の改変を要求するものではある。

中心となる問題は、市場経済を使うか使わないか、というものではない——そんなものではあり得ないのだ。この浅はかな質問に答えるのは簡単だ。市場関係が提供する取り引き機会と専門特化の機会を広範に活用しなければ、たいした経済的繁栄は実現できないからだ。市場経済の運用が大きな欠陥を生み出すことはある（たとえば、非対称の——そしてもっと一般的には不完全な——情報のせいでそれが起こる）。これは公共政策を立案するにあたり考慮しなければいけない。それでも、市場という制度すべてを、経済的進歩の原動力として使わない手はない。市場を使うのは散文を話すのと似ている——問題の相当部分は、どんな散文を話そうとするかにかかっている。

市場経済はグローバル化された関係において単独で機能するものではない——実際、ある国の中です、ら単独では機能できない。市場を含んだ全体としてのシステムが、各種の支援条件（たとえば物理資源がどう分布しているか、人的資源がどう開発されるか、ビジネス関係のルールはどんなものが一般的かなど）によって、まったくちがう別個の結果を生み出すし、それにとどまらずそうした支援条件自体が、その国内やグローバルに作用する経済、社会、政治制度に大きく依存している。実証研究で豊富に示されたように、市場の結果の性質は、教育、疫病、土地改革、マイクロ融資制度、適切な法的保護などの公的政策にすさまじく左右されるし、このそれぞれの分野において、公共的なアクションを通じ、地元やグローバルな経済関係の結果を大幅に変えられる活動がある。もっと大きな繁栄と、さらなる平等や充実した安全保障を実現するには、こうしたレベルでの相互依存性を刺激し、活用しなくてはならないのだ。

実際、抗議運動がもたらす批判的な声にはとても有益な役割もあり得る。でもその声は妄想上の問題に向けられるのではなく、本物の問題に向けられねばならない。グローバル資本主義は、たとえば民主主義拡大や、基礎教育拡大や、社会の虐げられた人々の社会機会拡大を考えるよりは、市場関係の領域拡大にばかり注目しているというのはまちがいなく事実だ。市場のグローバル化は、それ自体では、世界の繁栄へのアプローチとしてきわめて不十分かもしれない。現状の検証と抗議が建設的な役割を果たせるのは、この認識を見失わないようにしておくという点においてだ。

グローバルな正義を共有

世界を特徴づける不正は、克服されるべき多くの不作為や作為と密接に関連しており、特に制度的な仕組みでそれが大きい。グローバルな政治がここで役に立つ（たとえば民主主義を守り、学校や国際保健制度を支持したりするなどだ）。でも、グローバルな制度的仕組みの適切性を再検討する必要もある。グローバル経済での便益分配は、グローバルな制度的仕組みの数々にも依存している。たとえば貿易協定、医療イニシアチブ、教育の交流、技術普及の仕組み、生態系や環境上の規制、そして過去の無責任な軍事支配者たちが積み上げたことも多い累積債務の公正な扱いなどといった仕組みがそこに含まれる。

ごく基本的なグローバル正義のためには、矯正すべき莫大な不作為に加え、深刻な作為の問題にも取り組まねばならない。ここには、貧困国からの輸出を抑える、非効率なだけでなく不平等な貿易規制に加え、特許法なども含まれる。特許法は、人命を救える薬品——エイズのような病気にはきわめて重要——の使用に対する非生産的な障壁となり、何度も使う必要のない予防接種のワクチンのような薬品の開発を目指す医学研究に対して不適切なインセンティブしか提供できなかったりするのだ。

極度の悲惨を引き起こし、持続的な欠乏ももたらすグローバルな「作為」の別の例として、世界列強によるグローバル化された武器取り引きへの参加がある。この分野は、新しいグローバルなイニシアチブが早急に必要であり、これはいまや実に注目を集めているテロ抑止の必要性——これはとても重要なものだ——にも増して重要なものだ。局地戦争や軍事紛争は、きわめて破壊的な影響を持つものだが（貧困国の経済見通しへの影響はとても大きい）、地域的な緊張を源泉とするだけでなく、火器や兵器のグローバル取り引きからも力を得ている。世界の経済大国は、この商売に根深くはまっている。G8諸国は、長年にわたり国際的な武器や装備の五分の四以上を輸出してきた。アメリカだけでも、他国への武器輸出の半分ほどを手がけている――その三分の二近くが発展途上国向けだ。実際、反グローバル化デモ隊の無責任ぶりについて深く憂慮してみせる世界指導者たちは、このひどい商売で大儲けしている諸国の指導者たちなのだ。

グローバルな世界で正義が実施されているとはなかなか思えないとしても、これは見かけだけの幻影ではない。グローバルな正義の仕事は、共有された責任だ。経済的な取り組みだけでなく、政治社会改革も必要とする建設的な活動だ。市場メカニズムのもたらす便益は、それがどのような環境で機能するか次第で決まってしまうのだ。

注と参考文献

★1　この点はもっと詳しく拙著 *Development as Freedom* (New York: Knopf, 1999)〔邦訳＝アマルティア・セン『自由と経済開発』(石塚雅彦訳、日本経済新聞社、二〇〇〇年)〕で論じている。

★2　J.F. Nash, "The Bargaining Problem," *Econometrica*, Volume 18 (1950).

一位の男の子たちの国

The Country of First Boys

初出=*The Little Magazine: Education and Catastrophe*, volume VI, issue 1 and 2（2005）, pp. 7-17.

「私は謎の中で自分を見失うのが大好きだ」と傑出したイギリスの医師トマス・ブラウンは一六四三年刊行の著書『医師の信仰』で述べている。私自身はおそらく、そういう嗜好を持った医師をわざわざ探しだそうとは思わないだろうが（あるいはそれを言うなら『医師の信仰』などと題された本を書くような医師も探そうとはしない）、喜んでこの人物によい報せを伝えてあげたいとは思う。インドにおける今日の教育状況は、まさにあなたの愛する対象を提供してくれますよ、と私はトマス・ブラウンに伝えるだろう——まったくの見事な謎の中で自分を完全に見失うという機会だ。

どのように？　インド教育の現状を少しでも真面目に検討した人間は、それがカバーする範囲や質の面でいかに貧相で劣った代物か知っている。それなのに、インドの教育は外国から大絶賛を受ける。立派な訓練を受けたインドの専門家たちが、それまで安泰だった西洋人たちからよい仕事を奪っていると聞かされる。一流のアメリカ新聞は、はるかアジアからやってきた、学業も一流でしかも押しの強い連中に負けないため、アメリカ人向けの教育や研修を改善しろと促す記事を掲載している。本稿を書きながら、ここイタリアのホテルのテレビでは、インドが教育関連製品を送り出している九〇カ国ほどを必死で描くケーブル放送が流れている。インドからだって？　国民の三分の一が読み書きすらできないのに？　このすべてにはまちがいなく、巨大な謎がある。

もちろん、アメリカ人とヨーロッパ人の心配は、古き良きパラノイアを反映しているだけだという疑念を避けるのは難しい。でもこれで話をこじつけようとするのは、西洋の学問、経営、管理、文学、医療、工学、科学技術研究で、インド人たちが実際に主導的な地位にいるということを考えると、いささかつらい。かれらは確かに、十分に教育を受けてきた連中だ——それはまちがいない。主にインドで教育を受けてきた（そしてどうやらインドの研修と教育の栄光を放っているらしき）人々はさておき、外国で教育を終えたインド人たちは、インドでの初期の教育が実にしっかりしていたので、西洋の教育機関に入ったとたんにすぐさまトップの成績をたたき出せるのだという。これはかなり華々しい話だ。

注目事項と優先順位

でもこの輝ける構図と、インドの教育というどうしようもない代物とは、どのくらいうまく共存するのだろうか？　答えは残念ながら、実にやすやすと共存しているというもので、もっとひどいことだが、実はきわめて安定した形でしっくりと相互にはまりあっているのだ。あらゆる水準で、インドの教育は一番の男の子にばかり注目する。教室でも、社会でも、公共政策の立案でも。

すべての教室で、教師たちは一番の男の子たちの成功に大喜びするし、こうした若き秀才たちは生涯を通じて、自分たちが教室で一位の男の子だった——それ以下ではない——ことを回想し続ける。何年も前に、インドが生み出した偉大な人物であり、当時は中央政府教育相で後に首相となる人物が、小中学校や大学でとった成績をいまだに覚えている——そしてそれを私に語ってくれた——ので、とても驚いたのを覚えている。言っておくと、その成績はきわめて優秀で（と私が判断するようなことでもないが）、インドの政治生活において他のインド人ほぼ全員をはるかに追い越した後ですら（さらにはーーこれを書くとヒントが多すぎるのではと懸念するが——才能ある小説家でもある）、学生時代の成績にこれほどとらわれているという、この人物のすさまじい慎ましさとしか言い様のないものに私は驚かされたのだった。いや、この「一位の男の子シンドローム」はまちがいなくインドでは巨大であり、教室の外で真に傑出した業績をあげた人物さえ、そこから逃れられないのだ。

個人の場合、これは実は愛すべき奇行にすぎず、その当人に対する敬意をそれで見失うようなことはないかもしれない。でもこの一位の男の子シンドロームが教育システムを征服してしまうと（私はインドがそうなっていると危惧している）、深刻に懸念すべき理由がある。目指すものがかくも狭いと優先順位が奇妙な歪みを示すし、公共政策の集中は、機会と成功に恵まれた人々に対してあまりに強い。教育面で優位性を持つ人々は、みんなの期待どおり、学校や大学や総合大学や傑出した技術学校に行く（その一方で、何百万ものインドの児童たちは小学校教育すら受けられない）だけでなく、かれらの通う教育機関は、あまりにしばしば実に優秀で（時にはきわめて素晴らしい）、それに対してインドの学校や大学の一般的な質は低い（ときに悲惨な）のだ。

ここには、作用と反作用の見事なつながりが見られる。システムは、莫大な若者たちのプールの中から一部の若者たちだけが特権的な教育を確実に得られるようにする。その選択は、だれかを排除しようという組織的な試みで行われるものではなく（実際、これにはほど遠い）、階級、ジェンダー、所在地、社会的特権に関連した、経済社会的な不平等により導かれる差別化を通じて行われる。特権をもらえた若者たちは、かれらの名誉のために言うと、おおむねかなりよい成績をあげる——かれらは機会を無駄にはしない。かれらが立派に勝ちとった成功は、まず教育機関そのものの中で与えられ、それから世界全体でも起こり、これでインド人も外国人も感嘆する。するとインドは「国民の勝利」を大騒ぎしてみせる。さらに、一位の男の子たちは人生で成功するだけでなく、「国に栄誉をもたらした」ことで受ける称賛を——もちろん謙虚さをもって——享受できる。一方、ビリの少年たちや、特にビリの少女たちは、まともな学校に——それどころかどんな学校にも——行く機会すらもらえず、読むことさえできない。でもかれらですら、高い教育を受けたインド人たちの偉大な成果について知ると、その業績を称え、「インドの成功」を誇りに思う。だからどうやらみんな幸せで、怒りで飛び跳ねる人はだれもいないようだ。

一位の男の子たちに何か恨みがあるわけではないとは言っておく。そういう少年たちは、様々な目的のために必要だ。かれらのおかげで学問は栄え、企業は繁栄し、科学技術は進歩し、医薬品も前進し、人々は自立した有能な気分となり、そしてもちろん、品質と高い基準の涵養のためにもかれらは必要だ。私の挙げる問題は、一位の男の子たちが人々を失望させているとか、やってくれるとみんなが期待していたことをしないとかいう感覚から生じているのではない。置かれた状況を考えれば、かれらは自分のために十分立派にやっているし、他人のためにもなる場合があるし、一般に強欲とか貪欲とかいう糾弾はできない。

でも尋ねるべき問題とは、無視され排除されている人々にとってひどく不公正にならないだけでなく、社会システムとして総合的に判断したときに、とんでもなく非効率にならない形で、教育ヒエラルキーをどこまで不平等にできるか、というものだ。一位の男の子たちへの過度のこだわりにより、インドがどのように——そしてどれほど——損をしているのかを理解するためには、こうした構造的な視点を持ち、効率性と平等性への配慮を組み合わせるのが必要となる。

不平等の集合的な損失

なぜインドの教育がすでにこれほどの成果をあげているのに、そこでの不平等やギャップについてことさら文句を言わねばならないのか、という質問はあり得る。経済は着々と前進しているし、インドの一位の子たちは世界中で誉められ、うらやまれさえしてるのを知らないのか、というわけだ。最も根本的な問題は、もちろん正義の問題だ。読み書き算数や会話ができないというのは、すさまじい欠乏であり、万人が価値を置いて欲しがる基本的な自由の、大いなる侵害だ。正義の深刻な問題が生じるのは、とても多くの人々がこの中心的な重要性を持つ自由を享受する機会を否定されるときだけでなく、さらには——そこから進んで——基本的なケイパビリティを発達させる仕組みが、社会や国によって実に不平等に分配されている場合もある。これについては後でもうちょっと述べてみるが、その前にまずはしばしば引き合いに出される集合的——「社会的」などと称される——視点を検討してみよう（「立派な経済」「よく訓練された人々」「きらめくインド」などだが、汚染された言葉「輝く shining」は——シーッ！——避けねばならない〔二〇〇四年総選挙で、「輝くインド（India Shining）」がＢＪＰのスローガンとして大々的に使われ、かなりの予算をかけて対外的なインドの宣伝にも活用されたが、きわめて不人気でキャンペーンとしても失敗だったとされた〕）。これらは、「個人的な問題」などと投げやりに呼ばれる物事について、人々の目をしっかり閉ざしておくために使われる。人々は、社会的志向を持つべきでは？　国の成功という大きな構図を見すごして、一部の取り残された人々について泣き言を言うなんてけしからんではないか！

そう主張するのであれば、集合的な構図はどんな具合なのだろうか？　インド経済は多くの面で以前よりずっと成功しているかもしれないが、それでもたとえば中国に比べて、全般的な労働力（特別な技能の持ち主や技術研修を受けた人々ではない）の教育水準がはるかに低いことで、かなりの代償を支払わされているのだ。たとえばインド商品の輸出パターンは、特権的なインド人の専門技能の支援で十分に生産できるもの（たとえば情報製品、電子ソフト、インドの中流階級が簡単に習得できる英語の流暢さと話方の魅力を活用したコールセンターサービスなど）に加え、いまだに製造にほとんど教育を必要としない伝統製品にきわめて依存している。インドは、製造に基礎教育が必要な（そして書かれた指示に従う能力は必要だが、それ以上はあまり要求されない）各種の単純な製品では、競争にえらく苦労している。これは時計や電卓などの基本的なガジェットや、果てはコンピュータハード（組み立てにたいした数学技能はいらない）なども含む。中国はこうした分野では傑出しているし、初期の「東アジアの奇跡」ではこうしたガジェットが主流だったのだ。

ジャン・ドレーズと共に別のところで、中国とインドの対比や、他の経済的な躍進国、たとえば韓国、台湾、タイなどの活発な経済とインドの比較を論じたことがある［★1］。全般的な教育の欠如は、残念ながら重要な経済的制約だし、インドの輸出規模が拡大し、伝統的な商品や、限られた人々の集団が持つ高度な訓練を受けた技能で創れる狭い範囲の製品に頼る段階を超える必要が出てきたときに、その制約はますます強く感じられるようになる。

また、高等または専門化された教育の成功の度合いさえも、それがエリートたちを排出する「流域〔受けもち／管轄〕人口」とでも呼ぶべきものの、広がりと事前訓練に依存せざるを得ないことは認識する価値がある。学校教育をまったく受けない人の数と、学校に行ってもまともな水準よりはるかに劣る指導を受けてきた生徒の数を考えれば、高等教育や専門教育への参加者の質もひどく低いものとなり、これはそうした「後の」教育活動の有効性の足を引っ張ることになる。階級やジェンダーや住所や社会的地位のせいで失格となっている子供たちが、きちんと教育システムに入ってきていまの優等生たちと張り合うようになれば、いまのインドの一位の少年たちも、かなり頑張って勉強しないといまの相対地位は保てまい。ひどい学校教育や、学校教育不在から生じる大量の才能の無駄は、集合的な図式で考えても関係ないはずがない。

社会的正義という中心的な問題を持ち出さなくても、インドが教育格差を通じて被っている損失を評価するにあたり、大きな集合的な問題と効率性の懸念がこのように存在する。これは特に、学校教育の不十分な範囲と、しばしば劣悪な質によるものが大きい。それでも、インドの教育における非対称性と不平等を評価するにあたり、正義の問題はきわめて中心的なものだ。そしてこれこそ、現状がいかに容認しがたいものかが、完全かつ露骨に明らかとなる部分だ。

非自由と多面的な欠乏

教育機会の欠如は、インド人の相当部分の生活と自由に影響している。前回の二〇〇一年国勢調査では、インド人男性の四分の一と、インド人女性の半分ほどが非識字だった［★2］。文字や数字なしに生きるよう運命づけられたインド人の比率は、中国や韓国、ベトナムの比率よりずっと高いというだけでなく、すべての貧困国（これはアフリカの相当部分を含む）をまとめた平均よりもかなり高いのだ（一覧から中国を除いても結果は同様だ）［★3］。さらに、教育的欠陥の構図は、総人口に占める非識字率の点でがっかりさせられるにとどまらず、就学年齢なのに学校に通う機会をいまだに逃している子供たちの比率から判断してもがっかりさせられる。教育省の統計は、学校登校を系統的に過大報告してはいるが（人数の数え方と予算配分の決め方には偏向が内在しているのだ）、国民標本調査や国民家族健康調査などの他の情報源を見れば――登校児童は確かに近年は増えているものの――全児童がカバーされるにはほど遠いことがはっきりわかる［★4］。

大多数の市民がこのような基本的非自由を運命づけられているというのは、まちがいなく政治的に懸念すべき問題だし、社会正義の評価にも大きく関わってくるはずだ。さらに、この重要な違反はそれ自体の単独問題にとどまらず、これまたかなりの社会的重要性を持った、他の欠乏にもつながる。こうした懸念事項のいくつかを手短かに述べよう。

まず、基礎教育は人々が職や収入ある雇用を得るためにとても重要になる。このつながりは昔からあったが、品質管理と厳密な仕様に基づく生産がきわめて重要となる急速なグローバル化社会では、ことに重要性を増す。一位の男の子たちの成績がいかに素晴らしくても、この肝腎なニーズが消えるわけではない。教育は万人の職の機会を左右するものだし、経済的な貧困の除去にとって重要だからだ。

第二に、人々が非識字だと、自分の法的権利を理解して行使する能力が大きく限られる。これはたとえば、非識字の女性が実際に持っている、かなり限られた権利ですら行使するのに大きな障害になりかねない［★5］。就学欠如は、欠乏している人々を、その欠乏に対抗する手段や手法から遠ざけることで、安全欠如に直結しかねない。

第三に、非識字は恵まれない人々の政治的な声を押し殺し、かれらの安全欠如に直結もする。声と安全とのつながりは、しばしば過小評価されている。だからといって、多くの人がまだ非識字である場合にも民主主義が有効になれることを否定するものではない。この問題はどう見ても強調しておく必要がある。というのもこれは、非識字者は民主的権利など使いようがないという、よく述べられるきわめて反動的な議論で黙殺されているものだからだ。それでも、人々の民主的な声の到達範囲は、政治的機会が社会的なエンパワーメントと組み合わされればずっと広がるというのはまちがいない。たとえば新聞雑誌や本を読み、他人と話し合う能力などがあれば民主主義は大きく広がる。ここでの問題は民主主義がそもそも有効かどうかではなく、非識字により押し殺されている人々の声が、インドの学校教育の現状が生み出している圧殺から解放されれば、いまよりどれほど有効性を増すか、ということなのだ。

第四に、基礎教育は健康問題全般、特に疫病への対処に大きな役割を果たせる。保健そのものに特化した教育の重要性はわかりやすい（たとえば、感染症がどう広がり、病気がどうすれば予防できるかなど）。でも一般的な教育ですら、人々の考え方を広げ、社会的な理解を生み出し、それが伝染病の問題に取り組むにあたってきわめて重要となる。実際、多くの研究では一般的な学校教育のほうが、特化した保健教育自体よりも影響が大きいと示唆されている［★6］。

第五に、若い女性の学校教育は、家族内の決定における女性の声や力を大幅に拡大するという証拠が、いまや大量にある。家族内の平等性が一般的に重要だというにとどまらず、女性の声はその他多くの社会変化につながりやすい。たとえば、女性のエンパワーメントは出生率を強く引き下げる影響を持つ。実際、女性の識字率の増加と教育に伴って、出生率が激減するという実証的証拠はかなり存在する。これは驚くことではない。頻繁な出産と育児で最も生活が痛めつけられるのは、若い女性だし、その決定力を増やして女性たちの利害に対する注目を増すものはすべて、一般に頻繁すぎる出産を予防する傾向にあるからだ。たとえばインド内の各種地域の比較研究を見ると［★7］、出生率引き下げに最も重要な要因は、女性の教育と女性の雇用だということが明らかになる。

また、女性の教育と識字力は、子供の死亡率を引き下げがちだという証拠も多い。女性の識字率と子どもの生存との密接な関係については、他の多くの国でも証拠がますます増えており、インドの例はこれと整合する［★8］。

だからインド人口の相当部分に対する基礎教育の無視は、多くの経済的、社会的、政治的弊害を引き起こす［★9］。それは無視された人々の基本的な自由を侵害し、かれらの人権として見られるものを冒す。

また取り残された人々が持てたはずの雇用機会、法的保護、政治的な声、家族の健康、再生産面での自由、社会的な影響力も減らしてしまう。そしてそれを超えて、子供たちの利益すらひどく影響されてしまう。これらすべてが、一般的な労働力の教育水準がひどいための経済ポテンシャル低下と、高等で専門的な教育に地域人口からの参入が制約されているため、ピークですら教育的な進歩が引き下げられていることから生じる、集合的な直接損失に加えて発生するのだ。

障壁と政策の優先順位

基礎教育が人間の生活にもたらすちがいはすぐにわかる。それはまた、最貧世帯ですらすぐに理解できるものだ。個人的に言えば、教育の重要性がインドの最貧にして最も欠乏した世帯にすらすぐにわかってもらえるのを目の当たりにしたのは、私にとって素晴らしい体験だった。これはなかでも、私たちが行ってきた、インドの初等教育に関するいくつかの研究から得られた結果だ（これはプラティチ信託基金——一九九八年に運良く私が手に入れたノーベル賞の賞金を使いインドとバングラデシュに設立した、基礎教育、基礎保健、ジェンダー平等を目指す基金——を通じて実施した）[★10]。こうした調査の結果がだんだん集まるにつれて、最貧層で最も抑圧された家族ですら、子供たち（男の子だけでなく女の子にも）によい教育を受けさせ、その両親たち自身が苦しんできたひどいハンデなしに育ってほしいと思っているのを見るのは感動的だった。似たような全般的結果は、一九九九年に発表されたＰＲＯＢＥチームによるインドの基礎教育に関するずっと大きな調査でも強力に示されている［★11］。

実際、ありがちな主張とは裏腹に、両親が子供たち──息子だけでなく娘も──を学校にやりたがらないといった基本的な尻込みを観察できていない。ただ、手の届く費用で、効率よく、安全な通学機会が本当に自分たちの近隣に存在すればの話ではある。もちろん、こうした両親たちの夢に形を与えるには、大きな障壁がある。家族の経済状況のため子供を学校にやるのがとても難しくなることは多い。特に金銭負担がある場合にはなおさらだ。プラティチ信託基金の最新調査──カルカッタ市での小学校教育の調査──では、公立学校で何らかの金銭負担が要求されるのが、子供の通学を抑える要因として浮かび上がっている（ただし西ベンガル州の教育計画関係者は、カルカッタの小学校教育提供が総合的に見直されて再構築されるにつれて、この問題は解消されると確約してくれた）。無料の小学校教育は、あらゆるインド児童の権利であり、それを現実のものとする手段や手法を探して確保しなくてはならない。

もちろん私は、自由市場の混じりっけなしの活用を支持する人々が、学校の費用を市場の力に任せたがっているのは知っている。そういう人々は、インドにおける私立学校の急速な拡大に大喜びしている。でも実に多くの世帯の所得や余裕が限られていることもあるし、また経済理論を真面目に受けとるなら（恐れながらこの私もそうらしい）、近年の専門経済学の分野で実に多くの論文が書かれている情報の非対称性（この場合、学校教育の提供者と消費者との間の情報格差）の存在から見て、私立学校は問題の解決にはあまりならないはずだ。でも基本的な問題は、万人が持つまともな通学サービスを受ける根本的な権利と人権を認識する必要があるということだ。実際、二世紀半前に市場メカニズムの威力と広がりに関する古典分析を提供したアダム・スミス（市場原理主義者たちは、他の話題となるとスミスを引用したがる）は、学校を市場に任せるのがなぜ大いにまちがっているかについて雄弁に述べている。「きわめて少額で、公共は人々のほぼ総体に対し、教育の最も基本的な部分を習得する必要性を支援し、奨励し、強制すらできるのだ」［★12］。

実際、アダム・スミスが予想したように、グローバル商業を素早く活用すべきだ（これは貧困と経済的欠乏の根絶に大きな影響を持つ）というあらゆる主張は、あらゆる市民の持つ基礎教育を活用するべきだという議論に基づいている。たとえば日本では、一九世紀半ばにこの課題が驚くほど明瞭に認識されていた。一八七二年（一八六八年明治維新の直後）に制定された「学制」は、「非識字世帯がいる村落や、非識字者のいる世帯があってはならない［必ず邑に不学の戸なく家に不学の人なからしめん］」ようにするという公共的なコミットメントを記している。

このようにして——つまり教育ギャップを埋めることで——日本の急速な経済発展の驚くべき歴史が始まった。一九一〇年には、日本は識字率ほぼ一〇〇パーセントになっていた。インドは一〇〇年後のいまでも、この水準にまったく手が届かない。ちなみに一九一三年の日本は、イギリスやアメリカよりずっと貧しかったのに、イギリスよりも書籍刊行点数が多く、アメリカの書籍刊行点数の二倍だった。教育の集中は、日本の経済社会進歩の性質と速度をかなり決定づけたのだ。

その後、特に二〇世紀後半に、韓国、中国、台湾、香港、シンガポール、タイなど、東アジアや東南アジア諸国が、一部は日本の経験に刺激を受けて似たような道筋をたどった。こうした国々は学校教育の全般的かつ総合的な拡大にしっかり専念した。インドがこうした経済から何を学べるかについてあれこれやたらに――正当にも――しゃべりまくる経済学者や政策顧問たちは、これらの諸国が――例外なしに――教育のための公的資金を財政からどれだけ配分したかについて、インドがこの作業にまわしている相対的に慎ましい金額と比較してみるべきだ（とはいえ、学校教育に対する政府の予算増大は、実に遅ればせながらとはいえ正しい方向に向けた建設的な動きではある）。

でもインドの基礎教育が直面する問題は予算だけではない。他の障壁もあるのだ。大きな困難は、インドのほとんどの地域で小学校が直面する制度構造の弱さにある。運営上の大幅な非効率が、個別の不平等と相まって、恵まれない出自の子供たちに公平な機会を与えられずにいる。困難がきわめて大きいのは、第一世代の登校児童たち［教育を受けていない両親の子供たち］を、面倒見のいい好意的な初等教育のシステムの中に連れてくる時点だ。ここにはあまりに複雑な問題が多すぎるので、プラティチ信託基金が実施した調査で明らかになった政策問題について、手っとり早いまとめを提供するのはなかなか難しい。でも正当な注目を受けていない論点に少しばかり言及しておくのは有益だろう。

問題の一つは、小学校教師たちが学校に出てくるのがかなり不定期だということで、これは当然ながら親たちの大きな不満事項だ。小学校教師はいまや昔のような安月給ではないが（大学時代にカルカッタで、いまや実に慎ましいと思える教師たちの要求を支持するためにデモに参加したのを覚えている）、近年の大規模な給料引き上げが、教師のサボりと貧困世帯や社会的に不利な世帯からの生徒無視をなくしてくれるという希望は、まったく実現していない。

実はプラティチ調査を見ると、新しい階級分割の証拠がいくつかの例で見つかっている。給料の上がった教師たちは、学校で最も無視されている、土地を持たない貧困な世帯の子供たちから心理的にさらに距離を置いてしまうのだ。これを矯正するには、教師組合からの協力が必要だ。実は私たちは、西ベンガル州でプラティチ信託基金が接触した教師組合の一部から、きわめて好意的な反応を得ている。もちろん、この心からの決意を効果的な実施へとつなげるには、まだまだ長い道のりがあるのだが。

第二にこの問題と関連して、学校査察制度の崩壊がそれなりに広く起きている証拠もある。調査した一部の地域では、それに先立つ一年間で査察を受けた学校が一校もなかった。話をしてみると、査察官たちは関連した権力構造、特に地方行政のおかげで、報告内容について率直になれないため、無力感を表明している。完全に安泰な職業では、品質管理のためにうまく機能する査察が基本的な要件であるという認識は、小学校教育の制度構造改革に反映されねばならない。

第三に、対応すべき最も重要な問題の一つは、学校の運営に親たちの声を増やすことだ。親と教師の委員会はほとんど効果がないことも多く、ときには丸ごとまったく機能していない。プラティチ信託基金による西ベンガル州小学校教育に関する報告の初期から、西ベンガル州地方部の多くで「母親と教師」委員会が導入されていたのはうれしかった（でもカルカッタではまだ一例もない）。そしてそれがきちんと設立されていれば、とても効果は高いようだ。

第四に、小学校の学童が家庭教師（その授業料を払うだけの財力がある人々の場合）に驚くほど依存している状態は、学校で起こることの質の低さを反映している。でもそれは、一部の人々（負担能力のある人々）

によるあてにならない小学校教育からの離脱を可能にする一方で、そもそも学校に通えない人々（なけなしの所得のきわめて高い割合を、子供にとって最善のものを得ようとして費やすことで破綻してしまう世帯）を生み出す経済格差の問題を、鋭く浮き彫りにしてくれるものだ。この脱出路はまた、もっと豊かな――そして通常はもっと影響力のある――世帯が、学校で起きていることにきわめてわずかしか関心を抱かない状態をもたらしている。この根底にある問題は、家庭教師制度を禁止するだけでは解決できない。インドの多くの地域で、学校制度の標準的な一部となった、非効率とネグレクトに取り組まねばならないのだ。

第五に、中央政府が調理済み給食を支援しているのに、インドの多くの地域ではこの制度がまだ稼働していない。インド児童は教育上のネグレクトだけでなく、インドが極度の栄養不足にも苦しんでいるため（インドはこのうらやましくもない分野で世界のトップだ）、給食はいくつかの重要な問題にまとめて取り組めるだけのきわめて高い効果を持っている。私たちの観察だと、システムが最近導入された地域では、給食はきわめて人気が高いし、児童の出席率を高め、その健康や幸せにも貢献している。また、教師のサボりを前よりは改善するのに多少は貢献している。これは驚くことではないのかもしれない。授業にこないというのは、長期的には子供たちの将来に影響を与えるが、食料や調理用材料がしまってある倉庫の鍵を開けにこないとなると、いますぐその場で、不満を抱いた子供たちの大騒ぎを引き起こしてしまうので、話がぜんぜんちがってくる。

ここでも家庭教師の利用の差の場合と同じく、インドの社会的な分断はかなり強く感じられる。提供される食事の質について、豊かな世帯の親からはかなり抗議もあり、それがかなり正当な抗議である場合もあるが、場合によっては単に豊かな生徒と貧しい生徒がそれぞれ買える食事の差を主に反映するものでしかなかったりする。これは「一位の男の子」とそれ以外との分断とはちょっとちがうが、インドにおける経済と社会の階層化分断の一部ではある。なかなか興味深いこととして、金持ちの両親たちが食べ物の質について表明した不満のほうが、貧困世帯の出身で食事が改善した子供たちの幸せよりもメディアでは大きく取り上げられた。メディアは、インドで無視されてきた学童たちの人生と未来を脅かすひどい——でも十分に改善できる——問題にもっとうまく注目を集めるのに、大きな役割を果たせるのだ。

社会変化の構文

インドのあらゆる児童の手の届くところに、まともな基礎教育をもたらすためには、制度的な仕組みや社会制度、行政面の対応や組合の協力などで、多くの大変化が緊急に必要とされている。これはお金だけの問題ではない。それでも、財政的なコミットメントもまた重要だ。特にインドという国は、日本や中国や韓国やタイやベトナムが、政治システムは実に多様ながらも絶対に無視してこなかった形で、公共皆教育を無視してきたという強固な歴史の点で突出した国なのだから。

一位の男の子たち——そして次第に一位の女の子たちにも——にこれほど夢中の国としては、そうした一位の生徒たちがまったく問題なくやっているというのは、一方でホッとすることではある。コーチンの二二歳の教師グリシュマ・サリンが、カリフォルニア州マリブの一三歳のダニエラ・マリナロに、インターネット経由で英語文法を教える技能の素晴らしさを褒め称えるのに、何ら恥じ入る必要などない。『ニューヨーク・タイムズ』誌の報道によれば、彼女は実にいい仕事をしているらしい[★13]。たとえば「ダニエラは、ダニエラがダニエラの馬スカーレットをダニエラの妹にあげるべきだと思います」という文章に対して、実に先生らしく「これはちょっと変な文章じゃないかしら？　どうすればもっといい文にできるかな？」と応答するのはまったく正しい。

いつの日かグリシュマが「インドはインドがインドの経済リソースや組織能力や社会コミットメントをもっとたくさんインドの無視された子供たちに向けるべきだと思います」という文章を改善する手伝いの機会を得たらいいなと私は思うのだ。この変な文の構文はまちがいなく直す必要がある。でもまず直すべきなのは、一位の男の子たちの国なのだ。

注と参考文献

★1　Jean Drèze and Amartya Sen, *India: Development and Participation*（New Delhi: Oxford University Press, 2002）.
★2　National Council of Educational Research and Training, *Compendium of Educational Statistics*（*School Education*）（New Delhi, 2002）のTable 2.8および関連プレゼンテーションを参照。

★3　比較の数字は Drèze and Sen, *India: Development and Participation* (2002), chapters 1-5 および Statistical Appendixを参照。

★4　Drèze and Sen, *India: Development and Participation*（2002）で、私たちはこの問題についての各種情報を論じている。その一つは比較的最近の National Sample Survey（1995-6）と National Health Survey（1998-9）だ。

★5　たとえば Salma Sobhan, *Legal Status of Women in Bangladesh*（Dhaka: Bangladesh Institute of Legal and International Affairs, 1978）を参照。

★6　教育と健康のつながりは、Harvard UniversityのGlobal Equity Centerで、Lincoln Chen主導で行われている研究テーマの一つだ。

★7　Mamta Murthi, Anne-Catherine Guio, and Jean Drèze, "Mortality, Fertility and Gender Bias in India," *Population and Development Review*, volume 26（December 1995）およびそのフォローアップ論文のDrèze and Murthi, "Fertility, Education and Development: Evidence from India," *Population and Development Review*, volume 27（2001）を参照。

★8　重要な研究はいろいろあるが、なかでもJ.C. Caldwell, "Routes to Low Mortality in Poor Countries," *Population and Development Review*, volume 12（1986）およびJ.R. Behrman and B.L. Wolfe, "How Does Mother's Schooling Affect Family Health, Nutrition, Medical Care Usage and Household Sanitation," *Journal of Econometrics*, volume 36（1987）を参照。

★9　こうした相互依存性は、相互につながった人間の主体性を通じて作用するものだが、拙著*Development as Freedom*（New York: Knopf; and Delhi and Oxford: Oxford University Press, 1999）〔邦訳＝アマルティア・セン『自由と経済開発』（石塚雅彦訳、日本経済新聞社、二〇〇〇年）〕で論じている。

★10　たとえば *The Pratichi Education Report*, volume I（Delhi: TLM Book, 2002）を参照。

★11　*Public Report on Basic Education in India*（New Delhi: Oxford University Press, 1999).

★12　Adam Smith, *An Inquiry into the Nature and Causes of the Wealth of Nations*（1776). 再刊はR.H. Campbell and A.S.Skinner（eds)(Oxford: Clarendon Press, 1976), I.ii（p. 27）and V.i.f.（p. 785）〔邦訳＝アダム・スミス『国富論』〕.

★13　“Latest in Outsourcing: Homework,” *International Herald Tribune*, 8 September 2005に再録。

貧困、戦争と平和

Poverty, War and Peace

本論説は、二〇〇七年四月に南アフリカで行われたウィットワーテルスランド大学（ヨハネスブルグ）とケープタウン大学でのナディン・ゴーディマー講義の原文となる。

初出＝*The Little Magazine: Education and Catastrophe*, volume VII, issue 3 and 4（2008）, pp. 6-16.

暴力の問題をめぐるナディン・ゴーディマーと大江健三郎の関心により、一九九八年にこの両作家は文通を行った［★1］。ゴーディマーはお互いの文通の中で両者が「暴力の問題にこれほど注目している」ことについて「驚く必要もなかったはず」と述べた。そして続けてその理由を説明している。「これはこの両作家の間の『認識』ではありますが、それを超えるものでもあります。それは、社会が謎めいた形で発するしるしを読みとり、それが本当に意味するものを理解しようとする、作家の逃れがたいニーズの認識なのです」。暴力の問題を理解しようというそのニーズ――いやまさに逃れがたいニーズ――は、その鋭い洞察で私たちを啓蒙してくれるゴーディマーや大江のような作家たちに影響するのみならず、自分が自分の目で見たことをどう理解すればいいのか、そして他人の読みから何が学べるか、さらに私たち自身の読みとして何かつけ加えられるのか、その方法さえわかればと、私たちみんなを心配させ、悩ませ、思案させるのだ。

ゴーディマーの洞察に満ちた用語を使うと「社会が謎めいた形で発する」しるしは、私たち全員を何らかの形でとらえるものだ。暴力と安全不在の問題は、私たちを取り巻く世界に遍在している。平和が私たちの夢なら、戦争と暴力は常に私たちの耳目にあり、それが人間の安全を破壊する恐ろしい作用は世界中で認識されている［★2］。

社会科学の世界は、この私がおおむね所属している世界だが、私たちの単純な懸念を実証研究で追跡しようと頑張ってきた。でも私は、社会科学があまり私たちの理解を深めてはいないと思っている。実際、人間の安全保障とその侵犯の問題の追求は、ある程度まで他の問題が優先されたために阻害されてきた。そうした他の問題とは、しばしばもっと集合的なもので、たとえば国々や地域の経済成長、世界各地の全体的な社会経済開発、国家安全保障の要求などだ。でもよい報せは、人間の安全保障というテーマはかなり最近までと比べても、大きな注目を集めるようになってきたということであり、特に人間の安全保障は系統的な研究が行われる新しい分野のようなものとなりつつあるのは確かだ。人間の安全保障の性質、内容、要求についての検討があり、さらに人間の生活を脅かす安全欠如を減らし、できればそれをなくす手法や手段についても検討が行われているのだ。

人間の安全保障という発想は、「国民安全保障」「国家安全保障」という概念と対照をなすものだ。こうした概念は主に、国としての頑健性と思われているものを守ることに専念したものであり、これはその国家の中に住む人間の安全保障とは間接的なつながりしか持っていない。国の安全保障は、集合的でよそよそしい形で何世紀にもわたって検討されてきたけれど、私たち——世界各国に住む人々——にとっては、国家安全保障の配慮をはるかに超えることもある人間の安全保障の要求が、今日ではもっと世界的な注目を集めているのはありがたいことだ。暴力、貧困、病気などの広範な弊害からくる、人間生活の安全欠如の源を検討すると、国家安全保障という限られた概念では捉えきれない、社会、経済、政治、文化的な影響の広範な役割が明るみに出るのだ。

この対比はかなり明瞭かもしれないが、人間の安全保障を適切に描き出すにあたっては、人間の安全保障という概念が他の人間中心概念、たとえば人間開発とどう関連しているか——あるいはちがっているか——を理解するのが重要だ。こうした概念、なかでも人間開発という特に重要な概念は、国家安全保障の追求ほど個人としての人間生活から遊離してはいないが、それでもやはり独自の特化した優先事項があって、人間の安全保障での懸念事項とは必ずしも同じではない。だから、人間の安全保障という発想がこれらの確立した発想、特に人間開発に何をつけ加えるのかと問うことがことさら重要になる。

人間開発アプローチは、ビジョン豊かな経済学者マハブブ・ウル・ハクをはじめとする多くの人が先鞭をつけたもので、開発をめぐる文献を豊かにして幅を広げるのに大きく貢献してきた。特にそれは、開発の関心対象が便宜的な血の通わない対象、たとえば生産される商品（これはGDPやGNPなどに反映される）の成長にばかり注目するのをやめさせて、人間の生活の質と豊かさに注目を集めるのに役立っている。人間生活の質と豊かさは、多くのものに影響を受けるもので、商品生産はその中の一つでしかない。人間開発は、人間生活を制約し制限し、その開花を妨げる各種の阻害要因を取り除こうとする。こうした配慮の一部は、広く使われている「人間開発指数」（HDI）に含まれている。HDIは、人間開発アプローチの旗艦のようなものとなっているが、全体としての人間開発アプローチは、HDIという一つの数値指数で包含できるよりもはるかに広い。人間開発の視点が持つ幅広さと長いリーチは大量の文献を生み出したし、人間生活の様々な側面について、ますます多くの情報的なカバーが行われてきた[★3]。

でも人間開発の発想は、ことさら楽天的な性質を持つ。というのもそれは、進歩と拡大を目指すものだからだ。それはいわば、人間の生活を豊かにするために新たな領土征服に乗り出したような存在で、そのために保護すべきものを確保するのに必要な後方防衛活動に注目するには、あまりに威勢がよすぎるとすら言える。発想としての人間の安全保障は、人間開発の拡張主義的な視点に対する不可欠な相補物を提供する。というのもそれは保険文献が「ダウンサイドリスク」と呼ぶものに直接注目するからだ。人々の生存や日常生活の安全を脅かしたり、人々を病気や各種弊害の不確実性にさらしたり、脆弱な人々を経済的な下降に伴う突然の貧窮に遭遇させたり、男女の自然な尊厳を貶めたりするような不安要因は、突然の欠乏の危険に対して特別な関心を払うべきだと示している。人間の安全保障は、こうした危険からの保護を要求し、人々がこうしたハザードの発生と影響に対処し克服して、できればそれを防止できるように人々のエンパワーメントを求める。

とはいっても、人間の安全保障と人間開発アプローチの対象物との間には、根本的な矛盾はまったくないことは強調しておかねばならない。実際、定量的な観点からすると、保護や防御はある種の拡大、つまりは安全と安全保障の拡大として理解できるのだ。でも慎重で個人別に展開される人間の安全保障の視点と、人間開発についての比較的快活で上昇志向の文献に見られるものとでは、力点と優先順位がかなりちがっている。両者をことさら対立させずにそのつながりを理解するには、人生で人々が何をできるかを肯定的に拡大することに加えて、人間生活に不安要因についての懸念も含めることで、人間開発の視点を広げるべきだと論じるほうがいいのかもしれない。

＊

暴力の原因や、それを言うならその他の人間の不安原因について、社会は確かにナディン・ゴーディマーが指摘するとおり、謎めいたしるしを示す。このエッセイで私は主に、暴力に関連した不安要因を扱うが、それが他の不安の源と持つつながりは、暴力の広がりと影響を理解するにあたり無視できない。現代のグローバルな暴力の根本原因という大テーマの場合、理論はいくらでもある――理論とはそういうものだ。でも、なかでも特に二種類の理論化方向がずっと大きな注目を集めるようになっている。一つのアプローチは主に文化・社会的なものであり、アイデンティティ、伝統、文明といった概念に注目することが多い。もう一つはおおむね経済的・政治的なもので、貧困、格差、欠乏に注目しがちだ。

ここで私が提示したい主な主張は、経済、社会、文化的な問題は統合に向けた真剣な取り組みを必要とする、というものだ。この取り組みは、文明の衝突という粗雑な宿命論者たちや、改革したい社会を過度に単純化する誘惑に負けた単純な構築主義理論家たちの双方が毛嫌いするものだ。私の主張はいろいろあるが、そのなかでも、経済的不正義をただすための出来合いの理由で、なぜか不正義それ自体には反発を覚えないのに、暴力の脅しは嫌う――またはそれにおびえる――人々にもアピールするようなものを探すのはまちがっている、というのがここでの主張だ。エッセイの冒頭近くで中心的な主張をばらしてしまうという、あまり優雅でないやり口についてはお許しいただきたい。残念ながら私は期待感を盛り上げるのが昔からさほど上手ではなかったようだし、探偵小説の執筆に手を染めてみろと私に勧めた出版者が一人もいないと聞いても、驚く人はだれもいないはずだ。

文化理論は、生き方や宗教的信念や社会慣習と関連した紛争を見ようとしがちだ。こうした立論は多くのちがった理論を生み出せるし、その中には高度なものもそうでないものもある。今日の世界で最も人気を博している文化理論が、おそらくは最も粗雑なものだというのは、驚くべきことかもしれない。その文化理論とは、グローバルな暴力を何やら「文明の衝突」と呼ばれるものの結果として見るやり方だ。このアプローチは、主に宗教的な概念に基づいた「文明」と呼ばれる想定物を定義して、「イスラム世界」「ユダヤキリスト教西洋世界」「仏教世界」「ヒンドゥー世界」等々を対比させる。この高等理論によると、文明どうしがお互いに衝突しがちとなるのは、文明どうしの間に内在的な敵対性があるからなのだということになる［★4］。

文明衝突アプローチの根底にあるのは、奇妙なほど作りものめいた歴史観だ。それに基づくと、それぞれの文明はまったくちがう敷地に生えた樹木のように別個に育ち、重なり合いや相互作用はほとんどない。そして今日、こうしたまったくちがう歴史を持つ別個の文明がグローバル世界でお互いに直面すると、それらはお互いにがっちり衝突したくなってしまうそうなのだ――これは、一目惚れならぬ一目憎み合いとでも言うべきもののお話であり、それも魅力的なお話なのだろう。このお伽話的な説明は、実に多くの分野――文学、芸術、音楽、数学、科学、工学、貿易、商業など多くの人間活動――において、国や地域の境界を越えた、相互作用とアイデアや影響の建設的な動きの長い歴史などまるで意に介さない。文明理論家たちは、人々があまり知らない――おそらくは、「あの外人ども」が持っているとされる少数の奇妙な信念や慣習しか知らない――外人についてしばしば怪しいと思うという点で、完全にまちがっているわけではない。でもお互いについての知識が増えれば、敵意が増すより理解が生み出されることもある。こういうモードに入った文明理論家たちは、人間としてお互いに接近することが、そうした疑念をなだめるどころか、むしろなぜかそれに拍車をかけるはずだという自信たっぷりの想定を通じて、「他人」に対する無知な疑念に油を注ぐ傾向が強い。

世界史の相当部分を意に介さないだけでなく、文明的アプローチはまた、実に多様で複雑な私たちのアイデンティティ感覚を理解しようとして、とんでもない近道をしてみせ、たった一つの帰属感、つまりは私たちの文明と称するものだけとの一体感なるものに仕立ててしまう。この人類に対するこの荒っぽいアプローチではすさまじく過剰な単純化を通じて、世界の多様な人間を理解する仕事は、各種文明を見るという作業に変身させられてしまう。そして個人のちがいは、まるでこの文明の対比に寄生するかのような見方をされる。さらに人々の間の暴力は、この近似理論によると、ちがった文明どうしの敵対として解釈される。文明は人間関係という前面の背後にある、全能の一般的な背景となるわけだ。このように、世界の空想史への依存に加えて、グローバルな暴力の文明的説明は人間アイデンティティへの特定の「孤立主義」アプローチにしっかりと縛られている。孤立主義とはつまり、人間というのがその出自の文明または宗教で定義される、たった一つの集団に属するものだという見方のことだ。

実は孤立主義的アプローチは、世界のほぼ全員を誤解する素晴らしい手法だ。通常の生活で、私たちは自分を様々なグループの一員だと見ている——私たちはそのすべてに所属する。一人の人物は、南アフリカ市民で、アジア出身で、祖先はインド人で、キリスト教徒で、社会主義者で、女性で、菜食主義者で、ジャズミュージシャンで、医者で、フェミニストで、異性愛者で、ゲイとレズビアンの権利信奉者で、ジャズの愛好家で、今日の世界が直面する最も重要な問題は世界クリケット選手権でどうやってオーストラリアを破るかだと信じていて、それらがまったく矛盾なく共存している。こうしたアイデンティティのそれぞれは、この人物にとって、目下の問題と好みの文脈次第で重要性を持ち、それらの間の優先順位は、自分自身の価値や社会的圧力に影響される。ある人物が持つ何らかの文明アイデンティティ——宗教的、共同体的、地域的、国民的、グローバル的なアイデンティティ——が例外なしにその人物が持つ、他のあらゆる関係や帰属を圧倒すると考えるべき理由などない。

グローバルな暴力を文明の衝突のレンズ越しに理解しようとしても、検証にほとんど耐えられない。その立論があまりに粗雑だからだ。そして、単一アイデンティティの還元主義的な奨励は、実は世界中での「エンジニアリングされた流血」とでも呼べるものの相当部分を引き起こしていることも認識する必要がある。でもこれは、単に「自然で逃れがたい」衝突からの自発的な結果にすぎないどころか、計算ずくのちがいを醸成し培養した結果だ。人々はいきなり扇動者たちによって、自分たちが単なるユーゴスラビア人ではなく、実はセルビア人（「オレたちは絶対にアルバニア人が嫌い」）だとか、自分が単なるルワンダ人やキガリ市民やアフリカ人ではなく、ひたすらフツ人であり、ツチ人を敵として見なくてはならないと知らされる。私も独立前のインドで、一九四〇年代に分離独立の政治とのつながりで、ヒンドゥー教徒とイスラム教徒の暴動がいきなり勃発した様子を覚えているし、また夏には広く人間だったのが、分離の無慈悲な焚きつけを通じて、冬には暴力的なヒンドゥー教徒と凶暴なイスラム教徒へといきなり変化した勢いも忘れない。何十万もの人々が、虐殺の設計者たちに導かれて殺されたが、その下手人たちはかれらが突然に「自分の人々」だと同定した人々のため――かれらの大義のため――に殺人を犯したのだった。

＊

アイデンティティの政治は暴力の原因としてきわめて効率よく動員できるのは確かだ［★5］。それでも、それは人間アイデンティティの豊かさをもっと広く理解することで、有効に抵抗できるものだ。人々の別々の帰属は、ある特定の形で人々を分離するかもしれないが、他のアイデンティティ、他の帰属は何か特定の分割をすべて拒むこともある。ツチ人を抑えるという大義のために動員されたフツ人は、ルワンダ人でもありアフリカ人でもあり、キガリ市民でもあるかもしれないし、まちがいなく人間でもある――こうしたアイデンティティは、ツチ人も共有しているものだ。人々が、何らかの分断的な分類の間での暴力誘発を通じて、相互に戦わせられると指摘している点で、社会や文化に根ざした理論はまちがってはいない。でもそれが起きたときには、なぜどのようにそうした制度が生じたのか、なぜあるアイデンティティが、意味ある唯一のものであるかのように仕立てられたのかについての説明を探さねばならない。こうした培養された暴力のプロセスは、人間の運命の展開のようなものだと単純に見るわけにはいかないものだ［★6］。

著書『著述と存在』［★7］で、ナディン・ゴーディマーはプルーストの発言を引用している。「あまりに遠くに行きすぎるのを恐れてはならない。というのも真実はその先にあるからだ」。ゴーディマーはここで、三人の大作家ナギーブ・マフフーズ、チヌア・アチェベ、アモス・オズについて述べている。出身はそれぞれエジプト、ナイジェリア、イスラエル——それぞれ多くの点でちがっているだけでなく、お互いに何らかの紛争関係にある国々だ。ゴーディマーは「対立というつながりがそこにはある」と指摘するが、それでも続けてこう述べる。「この三人の作家たちは自明のことを述べはしない。人種、国、宗教で分断されたかれらは、独自のちがった方法で未知の領域に入り、いかなる協定で認知される必要もない共通の探究を行っているのだ」。

運命という血みどろの幻覚に対する戦いは、明晰さを必要とする。明晰な理解は洞察に満ちた作家たちのビジョンからくるだけでなく、もっと凡庸な形できわめて平凡な人々の思考からもやってくる。扇動者たちが破壊したいのはそうした理解であり、ここでもっと洞察に富む人々の強力な声は、私たちみんながなかなか維持しづらい決意を与えてくれるのだ。マハトマ・ガーンディーが非武装でまったく保護なしに、インド分離の暴力の中、暴動で引き裂かれた地区を動き回ったとき、かれは一部の人たちに新しい発想をもたらしていただけでなく、少し漠然とした形ではあってもガーンディーのものと一致した発想を持ちながらも、ガーンディーがもたらしてくれたような勇気と決然とした自信を持てずにいた人々に対し、もっと強い決意を構築する支援を提供していたのだった。

＊

文明、宗教、コミュニティの衝突と称するものが自然なプロセスなのだという主張を否定する必要性とは別に、今日の何らかの戦争という文脈で、宗教のちがいがいかに大きなものに見えたとしても、争いと殺戮を引き起こす可能性のある分断は他にもあるのだということを理解するのも重要だ。孤立主義的アイデンティティの暴力は、すさまじく多様な到達範囲を持つこともある。実際、宗教や文明と称するもの（主に宗教的なちがいに基づく）へのこだわりが現代のグローバル政治であまりに強かったため、他のアイデンティティ分断の線が過去にどのように——それほど遠くない昔に——利用されて、まったくちがう種類の暴力と戦争を生み出し、何百万人もの死者を出したことを忘れてしまうという強い傾向が生じている。

たとえば、国や国民性へのアピールは、一九一四—一九一八年のヨーロッパですさまじく血みどろの戦争を喚起する役割を果たした。そしてキリスト教という宗教的な背景を共有しているからといって、ドイツ、イギリス、フランスがお互いを引き裂き合うのを止めることは一切なかった。当時優勢とされていたアイデンティティはナショナリズムであり、それが生み出すすさまじい愛国主義的な熱狂だった。第一次世界大戦の恐怖が徴兵されたばかりのウィルフレッド・オーウェンの命を戦場で奪う前に、かれは一つの国と父祖の地に基づくアイデンティティの名の下に暴力的な戦闘を誉めそやす価値観について、独自の抗議を書く時間はあった。

友よ、そのような高き熱意を持って
必死の栄光を熱望する子供たちに
昔ながらの嘘を語るなかれ。その嘘とは：Dulce et Decorum est
Pro Patria Mori.（祖国のために死ぬのは甘く正しいことである）

自分の国のために（あるいはそれを口実に）死ぬのが名誉だというホラチウスのきっぱりとした断言は、ナショナリズムの暴力に奉仕するものと見なせる。ウィルフレッド・オーウェンが強く抗議していたのは、そうした主張に対してなのだった。

今日のヨーロッパ人たちは、オーウェンの深い苛立ちと抗議の感覚を容易には理解できないかもしれない。第一次世界大戦中、いやそれを言うなら第二次大戦中でもヨーロッパでは十分に「一線を越えた」「行きすぎ」と思われた考え方が、いまやヨーロッパ全体でひたすら通例だし普通のものとなっている。ドイツ人、フランス人、イギリス人たちは平和と平穏の中でお互いと混じり合い、一緒に腰を下ろして自らの大陸をどうしようか話し合うのであって、銃に手を伸ばしたりはしない。

似たような脆弱性が他の多くのアイデンティティ分断にも存在するし、その重要性に対する独特な主張に基づいた暴力へのとめどない行進のように見せられる面もある。でもそれは、別の――もっと広い――水準で見れば、人工的に培養された主張でしかなく、他のちがったアイデンティティと関連した実に多くのちがう連帯や忠誠によって争われ、置き換わることができるのだ。そのちがったアイデンティティの中には――もちろん――私たちが共通の人類だという広い共通性も含まれている。

＊

文化的なアプローチについては、とりあえずここまでとさせていただこう。他のアプローチ、政治経済によるアプローチはどうだろう？　この線での立論は、暴力の根本原因は貧困と格差だと考える。格差の不正義が不寛容を生み出し、貧困の苦しみが怒りと激情を引き起こすのは容易にわかる。暴力と貧困のつながりを見るのは、明らかにかなりもっともらしい。たとえば多くの国は経済的な貧窮と政治的な内紛との共存を体験した――そしていまも体験し続けている。アフガニスタンからスーダン、ソマリア、ハイチに至るまで、世界各地の人々が欠乏と暴力という二重の逆境に直面している例は山ほどある。この共存を見れば、貧困が二度殺すのではないか――まずは経済的欠乏を通じて、二度目は政治的な虐殺を通じて――と考えるのは、まったくもって不自然などではない。

貧困は確かに、人を怒らせ必死にさせるし、不正義の感覚は反逆のよい地盤になり得る――血みどろの反逆も含め。さらに、戦争と平和に対する開明的な態度の基本的特徴は、紛争を見るだけですぐにわかるような自明の直接的な因果関係の奥を見通して、「もっと深い」原因を探すことなのだと想定するのはよくあることだ。そうした根底の原因を探す中で、欠乏と格差の経済学は、注目すべきだという主張がとてもしやすい。不満と無秩序の根っこは経済的な欠乏に求めねばならないという深淵は、このように明白ですぐに目につくものの奥を見ようとする社会分析者たちに、かなり広く好まれている。

また、貧困と暴力をつなげるこの素直な主張は他にも魅力がある。これは貧困を終わらせるために、一斉に公共的なアクションをとるべきだという人道的な主張にすぐに使えそうだということだ。世界の貧困を根絶しようとしている人々は、当然ながら暴力を貧困につなげる、因果関係に見えるものを引き合いに出して、貧困自体では心を動かされない人々からも支持を集めようとする。実際、最近では貧困削減政策を支持するにあたり、それが政治紛争や混乱を避ける最も確実な方法だからという理由が持ち出されることがますます増えている。公共政策──国際的なものも国内のものも──をこうした理解に基礎づけるのが魅力的なのはすぐわかる。貧困削減を直接的な道徳問題として主張するのに比べて、政治的な報酬なるものがあれば、もっと公共のリソースや努力を割り当てるべきだという政治的に強力な議論となる。

特に自分は安泰な地位にいる人々にとって、社会格差や欠乏──それも極度の欠乏──よりは、広範な物理的暴力のほうがずっと嫌われ恐れられているらしいので、そうした安楽な人々も含む万人に対し、ひどい貧困は恐ろしい暴力を生み出すと告げられるようになりたいという誘惑は大きい。戦争と無秩序の目に見えやすさや公共の不安を考えれば、貧困削減の間接的な正当化──それ自体のためでなく、平和と平穏を追求するため──というのは最近になって、貧困と闘うレトリックの支配的な部分となった。

もちろんそこにはまちがいなくつながりはあるが、暴力の説明を、貧困と欠乏という一要素の分析だけに求めるのは本当に適切なのか？　この方向に向かいたい誘惑はすぐにわかる。でもここでの困難は、この因果関係がそれほど堅牢でないと示された場合、経済的な還元論は人々の世界理解を毀損するだけでなく、貧困を除去するという公共のコミットメントについての明示的な立論を弱めてしまう傾向も出かねないことなのだ。これはことさら深刻な懸念だ。というのも貧困と多大な格差はそれ自体としてひどいものであり、その除去のために活動する理由をたっぷり提供してくれるはずなのだ——間接的なつながりを通じた悪影響が他になかったとしても。美徳はそれ自体が報酬であるように、貧困は少なくともそれ自体が罰だ。暴力と紛争に対する影響を通じて貧困と闘う功利主義的な理由を探すのは、議論を広げて到達範囲を広めるかもしれないが、一方ではその立論をずっと脆弱にしてしまう。

この危険を理解したからといって別に、貧困と格差が紛争や争いと広範なつながりを持ち得る——そして実際に持つ——ことを否定するものではない。でもそうしたつながりは、適切な慎重さと、実証的な心の強さを持って検討し評価しなくてはならない。経済的還元主義を持ち出す誘惑は、私たちが正しい大義だと思うものを支援するのに有効なときもあるかもしれない（そして倫理的に鈍重な連中を、血みどろの暴力で脅して怖がらせることで満足を得るという、私たち自身の弱さにも貢献してくれるという楽しい側面さえあるかもしれない）。でもそれは、基本的には地に足の着かない進め方であり、政治倫理にとっては深刻なほど非生産的となりかねない。

＊

貧困と暴力を結びつける単純な主張は、怪しげな倫理的利用により台無しにされるのみならず、実は認識上の問題だらけでもある。貧困が集団暴力を引き起こすという主張は、実証的にはあまりに粗雑すぎる。なぜなら貧困と暴力とのつながりは、普遍的に観察されるとはとても言えないし、貧困や暴力と関連づけられる他の社会要因が存在するからでもある。

最近、ニューヨークシティカレッジで「カルカッタの都市性」と題したルイス・マンフォード記念講義を行ったとき、カルカッタがインドで――それどころか世界で――最も貧しい都市の一つというだけでなく、実はたまたまきわめて犯罪率が低いのだという驚くべき事実についてコメントする機会があった。実際、重犯罪だと貧しいカルカッタ市はインド全都市の中で最低の発生率だ。インド都市（この分類に含まれる三五都市すべて）での殺人発生率は、一〇万人あたり二・七人――デリーだと二・九人だ。カルカッタでのこの率は〇・三だ[★8]。他の暴力犯罪についても、インド刑法違反すべてをまとめた総数を見ると同じ結果となる。また女性に対する犯罪でも同様で、カルカッタでは他のインドの主要都市に比べ、発生率が大幅に低い。

また、カルカッタがインドで他を大幅に引き離して最低の殺人発生率を持つというだけでなく、インド都市は全般的に、世界の基準から見て暴力犯罪発生件数が驚くほど低く、インド都市よりもよいのはずっと豊かでずっと安楽な都市、たとえば香港やシンガポールだけだ。データが得られる直近年である二〇〇五年についての数字をいくつか挙げよう。パリの殺人率は二・三、ロンドンは二・四、ダッカ三・六、ニューヨーク五・〇、ブエノスアイレス六・四、ロサンゼルス八・八、メキシコシティ一七・〇、ヨハネスブルグ二一・五、サンパウロ二四・〇、リオデジャネイロは驚異の三四・九だ［★9］。インドでは、殺人発生率が大リーグ級なのは、トラブルの多いビハール州のパトナーだけで、ここの数字は一四・〇だ——他のインドの都市は、この半分にも達しないし、インド都市の平均はすでに述べたようにたった二・七だ。犯罪がないので有名な日本の都市ですら、カルカッタの殺人発生率に比べれば三倍の殺人発生率で、東京では一〇万人あたり一・〇人、大阪は一・八だ。カルカッタに近いのは香港とシンガポールだけで、カルカッタの〇・三に対して一〇万人あたり〇・五件だ（それでもカルカッタより六割も高い）。

カルカッタの貧困から見て、これが理解不能の謎に見えるとすれば、それは自然のパラドックスというよりも、私たちの思考の限界を反映しているのかもしれない。カルカッタはもちろん、貧困の根絶と物質的な面での整備で、かなりの遅れが見られる。犯罪率の低さは、そうした困った問題を消し去るわけではないことは忘れないようにしよう。それでも、貧困が政治運動や、社会文化の相互作用などから独立した形では、必ずしも暴力を生み出さないという認識は重要だし、喜ぶべきことでさえある。

犯罪の説明は、実証的な一般化が容易ではない。それぞれの地域が持つ特性に基づいて犯罪の性質と発生を理解しようという試みが最近になって少しは出てきたが、構図のもっと十全な理解には、明らかにまだまだ先は長い［★10］。マンフォード講義で、私はカルカッタが他の原因要因とともに、それが極度な混成都市としての長い歴史を持っているという事実から恩恵を受けているのだ、と論じてみた。カルカッタの近隣は、一部の都市——インドでも世界でも——で見られるような明確な民族ごとの分離が見られないのだ。貧困と犯罪の関係理解にまちがいなく関係する社会文化的特徴は、他にもたくさんあるのは確実だ。たとえば、南アフリカでの暴力犯罪の頻発を理解しようとすれば、アパルトヘイトの遺物と都市暴力犯罪の高い発生率とのつながりを見すごすのは難しい。このつながりは、人種間対立の伝承だけでなく、アパルトヘイト政策に伴う経済的な仕組みのおかげで分断された、人種ごとの地域や家庭のひどい影響でもある。でも混成コミュニティを作りだそうという遅ればせながらの試みもまた、目先の段階ではその新しく混成化した近隣内部で犯罪をはぐくんでしまう。その理由を説明するのは容易ではない。長い歴史の遺産はなかなかぬぐい去れないということだろうか。

残念ながらいまの私たちは、因果のつながりがずばり何なのかを自信をもって述べられるほどは、実証的な関係についての知識がない。そしてここには、各種の社会科学が例外なく求めているのに、しばしば実現されない謙虚さの必要性があることを、私は痛いほど感じている。それでも、貧困と暴力の間に普遍的かつ即座のつながりを見ようとする傾向は、きわめて維持困難だというのはかなり明らかに思える。貧困－暴力の関係は、一般に思われているほどストレートなものではなく、まちがいなくずっと複雑な構図があるのだ。

もっと具体的に言えば、特に宗教、民族、コミュニティに関連した暴力を見るなら（これは多くの文化理論家たちが注目すべきだと述べる方向性だ）、意図的な政策が障壁としての役割を果たすという面は、もっと十分に認識されるべきだろう。たとえば、カルカッタと西ベンガル州で現在支配的な政策は、かなり中心から左寄りのもので（西ベンガル州は、自由な多数政党選挙で共産党政府が三〇年にわたり選出され続けているという世界最長記録を有している）、階級に関連した欠乏に注目する傾向が強い――そしてもっと最近では、ジェンダー関連の欠乏だ。これは宗教や宗教に基づくコミュニティとはまったくちがう、別の注力点であり、ボンベイやアーメダーバードなどの一部インド都市でかなりの暴力性をもって生じた、少数派に対する暴動を扇動するのに宗教的なちがいを利用するという手口をずっとやりにくくしている。分離独立に関連したヒンドゥー=ムスリム暴動はインド全国で頻発し、カルカッタでもそれなりにたくさん生じている。でもその後、四〇年以上にわたり、インドの他の都市集積［密集地域］とはちがってこの大都市ではそうした暴動が生じていない。実際、コミュニティの分断を扇動しようとする宗派的な狙いすべては、カルカッタ市を支配する新しい政治社会的な優先事項により、根本的にひっくり返されたらしい。

そしてこの政治的な展開の中で、経済的な貧困と格差は、むしろ社会的な調和を阻止するにあたって宗教的なちがいなど最終的にはどうでもいいのだということを明らかにする、建設的な役割さえ果たしたらしい。人間の多元的なアイデンティティを認識するにあたり、階級など経済格差をもたらす他の要因への注目が増したことで、カルカッタでは宗教的な分断に沿ってコミュニティの情熱や暴力を励起するのがとても困難になった。宗教的な分断は、過去に利用された装置であり、だんだん奇妙なほど原始的で生々しいものと見られるようになってきたのだ。少数派、主にムスリムたちとシーク教徒たちは、ボンベイやアーメダーバードやデリーなどでは享受できない安全な感覚を抱き続けてきた。

左翼政治と階級に関連するアイデンティティが、宗教的な分断とコミュニティの対比に基づく暴力を、ベンガル地方のインド部分で大幅に弱めるという効果を持ったとすれば、似たような建設的な影響が国境の向こう側のバングラデシュでも見られる。こちらは言語、文学、音楽が持つアイデンティティの力からくるものであり、これはムスリムとヒンドゥー教徒を別々の——そして収奪可能な形で敵対する——派閥に分断したりしない。ここでのもっと一般的な論点は、アイデンティティの多元性を理解すれば、単一アイデンティティに基づく暴力扇動と戦うに当たって巨大な力となるということだ——特に宗教的なアイデンティティとは戦いやすい。これは今日の私たちが暮らす騒乱の世界で、人工的に焚きつけられた単一性の最も支配的な形態なのだ。

*

貧困と暴力の経済的なつながりは、かなり複雑だし経済還元主義の単純性ではほとんど捉えきれない。たとえばアフガニスタンの暴力的な歴史は、その人々が体験してきた貧困や窮乏と無関係ではあり得ない。それでも、そこでの暴力の原因をすべてこのたった一つの経済的な観察に還元してしまうと、タリバンの役割や宗教原理主義の政治学を見失うことになる。また、西側指導者たちがソ連を唯一無二の「悪の枢軸」として見ていた時代に、アフガニスタンの宗教過激派たちをロシア人への対抗勢力として強化するために行われた西洋からの軍事支援——および焚きつけ——の歴史が果たした役割も無視することになる。そして同時に、原理主義の台頭と宗派的暴力をあらゆる経済的なつながりから切り離すのもまちがいだろう。一体となって作用し、しばしば一体となって人を殺す各種の相互接続を理解しようとすべきだ。相互作用的な社会の枠組みの大きな構造の中で、経済的な要素がどの部分を担っているのか理解するための、検討上の洗練が必要なのだ。

貧困と暴力の実証的なつながりは、明らかに他の多くの状況に左右される。もちろんかなりの貧困と大きな格差が存在する経済では、紛争や対立の証拠はいくらでもある。でも同時に、同じくらいの貧困や格差がある他の経済は、単に経済的な困難にどっぷり浸かって動こうとしないだけで、深刻な政治的な乱気流は生み出さないようだ。貧困は平和や見かけ上の平穏と共存できるし、貧困と暴力とを結ぶ因果的な説明にはギャップがあることを認めねばならない。貧窮はもちろん、既存の法律やルールを無視しようという誘惑を生み出すが、だからといってそれが人々に、ことさら暴力的な行動をとるイニシアチブや、勇気や、実際の能力を与えるとは限らない。

実際、窮乏は経済的な虚弱だけでなく、政治的な不能が伴うこともある。欠乏で精力を削がれた被害者たちは、あまりに弱く虚弱すぎて争いや戦闘などできず、抗議して叫ぶことさえできなかったりする。だから極度の苦しみと格差にはしばしば、驚くほどの平和と、何一つ聞こえない沈黙が伴うのも驚くことではない。たとえばひどい飢饉が起きても、反乱や紛争や戦争などはたいして起こっていない。たとえば、アイルランドの一八四〇年代の飢饉は最も平和的なものの一つで、飢えた大衆たちは、市場の力によって食べ物を満載した船が次々とシャノン川を下り、飢えたアイルランドから飽食のイングランドへと食料を運び去っても、ほとんど介入しようとはしなかった（イングランド人たちは、飢餓状態のアイルランド人たちよりも、肉や鳥やバターや食料品を買うだけのお金があったのだった）。実のところ、アイルランド人たちは別に、過度におとなしいとかいう傑出した評判を得ている人々ではない。それなのに飢饉の時代はおおむね、法と秩序と平和の日々だった。ロンドンは、アイルランドに対するすさまじい統治ミスを見逃してもらえただけでなく、当時はアイルランドの群衆の暴力に直面する必要さえなかった。アイルランドの群衆は飢えを逃れようとするのに忙しかったし、その後はなんとか国を出て移民する方法や手段を探していたからだ（アイルランドの飢饉は、データが存在するあらゆる飢饉の中で、総人口に占める餓死者の割合が最も大きいのに、飢饉に続いて餓死者と同じくらいの割合が国を離れ、そのほとんどがアメリカに向かった）。反逆のスコットランド人族長カルガクスが、一世紀のイギリスにおけるローマ支配について言ったように——そしてそれをタキトゥスが再現したように——「かれらは廃墟を作り出してそれを平和と呼ぶ」。

でもこれは、アイルランド飢饉の貧困、飢餓、不平等がアイルランドの暴力に対して長期的な影響を与えなかったということではない。実際、不正義と無視の記憶はアイルランド人をイギリスから極度に疎外する効果を持ち、一世紀半以上にわたりイギリスとアイルランドの関係を特徴づけた暴力に大きく貢献した。経済的欠乏は、即座に反逆にはつながらないかもしれないが、だからといって貧困と暴力の間にまったくつながりがないと思い込むのはまちがっている。ここには、長期——それもしばしば超長期——にわたるつながりを見る重要な必要性があるのだ。さらに、欠乏とひどい仕打ちの恨みが他の要因とどのように融合するかも見る必要がある。アイルランドの場合、これは国民アイデンティティの旗を振って、イギリスと距離を置くといった要因だ。イギリス人たちによるアイルランド人たちの戯画化は非常に馬鹿にしたものであり、はるか昔一六世紀のスペンサー『妖精の女王』にまでさかのぼるが、これはイギリス支配下での一八四〇年代飢饉によりさらに強化され、飢えを止めるのに何ら手を打たず、多くの面でむしろその悪化に手を貸した、強力な隣国に対するアイルランドの深い恨みを生み出すことになった。

ここには中東の経験との類似性がある。もちろん、現在の中東での状況をあれほどひどいものにしている影響要因は数多くあるし、アメリカ当局がこの問題について明晰に――さらには人道的に――考えられないらしいという要因も大きい。でも多くのつながりの中で、植民地時代に西洋列強が中東にひどい扱いをしてきたという記憶を無視はできない。当時、新たな宗主国は次々に民族を従属させ、その古代の土地に、自分たちが欲しいままに国境線を引いた。この権力濫用は、その一九世紀の時点ですぐに多くの暴動を引き起こしたりしなかったが、被征服者たちの沈黙――踏みにじられた者たちの平和――はこの問題が永遠に消え去ったということではなかったし、それがひどい扱いについてのひどい記憶を残さなかったということでもない。テネシー・ウィリアムズの『牛乳列車はもうここには停まらない』でフローラ・ゴーフォースが述べるように「人生はすべてが記憶で、そうでないのはいまこの一瞬だけなのだけれど、それはあまりに素早く通り過ぎるので、ほとんど捕まえられないの」。同様に、今日の侵略と破壊の新しいエピソード――イラクやパレスチナやその他の場所で――は、今後長年にわたり、そう簡単には忘れられないのではないかと私は恐れている。

＊

貧困と不正義を暴力に結びつける、強いがあまり直接的ではないつながりが多少なりとも説得力を持つなら（私はそう思う）、アイデンティティと文化のアイデアが、「あれかこれか」式に政治経済と影響力を競うのではなく、むしろ政治経済の問題の到達範囲を拡大するように考えねばならない。挑発された暴力を拡大させるようなカテゴリーは、独自の文化社会的特徴を持つ（民族や国籍や社会背景とつながりを持つ）が、怒りを煽る能力は、歴史的な経済政治格差とのつながりにより劇的に増大し拡大される。実際、ツチ人に対するフツ人活動家の残虐性さえも、かつてのルワンダにおいて、一般的なフツ人よりはツチ人たちのほうが特権的な地位を得ていたという事実をうまく活用していた——これはその後の虐殺をまったく正当化するものではないが、そうした実証的つながりの存在は、私たちが認識すべき暴力研究の一部となる。貧困と格差は暴力の促進と維持に貢献しているはずだが、その貢献は、私に言わせれば、社会と文化と切り離して欠乏と貧窮にだけ注目して調べるべきものではなく、貧困とその他の社会的な特徴とが持つ相互作用的な役割の、ずっと大きく包括的な枠組み探究を通じて検討すべきものだ。

同様に、西洋の標的に対するアルカイダの凶悪な攻撃性は、歴史をどう持ち出そうとも正当化できるものではないが、テロリストたちが代表していると主張する人々が、西洋植民地主義者たちから不平等な扱いを受けてきたという事実は、残虐行為への招待をそのぶんだけ売り込みやすくする。

軍事力、政治力、経済力の格差は、不満の巨大な遺産を残しかねない。これは、プロセスが軍事や強権的なふるまいと明白に結びついていなくても生じる。たとえば、何億人もの人々をグローバルな経済社会進歩で置き去りにする不正義や、グローバル経済メカニズムが命を救う医薬品を、最も必要とする人々に提供するのに失敗しなければ、根絶したりうまく抑えたりできるような病気について、何百万人も治療されないまま疾患に苦しむように宣告したりする不正義などがその例だ。

*

ここで私が提示しようとした主な主張は、経済的、社会的、文化的な課題は真剣に統合の努力が必要だということだ——これは文明衝突の宿命論的な理論家たちと、経済的還元論の性急な支持者たちの両方が嫌う活動だ。今日の世界における暴力を理解するには、政治経済の側面だけでなく、文化や社会的な要因もすべてとても重要だ。でもそれらはお互いに孤立して機能するものではない。私たちは何か一つの要因だけに単細胞的に集中することで洞察が得られると主張し、統合された構図の他の中心的な特徴を無視するような、魅力的な近道には抵抗しなくてはならない。おそらく最も重要な点として、こうした暴力をもたらす個別の因果的な先触れが、もっと容認できる社会秩序を作ろうとするあらゆる人間の努力を裏切り圧倒するような不動の存在ではないのだということを理解するだけの理由が私たちにはあるのだ[★11]。

明瞭さと理解の到達範囲と、社会が機能し動く方法との間の、しばしば無視されるつながりを理解するのは重要だ。実際、ネルソン・マンデラ率いる南アフリカの反アパルトヘイト運動をもたらした政治的ビジョンがなければ、今日の南アフリカは世界で最も粗雑な人種分離主義秩序に対する暴力的な復讐まみれとなっていたことだろう。同様に、ゴーディマーが「いかなる協定で認知される必要もない共通の探究」と呼ぶもの（特にマハトマ・ガーンディーの指導下で）を受け入れていなければ、一九四〇年代冒頭の日々とはこれほど隔絶した多宗教インドを想像するのは難しかっただろうし、八割以上がヒンドゥー教徒の国の政治システムで首相がシーク教徒となる民主政治を維持できるなどとは予想もつかなかったはずだし、また与党党首がキリスト教徒（そして最近まで大統領はムスリム）となってインドの政治の頂点に立ちつつ、まったく違和感がないなどということも想像できなかったはずだ。

同様に、二〇世紀初めの両世界大戦の野蛮さは、最終的にはヨーロッパ内部でのこうした国家紛争を二〇世紀後半に押さえ込むことになるような社会分析の道を拓いた。そうした紛争の抑止は、一九一四年から一八年の暗黒の日々に、塹壕の中や戦場で想像するのはとても難しかったことだろう。

分断を利用して暴力が作り出せるというのは、別に驚くべきことではない。それを経済社会的な格差と民族性や文化的なちがいと組み合わせることで、さらに激化凶暴化できるのも当然だ。また、こうした思考の分断線が、ビジョンと理解の多少の明瞭性さえあれば克服できるというのも、それほど驚くべきことではない。でも、きわめて素晴らしいのは、ある時代には「はるか遠く」の彼方にあると思われていたことが、別の時代には完全に普通でまったくつまらないことになり得るということだ。この認識は、一般的にも重要なものだが、現代世界において人間の安全不在に関する失意のときには、なおさら重要となるかもしれないのだ。

注と参考文献

★1 Nadine Gordimer, *Living in Hope and History: Notes from the Century*（London: Bloomsbury, 1999）, pp. 84-102.

★2 数年前に緒方貞子博士とともに、私は国連事務総長コフィ・アナンと日本国総理大臣（日本国政府がこの委員会設立のイニシアチブをとったのだ）直轄の人間安全保障委員会議長を務める栄誉を与えられたが、その際に人間の安全保障への関心が世界中で実に広く共有されているのに感心させられたものだ。私たちの報告書は *Human Security Now*（UN Publications, 2003）と題されている〔邦訳＝人間の安全保障委員会『安全保障の今日的課題――人間の安全保障委員会報告書』朝日新聞社、二〇〇三年〕。

★3 こうした情報の一つの出所は、国連が刊行する年次の『人間開発報告』だ。でも人間開発の視点は他の系統的な情報源にも影響を与えており、たとえば世界銀行の重要な年次刊行物『世界開発報告』にも影響している。このアプローチの根底にある立論は拙著 *Development as Freedom*（New York: Knopf; and Delhi and Oxford: Oxford University Press, 1999）〔邦訳＝アマルティア・セン『自由と経済開発』（石塚雅彦訳、日本経済新聞社、二〇〇〇年）〕で論じている。

★4 この理論が決定版の記述を得たのは、Samuel Huntington の広く読まれた本 *The Clash of Civilizations and the Remaking of World Order*（New York: Simon and Shuster, 1996）〔邦訳＝サミュエル・ハンチントン『文明の衝突』（鈴木主税訳、集英社、一九九八年）〕でのことだ。

★5 インド、特にグジャラート州における最近のコミュニティ衝突の扇動に関する洞察に満ちた評価は、Martha C. Nussbaum, *The Clash Within*（Delhi: Permanent Black, 2007）に見られる。

★6　この問題は拙著 *Identity and Violence: The Illusion of Destiny*（New York: W.W.Norton and Company, 2006; and London and Delhi: Penguin, 2007）〔邦訳＝アマルティア・セン『アイデンティティと暴力――運命は幻想である』（大門毅・東郷えりか訳、勁草書房、二〇一一年）〕で検討した。

★7　Nadine Gordimer, "Zaabalawi: The Concealed Side," *Writing and Being*（Cambridge, MA, USA: Harvard University Press, 1995）, p.43.

★8　これらの数字はNational Crome Record Bureau of India, *Crime in India 2005*（New Delhi: Government of India, 2007）に基づいている。

★9　各都市の犯罪発生率は、それぞれの地方政府刊行物や国家刊行物から集めたものであり、これや関連調査における効率的な研究補助をしてくれたPedro Ramos Pintoに大いに感謝したい。

★10　たとえば、Per-Olof H. Wilkstrom and Robert J. Sampson（eds）, *The Explanation of Crime: Context, Mechanisms and Development*（Cambridge, UK: Cambridge University Press, 2006）を参照。

★11　こうしたつながりは、私が議長をつとめ、大英連邦全域から集められた社会政治思想家のすばらしい集団の支援を受けた Commonwealth Commission の報告（*Civil Paths to Peace*, London: Marlborought House, 2007）でもっと全面的に検討されている。

本当に憂慮すべきものとは

What Should Keep us Awake at Night

これは二〇〇八年八月一一日にインド国会中央議場で行った、
ヒレン・ムケルジー教授記念年次議会講演の初回「社会正義の要求」をちょっと短縮して編集したものだ。
ヒレンダラナス・ムケルジー教授は、歴史家、著述家、能弁な演説家、そしてインド共産党代表国会議員でもあり、
リベラル派学者としてインド政治におけるイデオロギー的なセクト主義を拒絶した人物だった。

初出=*The Little Magazine: Speak Up*, volume VIII, issue 1 and 2（2009）, pp. 8-15.

ヒレン・ムケルジーは、長きにわたって私の英雄的存在だった。その傑出した資質や美徳の中で、特に私を感動させたものが三つあった。一つは、インドの虐げられた人々に対する圧倒的な共感と連帯だった――いやインドだけでなく、世界中のあらゆる場所のそうした人々に対してだ。飢えた者、恵まれない者、失業者、収奪された者、不安定な者たちには、常にこの政治指導者がかれらに代わって強力な声を上げてくれた。二番目は、批判的な分析と立論に圧倒的に頼ったという点だ。私にとってことさら魅力的だった第三の特徴は、ヒレン・ムケルジーがサンスクリットに情熱を示し、本を全般的に愛していたということだ。私もまたこの弱みを強く共有しているので、おそらくはバイアスがかかっているのだろう。ヒレン・ムケルジーが議会演説の実に多くでサンスクリットの古典から適切な引用を行い、古い書物のアイデアが今日の新しい課題に光を当てられるのを指摘してくれたのを見て、大いに元気づけられたものだ。かれの洞察に満ちた参照を調べるには、図書館や本屋に出かけねばならなかった。

ここで主題として私が選んだのは、インドにおける不平等と不正義の広がりや深みだ――これこそ私たちが本当に憂慮すべきものだ。集合的な水準で見ればインドは急速に経済的進歩をとげ、消費財――自動車から書籍まで――の市場が急成長しているものの、我が国はいまだに大きな不平等で苦しんでいる。インドにおける不平等と不正義の性質と持続性を理解するには、正義と不正義の性質に深入りする必要がある。

インドにおける社会正義の要求を検討するにあたり、仕組みに注目した正義の見方と、実現したものに注目した正義の見方とのちがいを区別するのが重要となる。ときに正義は、何らかの組織的な仕組みの形で概念化されている――何か制度、規制、行動上のルールなどだ。そしてそれが能動的に存在しているということが、正義が実施されていることを示すものとなる。ここで尋ねるべき問題は、正義の要求というのが、制度やルールを正しく定めるだけでいいのか、ということだ。その先に進んで、そうした制度やルールやその他の影響があった場合に、社会に実際に生じるものが何かを検討しないでよいのだろうか？　実現に注目した見方を支持する基本的な議論（私もこれを主張する）は、正義は実際に現れる現実世界と切り離せないというものだ。もちろん何が起こるかを左右するにあたり、制度やルールはとても大事だし、これもまた現実世界の一部であり構成要素ではある。でも実現されたものは、実は組織的な構図をはるかに超えるものなのだ。

これはヨーロッパや西洋でのものを含め、正義の理論の歴史において決定的に重要な区別となる。でも、まずはインドの知的論争ではっきりとした役割を持つ区別から始めよう。そのためにこの問題に関するサンスクリット文献にさかのぼる。二つのちがう単語――ニーティとニヤーヤ――は、どちらも古典サンスクリットで正義を指すものだが、正義に関するこの二つのちがった概念を区別するのに役立つのだ。もちろん、ニーティやニヤーヤといった単語は古代インドにおける各種の哲学・法学議論で様々にちがう意味で使われているのは事実だが、それでもニーティとニヤーヤのそれぞれの意味合いには、やはり基本的なちがいがあるのだ。

ニーティという用語の主な用法は、組織的な妥当性と行動的な正しさだ。ニーティに対してニヤーヤという用語は、実現された正義のもっと包括的な概念を示す。この線での見方からすると、制度、ルール、組織の役割は、重要ではあるが、もっと広く包含的なニヤーヤの観点から評価されねばならない。ニヤーヤはどうしても実際に出現する世界と結びついており、たまたま手持ちの制度やルールだけを見るものではない。

一例を考えると、初期のインド法学理論家たちはマツヤニヤーヤと呼ぶものについて、馬鹿にしたような話をしている。これは「魚の世界での正義」という意味で、大きな魚が好き勝手に小さな魚を食べてしまえる世界だ。マツヤニヤーヤを避けることこそが圧倒的に優先されるのであり、「魚の正義」が人間世界を侵略しないようにするのがきわめて重要なのだ、とかれらは警告する。ここでの中心的な認識は、ニヤーヤ的な意味での正義の実現は、単に制度やルールを判断するだけの話ではなく、社会自体を判断するということだ、というものとなる。設立された組織の妥当性がどうだろうと、大きな魚が小さな魚を好き勝手に食べてしまえるなら、それは人間の正義を露骨に侵害している。

ニーティとニヤーヤのちがいをもっとはっきりさせるため、とても簡単な例を考えよう。神聖ローマ皇帝フェルディナント一世は、一六世紀に次のように宣言したことで有名だ。「Fiat justitia et pereat mundus」。訳すと、「世界が滅びようとも正義を為せ」。この厳しい格言はニーティ——とても謹厳なニーティ——だと言える。一部の人はこれを主張するが（実際、フェルディナント帝はまさにそうしたわけだが）、もっと広いニヤーヤとして正義を理解した場合、正義の世界の例として完全なカタストロフを受け入れるというのは困難だ。もし本当に世界が滅びてしまったら、この極端な結果につながる謹厳で厳しいニーティは、別種のきわめて洗練された議論で擁護はできても、その達成においては称賛すべきものは何も残っていないことになる。

*

このちがいはまた、『マハーバーラタ』でのアルジュナとクリシュナの論争とも密接に関連している。クルクシェートラでの戦闘について、アルジュナが深遠な疑念を表明したのは、この叙事詩的な戦いから生じる世界のニヤーヤに基づいてのことだった。アルジュナは、自分たちに正義があることは疑っておらず、これが正義の戦争であることも認めているし、その軍勢を考えれば自分たちがまちがいなく戦いに勝利するとも思っている——もちろんアルジュナ自身が戦士としてめざましい技能を持ち、傑出した将軍だというのもそれに貢献するだろう。でも多くの人がこの戦いで死ぬ、とアルジュナは述べる。アルジュナはまた、自分自身も数多くの人々を殺さねばならず、さらにこの戦闘で死ぬ人々の多くは、敵も味方も、自分が愛情を抱いている人々なのだということも認識する。

物語では、クリシュナはアルジュナに反論して、結果がどうなろうとも自分の責務を果たさねばならないと説得する。『マハーバーラタ』の中でその部分が宗教文書として独立したのが『バガヴァッドギータ』あるいは略して『ギーター』だ。そこではクリシュナの教えこそが議論の終わりだと見られている（この理解だと、アルジュナは疑問を持っていたが、クリシュナがそれを解消してあげたことになる）。でも拙著『議論好きなインド人』で論じたように、論争の結論だけ見るというのは、一般に議論を理解する理想的なやり方ではないし、まして豊かなインドの議論の伝統を享受するにあたってはことさら誤解のもとだ。

この解釈上の問題については、近刊のクレイ・サンスクリット文庫におけるヴァールミーキの『ラーマーヤナ新訳』全七巻の序文で詳しく検討している。そこで論じたのは、各種叙事詩の社会的道徳的な内容は、ある個別論争において、だれが最終的に勝者となったとされているかを見るだけでは適切に理解できない理由についてだ——叙事詩の知的内容はそれよりずっと豊かなものだ。『マハーバーラタ』は、クリシュナとアルジュナの双方に、それぞれの議論を発展させる余地を与えている。実際、『マハーバーラタ』終わり近くに描かれる悲劇的な荒廃は、戦闘と殺戮後の土地が、叙事詩的な戦いにおいて直面するものだが（葬儀の積み薪が大量に一斉に燃やされて、女性たちが愛する者たちの死を嘆いている）は、アルジュナの深遠な疑念を裏づけるものとさえ見ることができるのだ。

ここで言いたいのは別に、アルジュナは戦いを拒否するのが絶対に正しかったと論じることではなく（クリシュナが専念したもの以外にも、アルジュナが戦いから身を引くことに対する反対論はたくさんあった）、検討して比較すべき内容がここにはいろいろあって、人命中心のアルジュナの観点は、結果などにかまわず戦う義務が見かけ上は存在するのだなどという主張を持ち出すくらいであっさり消えるものではない、ということだ。実際、これは二つの重要な立場を持った二律背反であり、そのどちらもいろいろな形で擁護できる。もし意思決定問題に関する私自身の理解が実現世界のニヤーヤと、人命の重要性に強く影響されていたとしても（そしてこの点で、私は人々と世界に実際に何が起こるかに注目したアルジュナの視点に共感する)、だからといってその相手側の議論が理解できないということにはならない。

＊

さて話を正義論の構築に戻そう。社会正義の問題は世界中で昔から議論されてきたが、この分野は一八世紀と一九世紀のヨーロッパ啓蒙主義の時代に強力な後押しを受けた。特に、多くの点でフランス革命やアメリカ革命の知的背景と密接に関連した、反逆的な思考の影響が強い。

でもこうした思想のリーダーたちの間でも、正義に関するちがった方向の立論どうしで、かなりの二律背反が存在する。一つのアプローチは、完全に正義に沿った社会的取り決めを見つけるのに専念し、正義論の主要な——そしてしばしば同定された唯一の——作業とは公正な制度の特徴づけなのだと考えた。このアプローチは「超越的制度主義」とでも呼べるもので(というのも、超越できない社会的取り決めの理想的設計図を探すから)、実は一七世紀のトマス・ホッブズによる理想化された社会契約の初期の提案にまでさかのぼる。そしてその一般的な正義へのアプローチは、多くの啓蒙主義者たちによってかなり徹底的に追究されている。おそらくそれを最も強力に行ったのは、ジャン゠ジャック・ルソーとイマニュエル・カントだ。

この超越的な方向と対照的に、他の啓蒙主義哲学者の多くは各種のちがったアプローチをとったが、その共通の関心は、各種のちがう社会的な仕組みとその実現の比較を行うということで、かれらの議論の多くは特に目立つ不正義の問題を取り除くのに特に専念するもので、完全に公正な社会的取り決めの性質には注目しなかった。こうした比較思考の各種バージョンは、コンドルセ伯爵、アダム・スミス、ジェレミー・ベンサム、メアリ・ウルストンクラフト、ジョン・スチュアート・ミル、カール・マルクスなど、一八世紀と一九世紀の多くの新思想リーダーたちの著作に見られる。比較を行う方法はそれぞれとてもちがったものを提案してはいるが、みんな何らかの形で、社会がどう改善できて、ひどい不正義がどう取り除けるかを見極める、社会比較を行うのに注目していた。この第二グループの思想家たちの関心は、実現のニヤーヤに基づいて世界の比較評価をすることであり、第一グループの焦点は公正な取り決めの超越的な評価に注目し、つまり何か制度や組織の理想のニーティを同定しようとするものだったと論じられる。

この二つのアプローチ——超越的制度主義と、実現重視の比較——との距離はかなり深く広いものだ。実は、今日の主流政治哲学が正義論の検討でもっぱら援用するのは、超越的制度主義の伝統だ。超越的制度主義の最も強力で壮大な表れは、二〇世紀の主導的政治哲学者ジョン・ロールズの業績に見られるが、他の傑出した正義の現代理論家たちもまた、超越的制度主義の道筋をたどりがちだ。実際、公正な制度の特徴づけこそが、正義の現代理論のほとんどにおいて中心的な検討事項となった（ロールズの「正義の原理」は完全に制度的な用語で定義づけられている）。私はここで、大幅な変化が必要だと論じたい。というのも正義のアイデアそのものにおいて、実現の視点はどう見ても中心的なものだからだ。こうした哲学的な議論にここではこれ以上深入りしないが、それらは二〇〇九年七月刊行予定の拙著『正義のアイデア』でかなり詳しく説明されている［★1］。

*

実現に注目した視点は、完璧さを探し求めようとするよりも、世界で突出した不正義を防止するほうが重要だというのを理解しやすくしてくれる。マツヤニヤーヤの例が明らかにするように、正義のテーマは単に完全に公正な社会や社会的取り決めを実現しようとする——あるいは実現を夢見る——だけではなく、目に見えて激しい不正義を防止する（たとえばマツヤニヤーヤというひどい状態を避ける）ことなのだ。

たとえば一八世紀と一九世紀に人々が奴隷制廃止を求めて声を上げたとき、その人たちは何も、奴隷制廃止が世界を完璧に公正な場所にしてくれるなどという幻想の下で活動していたのではない。かれらの主張はむしろ、奴隷制のある社会はきわめて不公正だというものだった。完全に公正な世界を同定する（まして実現する）のはとても難しいかもしれないが、少なくとも奴隷制の点は完全に明らかだ、とかれらは論じた。奴隷制廃止は激しい不正義の防止であり正義の大幅な前進なのであり、完全に公正な社会同定とか、理想的な社会制度を見極めるとかいった超越的問題への答えとされていたわけではない。反奴隷制抗議者たちは、容認しがたい不正義という診断により、その大義の追求こそが圧倒的な優先事項だと考えたのだ。

この歴史的な事例は、今日のインドにいる私たちにとても関係が深いアナロジーのようなものとなれる。今日のインドという私たち自身の世界には、同じように厳しい不正義の同じくらい巨大な表れが見られると私は論じたい。たとえば子供の栄養不足の唖然とする水準が続いていること（その他の世界でほとんど比類がない）、社会の貧しい人々に相変わらず基本的な医療を受ける権利が欠如し続けていること、人口の大半にとって基本的な通学機会が包括的に欠けていること。ニヤーヤがその他どんなことを要求するにしても（完璧に公正なインドがどんなものかについては、ありとあらゆるちがった見方があり得る）、ニヤーヤの正義が持つ理性的な人間性は、私たちが実際に暮らすこの世界におけるこうしたひどい欠乏を、即座に取り除くよう要求しないわけがない。

これは政治哲学の問題だというだけでなく、政治的実践においても中心的な問題となる。ガソリン価格の上昇とか、別の国との条約を結ぶにあたり国としての独立性を失うとかいった新しい問題について腹を立て、すぐさま不満を述べるのは十分に簡単だ。これらもまた重要な問題ではある。でも私にとって驚異的に思えるのは、国内で最も恵まれない人たちの壮絶な悲惨が続いていることで、それに対する政治的なつぶやきもほとんどないまま、それがおとなしく受け入れられているということだ。インド社会における恵まれない人々の、すさまじい慢性的な欠乏に対する政治的関心が、もっと簡単に声に出せる時事問題（これはそれなりに重要なのかもしれないが）によりクラウディングアウトされることで、政府がインドにおける最も醜悪で持続的な不正義をいますぐ根絶させろという圧力を弱めるという深刻な影響が生じる。私たちが憂慮しているらしきことに反映される優先順位には、何かきわめて不思議なものがあるのだ。

私たちが自由市場や国営企業やグローバル化された経済関係の支持／反対など、ルールや制度についてのお気に入りのレシピにばかり注目せず、社会の実際の実現にもっと注意を向けると、何か本当にちがいが生じるだろうか？　お気に入りのレシピを、それが人々の生活にどう影響するか検討することで判断すべきだという主張に理はあるのか？　そして、制度やルールの働きを、社会的実現への影響から見て改善することは可能だろうか？　まさにこうした問題について、いささか種類のちがう二つの具体的な制度の文脈で検討してみよう。一つは正義の拡大（特にきわめて恵まれない人々のためのもの）における産業別労働組合の社会的役割についてだ。そして二つ目は、民主主義の性質と、それが実際の世界で社会正義にどう貢献するかという問題だ。

国の社会的な仕組みの中で、団体化された労働者の組合の居場所を考えてみよう。しばしば指摘されることだが、インドでは労働人口のうち何かの労働組合に所属している比率がきわめて小さいので、論じようとしている区別を扱うにあたり、最初の例として検討するに足るほどの事例として重要なんだろうかという疑念はあり得る。でも実際には、この国のほとんど万人の人生は、何らかの形で労組化された労働者の活動に影響されている。これは特に公共サービスで顕著であり、学校教育や一次医療、鉄道、郵便サービスなどが関係してくる。社会的実現を生み出すにあたり、かれらの適切な役割がどうあるべきかというのは深遠な問題だ。

　でも、正しい質問にたどりつくにあたっての困難の一つは、労働組合というものが二つのまったくちがう反応を刺激しがちだということだ。そのどちらも、私に言わせれば、あまり有益ではない。労組主義の熾烈な批判者たちは、しばしば労働組合など単なる面倒事でしかない（労組は少なければ少ないほどいい）という軽侮をまったく隠そうとしないことが多いし、また労組にそれほど敵対しない人々は、かれらの追求する目標がどれほど広かろうが狭かろうが、その活動にまったく問題はない――変更の必要はないと考えてしまう。私の主張として、むしろ必要とされているのは、一種の建設的なパートナーシップであり、そこでの労働組合は、それぞれの組合が代表する派閥的な利害の番犬として機能するだけでなく、人々全体としての社会経済進歩における重要なパートナーとして統合された役割を与えられるものとなる。問題の核心には、組合化された労働がその建設的な役割に対する正当な認識と結びついたときの公的な責任という主題がある。

　インドで至急注目すべき領域の一つは、公共サービスの提供効率化だ。ここに巨大な抜け落ちがあるというのは、最近になってインド各地の様々な実証研究（その中には私たちがプラティチ信託基金――これはノーベル賞の賞金を使って一〇年ほど前に設立できた慈善信託基金だ――により自ら実施したものも含まれる）により明らかになっている。私たちの調査はいくつか祝うべき結果も示唆しているし、特に小学校への登録数が増加し、公共保健サービスのカバー範囲も拡大したのは素晴らしいのだが、一方で小学校や保健サービスで、驚くほど高い頻度の職務無視や、アカウンタビリティ欠如も見出している。

州立小学校の仕組みを見てみよう。多くの小学校教師は仕事や生徒たちにきわめて献身的ではあるが、他の学校では教師のサボりや遅刻が驚くほど多いのを発見した。小学校教育ではまったく不要なはずの家庭教師依存は、裕福な人々の間ではかなり広がっている。教育責任の放棄がことさら強くなるのは、生徒たちが主に恵まれない階層から来ている場合、たとえば土地を持たない小作人やきわめて低賃金の労働者の世帯出身だったりする場合だというのは、私たちの調査で明らかになってがっかりした部分だ。そしてこれは、貧困で恵まれない子供たちの学校教育に大きな影響を持つ――ときには［両親に学校の経験がなく］初めて学校に行く子供たちは、自分たちの権利がよくわからずに、声を上げられないのだ。

インドの多くの地域で、学校査察システムがかなり総合的に崩壊しているという事実もこの問題への取り組みを困難にするし、管理運営の改革も早急に必要だ。でもこの問題は管理運営の変化だけでは解決できない。

一次医療の提供においても、同じように不確実でばらつきの大きいサービスが行われている。インドではきわめて貧しい人々ですら民間医療プロバイダ――ときには詐欺と犯罪を組み合わせたインチキ医師たちさえいる――に依存しているというのは、公共保健機関が十分にないためだけでなく（とはいえこれ自体も十分に問題で、特に地方部では設備の急速な拡大が必要だ）政府予算が実際に提供されている既存の公共機関の機能不全のせいでもある。労働の文化を改革し、責任とアカウンタビリティを育むためには、労働組合はきわめてポジティブで建設的な役割を持てるのだ。

公共セクターのパフォーマンスに対し、必要な変化を労働組合の活発な協力により実現するというのが容易な作業でないことは認識している。でもこうした方向性の見直しと変化の必要性は緊急のものだし、きわめて重要なことだ。そしてこれは社会における労働組合の立場についての認知と敬意拡大に加え、労働組合側でも国の進歩に貢献しようという熟慮の上での決意が必要となる。労働組合の責任は、組合員たちの厚生拡大と、かれらの党派的利益を保護することだけだと思われることが多いが、実は世界の労働組合運動は何度も何度も、もっと広い目的やコミットメントに触発されている。この方向性を本気で追求するなら、こうした変化がインドでも必要だし、完全に実現可能だと私は信じている。実際、私たちも労働組合との共同活動をわずかながらやってみたが、その結果はこの高い期待を完全に裏づけるものだった。

インドでは、既存制度や行動パターンの改変不可能性と称されるものについて、あまりに悲観論——宿命論とすら言える——がまかり通っているのではないか。過失はいろいろあるし、かなり大きなものではあるが、根拠ある訴えや議論にきちんと対応する私たちの能力はいまでも十分に強いのだ。

＊

最後に、民主主義に目を向けよう。私たちは、世界の他のあらゆる貧困国に先駆けて民主主義を選んだという我が国の決意について、十分に誇っていい。そして民主主義の存続と、継続的な成功について、穏やかな時期でもつらい時期でも必死で擁護する決意も誇るべきだ。でも民主主義そのものについて、単なる一つの制度にすぎず、定期的な投票や選挙やその他組織的要件を持つにすぎないという見方もあるし、公共の熟議に基づいて現実の世界で物事が実際に起こる方法なのだという見方もある。拙著『議論好きなインド人』では、民主主義は公共的な意思決定がオープンな公的立論を通じて行われるシステムなのだという見方で問題ないと論じた（この問題については近刊の拙著『正義のアイデア』でもっと詳しく論じている）。人々が実際に送れる生活に対するニヤーヤ的な関心の一部だけでもいいから、民主主義そのものへの要求に反映させる必要がある。正しい制度的な仕組みを整えるというニーティだけに任せてはいけないのだ。

実際、インドにおける民主主義制度の成功と失敗は、こうした制度がどう機能したか——あるいはしなかったか——と簡単に結びつけられる。一番簡単な成功事例（すでにいろいろ論じられている）を見よう。イギリス支配からの独立直前まで起こっていた大規模飢饉の撲滅だ。機能する民主主義下では飢饉が起きないという事実は、世界でも広く観察されている。

民主主義はどうやってこの結果を実現するのだろうか？　投票や選挙で見ると、ここには一見謎があるように見える。というのもどんな飢饉であれ、実際に影響を受ける人々、あるいは脅かされるだけの人を含めても、その比率はとても小さいからだ——通常は一〇パーセント以下だ（それよりはるかに少ないことが多い）。だから、飢饉やその危険が生じたときに、政権政府に反対票を投じるのが不満を抱いた飢饉被害者たちだけなら、政府は相変わらずかなり安泰で盤石だ。飢饉を政権政府にとっての政治的な大失点に仕立てるのは、公的な立論の広がりとメディアの役割だ。これは一般国民のきわめて大きな部分を動かして、飢饉が実際に起きたとき――あるいは起きそうになったとき――に「冷たい」政府に対して抗議したり声を上げたりさせる。飢饉防止の実現は、民主主義制度の優秀性を示すだけでなく、この制度が使われて機能させられる方法の優秀性を示すものでもあるわけだ。

今度は、あまり成功しなかった事例――さらには失敗した事例さえ見てみよう。一般に、インドの民主主義は、飢饉などの緊急事態による極端な脅威に対する場合と比べると、慢性的な欠乏と継続的な格差に対する適切な緊急性を持った対応という面では、はるかに効果が薄かった。民主主義制度は、問題が極端で緊急な場合（飢饉など）だけでなく、慢性的で長い歴史を持つ場合ですら、反対派が十分に強い政策対応を要求する――そしてそれを強制する――機会を作り出すのに役立つ。学校教育、基本的な医療、基礎的な栄養状態、不可欠な土地改革、女性の平等な扱いに対するインドの社会政策の弱さは、少なくとも部分的には、政治的な影響を持つ公的な立論と政治的圧力の到達範囲の欠陥を反映したものとなっている。

欠乏という慢性的な問題に取り組む社会的な緊急性が、適切な形で政治問題化されている地域は、インドでもごく少数だ。経済パフォーマンス、社会的機会、政治的な声、公的立論がどれも深く相互に結びついているという全般的な結論は逃れがたいものだ。政治・社会的な声のもっと決然とした利用が行われてきた分野では、変化の兆しがかなり見えてきた。たとえば、ジェンダー平等性の問題は、近年では政治的な取り組みがずっと高まり（しばしば各種分野での女性運動がこれを先導している）、まだまだ先は長いものの、この展開は社会経済機会における女性と男性の非対称性を減らすための、決然とした政治的努力を加速させている。

最近では、おおまかに人権についての要求に基づく組織的な社会運動での活動が増えている。たとえば低いカーストやカーストから外れた人々が敬意を受ける権利と公平な扱いを求めたり、万人に学校教育を受ける権利を求めたり、食品への権利や、基本的医療への権利、情報への権利、雇用保証の権利、環境保護への関心拡大を求めたりする活動だ。それぞれの場合について、最もよい進め方については議論の余地があるし、これは確かに民主的な公的立論の重要な役割ではあるが、社会活動が民主主義の働きの不可分な一部だというのもはっきりとわかる。民主主義とは、単に選挙や投票といった制度だけの話ではないのだ。

民主主義国の政府は公的な批判と政治的な攻撃における継続的な優先順位や、直面しなければならない生存に対する脅威に応えねばならない。我が国における恵まれない人々の長期的な欠乏を取り除くのは、実際には政治圧力のバイアスのために阻害されるかもしれない。特に、社会的抗議の大半が、声を持つ中産階級インド人たちの中で、即座に騒々しい不満を引き起こす新しい問題についてのものばかりになってしまうとそうなるかもしれない。もし政治的に活発な脅しが、極度の欠乏、不満足な学校、貧困者に対する医療の欠如、すさまじい栄養不足（特に子供たちと若い女性）といった問題よりも、何か具体的な新しい問題（比較的豊かな人々向け消費財の価格上昇、あるいはインドの政治的主権がアメリカとの核協定で脅かされるなど）にばかり集中したら、それがどんなに重要なものであれ、民主的統治に対する圧力はそうした特定の新しい課題にばかり優先順位を与える方向に容赦なく動き、インドにおける実に多くの格差や不正義の根底にある、巨大で持続的な欠乏には向けられないことになる。正義の実現の視点と、適切に広いニヤーヤの視点は、正義の理論にとって重要なだけでなく、民主主義の実践にとっても重要だ。

*

結論として、正義のアイデアとは、今日の正義に関する主流アイデアのほとんどで見られるような、何か理想の制度の超越的な探索という形をとるよりも、人間の生活の拡大と私たちが暮らす実世界の改善と密接に結びつくものだ。制度はもちろん改善はできるが、完璧な制度などは得られない。でも同じく重要なこととして、そうした制度がしっかりとうまく機能することを、社会のあらゆる部分の協力を得て確認する必要がある。正義の理由と取り組むのは、私たちがきわめて緊急に認識し克服すべき圧倒的な優先順位を同定するにあたり、ことさら重要となる。そのためのよい第一歩は、本当に憂慮すべきものは何かについて、もっと明晰に——そしてはるかに頻繁に——考えてみることなのだ。

参考文献

★1　Amartya Sen, *The Idea of Justice* (London: Allen Lane, 2009)〔邦訳＝アマルティア・セン『正義のアイデア』(池本幸生訳、明石書店、二〇一一年)〕.

タゴールのもたらすちがいとは何か？

What Difference Can Tagore Make?

著書『わが人生、わが音楽』で、大音楽家ラヴィ・シャンカルは、もしラビンドラナート・タゴールが「西洋で生まれていたら、いまごろはシェイクスピアやゲーテ並みに崇拝されていただろう」と論じている。これはもちろん強い主張だ。そしてこれは、この生粋のベンガル作家の偉大さとして、同じくベンガル人のラヴィ・シャンカルが同定したものに注目させてくれる。その偉大さは、今日のもっと広い世界の人々にはピンとこないかもしれず、特に西洋ではその傾向が強い。ベンガルの人々にとって、タゴールは今も昔も、総じて傑出した他を圧倒してそびえ立つ文芸作家だ。その詩、歌、長編小説、短編、批評エッセイなどの著作は、バングラデシュかインドかを問わずベンガル語圏の何億人もが暮らす文化環境を大いに豊かにしてきた。その栄光の一部は、インド国内ではベンガル以外でも認知されてきたし、アジアの一部（中国や日本など）ですらその認識はあるが、その他の世界、特にヨーロッパとアメリカでは、タゴールは明らかに有名人ではない。

それでも、タゴールの著作が二〇世紀初頭にヨーロッパとアメリカで作り出した興奮と熱意はかなりのものだった。一九一三年にラビンドラナートがノーベル文学賞をもらう理由となった詩集『ギーターンジャリ』は一九一三年三月にロンドンで英訳版が刊行され、ノーベル賞受賞が発表された一一月までに一〇刷を重ねた。長年にわたりタゴールは多くのヨーロッパ諸国で大ブームとなり、かれの会合は常にタゴールの声を聞きたがる人々で満員となった。でもやがて、タゴールの波とも言うべきものが凪ぎ、一九三〇年代になるとこの多大な興奮は完全に鎮まった。実際一九三七年にグレアム・グリーンはこう述べている。「ラビンドラナート・タゴールはといえば、いまだにかれの詩を真面目に受けとる人はイェイツ氏くらいだろう」。

ラビンドラナート生誕一五〇周年は、何が起きたかを考えるよい機会だ。現代英語文学でこの作家がほぼ完全に無視されていることを考えると、長期的な評価の高さでシェイクスピアやゲーテに比肩するとされる作家が、今日の西洋諸国でこれほどわずかしか熱狂を引き起こさないのかという疑問は十分に正当だろう。ここにはまちがいなく謎がある。

＊

ある水準では、地元の読者たちがタゴールの著作、特に詩や歌から得られるものを、ベンガル語を読めない読者たちが得られないというのは、何の苦もなく理解できることだ。タゴールを英語圏で最も強力に後押ししたW・B・イェイツですら、タゴール自身による英訳は気に入らなかった。「タゴールは英語がわかっていない」とイェイツは宣言し、そしてこの診断にちょっとした持論を追加している（イェイツはしばしばこれをやった）。「インド人というのがそもそも英語をわかっていないのだ」。そしてイェイツは、英語版『ギーターンジャリ』制作にあたり、このハンデと考えたものを克服するために率先してタゴールと共同作業を行ったのだった。

実はイェイツの手伝った翻訳にも深刻な問題がある（これについてはまたのちほど）が、もっと一般的な障害はまちがいなく、詩がそもそも翻訳しにくいので悪名高いことからきている。最高の努力と才能をもってしても、詩の持つ魔法をある言語から別の言語に移植しつつ保存するのはとても難しい――不可能とすら言える。元のベンガル語でタゴールの詩を知っている人間ならすべて、どの翻訳についてもそれがどれほど優秀であっても、本当に満足できないのが普通だ。さらにこれに追加すべきなのは、タゴールの詩の多くが、革新的な歌唱法様式をとる歌になっていて――「ラビーンドラ・サンギート」と呼ばれる――それが内省的言語とそれに対応した旋律の独特な組み合わせにより、ベンガル語のポピュラー音楽さえ一変させたということだ。

さらに、タゴールがベンガル語の著作に与えた影響があまりに巨大で画期的だったので、その革新的言語そのものが、ベンガル語読者層にとって深遠な重要性を持つということだ。タゴールを除けばほぼまちがいなく最も成功したベンガル詩人であるカジ・ノジュルル・イシュラムは、かれが「世界詩人」と呼んでいた人物に対する崇拝を絶えず述べ続けていた。ノジュルルはまた、タゴールがベンガル語そのものを丸ごと一変させたと論じている。実際、多くのちがった形で、タゴールは著作を通じ、現代ベンガル語を組み直し再構築できたし、その方法はごく一握りのかつての革新的ベンガル語作家たちしかできなかったものだ。その先人とはラビンドラナートよりはるか昔、一〇〇〇年もさかのぼって初期の現代ベンガル語の特徴を初めて確立した仏教文学の古典『チャルヤーパダ』の著者たちとなる。タゴールがベンガル語の散文に与えた影響（ベンガル語の詩に与えた影響はこれより少しは劣るが）は、それと同じくらいすさまじく強いものだった。

タゴールの故国での評判と、外国での無関心との大きな開きは、言語がその原因の一部だというだけではない。関連した話としては、ベンガル文化において言語がきわめて重要で異例な地位を与えられていることが挙げられる。指摘しておきたいが、ベンガル語は国境のバングラデシュ側でもインド側でも、集団としてのベンガル人アイデンティティに驚くほど強力な影響力を持っている。実際、かつての東パキスタンでの政治的な分離主義キャンペーン――やがて独立戦争につながり、その後バングラデシュという新しい世俗国家の形成につながったもの――の先駆は「バーシャー・アンドラン」、つまりベンガル語擁護のための「言語運動」だったのだ。

この運動はインド分離独立のほんの数年後、一九五〇年代初頭に始まり、一九五二年二月二一日に大規模デモが行われたが、これが後にバングラデシュになるものの歴史における決定的な瞬間となった。二月二一日は、バングラデシュで毎年言語運動の日として祝われており、UNESCOはこの日を国際母語デーに制定している。言語はベンガル地方のムスリムとヒンドゥー教徒をまとめるきわめて強力なアイデンティティとなっており、この共通の帰属感はベンガル地方の政治に大きな影響を持っている。その一部には、分離独立後の世界でも国境の双方で、世俗主義にコミットするという態度が見られる。

ラビンドラナートの言語と主題の非凡な組み合わせは、ベンガル語読者をとらえて放さない影響があった。多くのベンガル人たちは、ベンガル地方以外の人々がタゴールの著作を享受し楽しんでいないと知って驚愕してみせる（これにまつわる見事な陰謀理論もいろいろ花開いている――一部はかなりとんでもない代物だ）。そしてその理由が理解されないのは、言語がいかに大きなちがいを作り出すかを過小評価しているというのも一部にある。E・M・フォースターは、まだタゴールが大流行していた一九一九年にすでに、タゴールの偉大なベンガル語長編『ガレ・バイレ』を英訳した『家と世界』（後にサタジット・レイ〔彼の母語ベンガル語では「ショットジト・ラエ」、ヒンディー語では「サティヤジット・ラーイ」〕の傑出した映画となる）の翻訳を書評するにあたり、言語の障壁について触れている。フォースターは自分が読んだ長編の英語版がどうしても好きになれないと告白している。「主題は実に美しい」が、その魅力は「翻訳で消えてしまっている」。

言語の重要性はまちがいなく、西洋でのタゴール人気凋落のヒントの一つだ。でもそれがすべてであるはずはない。一つには、タゴールの小説以外の散文著作もまたベンガル人やその他インド人をがっちりつかんでいるのに、外国ではそれに匹敵するような崇拝はまったく見られない。これは、こうした著作が詩や小説よりもずっと翻訳しやすいという事実にもかかわらず生じている（実際、タゴール自身がしばしば英語でエッセイを書いており、それもなかなかケチのつけようがない、かなり優れた英語だ）。タゴールは驚くほど幅広いテーマ――政治、文化、科学、社会、教育――について、全般的な考え方を提示している。そしてこれらのエッセイや講演は故国ではしょっちゅう引用されるのに、バングラデシュとインド以外ではいまやほとんど持ち出されない。バングラデシュとインドの外でタゴールに対する関心がないのは、言語の障壁以外にも理由があるとしか考えられない。

ここから次のような全般的質問が出てくる。タゴールの全般的な思想はどれほど有意義で、どれほど重要なのだろうか？　そしてこれは、タゴール生誕記念日を祝うにあたり、取り組むべき実に興味深い問題だ。私はこの問題それ自体の重要性からこの問題に取り組んでみよう。そしてタゴールの故国と外国での評価の差の原因について何がわかるかという問題は脇に置いておく。とはいえ、このエッセイの最後ではこの「犯人捜し」にもちょっと戻ってみよう。

＊

タゴールを最も強く動かした中心的な問題は、心を開いた理性の重要性と、人間の自由の称揚だったのではないか。これはラビンドラナート・タゴールを、その偉大な同胞たちとはいささかちがう区分におさめるものだ。たとえば、タゴールはマハトマ・ガーンディーをすさまじく崇拝しており、そのリーダーシップについての称賛を幾度となく述べている。そして、ガーンディーを「マハトマ」――偉大な魂――と表現すべきだと固執するにあたり、おそらく他のだれよりも貢献したはずだ。それでもタゴールはしばしば、ガーンディーが適切な理性から逸脱していると思ったときには常に異論を唱え、この両者はかなり激しくお互いに論争を展開した。たとえばガーンディーは、大量の死者を出した一九三四年の破壊的なビハール地震を、不可触民差別に対する戦いの武器として使ったが（ガーンディーはこの地震が「神が我々の罪〔特に不可触民差別という罪〕のために贈りたもうた聖なる懲罰である」と述べた）、タゴールはこれに猛反発し、このようにつけ加えた。「これがなおさら残念なのは、現象に対するこの手の非科学的な見方が、我が国の人々の実に多くによって、あまりにあっさり受け入れられてしまうからなのだ」。

別の例を挙げると、ガーンディーが万人はチャルカー――原始的な紡ぎ車――を一日三〇分使うべきだと主張したとき（ガーンディーと密接に関係したものと見られるようになったこのチャルカーを、ガーンディーは独自の代替経済学の基盤であるとともに、個人の意識を高める素晴らしい方法だと考えていた)、タゴールは反発を声高に述べた。ラビンドラナートはガーンディー版の代替経済学をまったく評価しなかったし、多少の条件つきとはいえ、現代技術が人間のドタ作業や貧困を減らすにあたって果たす、解放の役割を大いに称賛すべきだと考えていた。そして、意識向上という話にも深い疑念を述べた。「チャルカーを使うときには、だれも何も考える必要がない。この古くさい発明品の車輪を果てしなく回すだけで、判断力とスタミナはごくわずかしか使わない」。またガーンディーが産児制限の正しい手法として禁欲を主張したのに対し、タゴールは避妊手法を使った家族計画を支持した。タゴールはまた、ガーンディーが『クロイツェル・ソナタ』の作者と同じくらいのセックス恐怖症」だと懸念しており、さらにこの二人は現代医学の役割についても正反対の意見を持っていた。ガーンディーは、現代医学をまるで評価していなかったのだ。

＊

こうした問題の多くは、今日なおきわめて重要なままだ。でもここで特筆すべきなのは、あれやこれやの分野でタゴールが主張した個別の見方ではなく、かれを動かす組織化原理のほうだ。それは批判的理性からの必然性と、人間の自由の重要性に導かれていた。こうした優先事項が教育に関するタゴールの思想に影響しており、特に国の発展において教育こそが最も重要な要素だという強い主張につながっている。日本の経済発展に関する評価で、タゴールは日本の驚異的な発展において学校教育の促進が果たした役割を抽出してみせた――この分析が経済開発の標準文献で繰り返されるようになるのはずっと後のことだった。「インドの心に今日そびえ立つ悲惨の塔、その唯一の基礎は教育の不在なのだ」と述べたタゴールは、教育の役割をいささか誇張しているかもしれない。それでも、開発プロセスにおいて、教育の変革力を中心的な物語だと考えた理由はすぐにわかる。

ラビンドラナートは生涯のほとんどをインドの教育促進と、それ以外のあらゆる場所での教育支持に捧げた。自分でシャンティニケタンに設立した学校ほど時間を割いた対象はない。かれは絶えず、この非凡なまでに進歩的な共学校の資金集めをしていた。ここで私は自分のバイアスを明らかにしなければならない。というのもここは私の母校なのだ（母もまた私の何十年も前に、このインド初の共学校の一つで教育を受けている）。一九一三年一一月に、自分がノーベル文学賞に選ばれたと知ると、伝承によればタゴールはそれを即座にみんなに伝えたのだが、その場所というのが学校に必要な新しい排水溝の資金をどうやって手当てしようか論じている委員会の席上だったという。おかげで、ノーベル賞受賞の発表は実にきてれつな形となり「排水溝のためのお金が見つかったようですぞ」という発言になったとされている。

その独特な教育観の中で、タゴールは特に世界中から知識を集める必要性を強調し、それを評価するにあたって、理性的な検討だけをよりどころにすべきだと主張した。シャンティニケタン校の生徒として、私は自分の教育の境界がインドやイギリス帝国だけに限定されず、ヨーロッパやアフリカや南米についていろいろ学び、他のアジア諸国についてはもっといろいろ学んだことにとても感謝している。シヤンティニケタン校は、インドで初の中国研究所を設けた場所だ。母は一世紀近く前に学校で柔道を習っている。そしてインドネシアのバティックや影絵人形劇など、他の国の芸術や工芸や音楽などの優れた研修施設もあった。

ラビンドラナートはまた、その生涯の間にインドでだんだん支持者が出てきた宗教的、共同体的な考え方から抜け出そうと苦闘した。そうした考え方は、一九四一年のかれの死に続く数年で、インドにおけるヒンドゥー教徒とムスリムの暴動がいきなり勃発し、インドの分割が避けがたくなったときに頂点を迎える。タゴールは、あの宗教やこの宗教の一員といった単一のアイデンティティを利用した暴力に大きな衝撃を覚え、通常は寛容な人々に対し、政治的な先導者たちが憎しみを培養して焚きつけているのだと確信していた。「野心や外部の扇動に導かれた利益集団が、今日では共同体的動機を破壊的な政治目的のために利用しているのだ」。

タゴールは、死の直前にはインドと世界について、ますます懸念を抱いて失望するようになった。そして、独立世俗インドや世俗バングラデシュの台頭を見ることもなく他界した。共同体的分離主義に対するタゴールの決然とした拒否にあやかって、バングラデシュはタゴールの歌の一つ（アマル・ショナル・バングラ［我が黄金のベンガル］）を国歌にした。これによりタゴールは、おそらく人類史上で二つの独立国の国歌を作った唯一の人物となった。というのもインドはすでに、タゴールの別の歌（ジャナ・ガナ・マナ・アディナーヤカ［汝は万人の心の支配者］）を国歌として採用していたからだ。

こうしたすべては、現代世界が「文明の衝突」だと見る人々にとっては、えらく混乱させられるものだろう――これらの人々は、おおむね宗教的な根拠で定義された「ムスリム文明」「ヒンドゥー文明」「西洋文明」が、熾烈に対立し合っているという見方をする。そういう人々は、ラビンドラナート・タゴールによる自分の文化的背景説明にも困惑するだろう。「三つの文化、ヒンドゥー、モハメット教、イギリスの合流」とかれは自己紹介している。ラビンドラナートの祖父ドワルカナートは、アラビア語とペルシャ語が流暢だったことで有名だし、ラビンドラナートはサンスクリットや古文書――宗教的なものも文学的なものも――がイスラムの伝統やペルシャ文学の学習と組み合わさった家族環境の中で育った。ラビンドラナートが、ちがった宗教の「合成物」を作ろうとした――あるいは作るのに関心があった――というわけではない（偉大なムガル時代のアクバル帝は、頑張ってそれを実現しようとした）。でもかれの理性依存と人間の自由の強調が、社会的分断についての分離主義的で偏狭な理解に猛然と反発したのだった。

*

タゴールの声はコミュニティ主義や宗教的なセクト主義に強く反対するものだったが、同じくナショナリズム拒絶の面でもかれは雄弁だった。かれはイギリス帝国主義に対して一貫して批判し続けてはいたが、それでもインドにおける過剰なナショナリズムの顕示には批判的だった。そして日本の文化と歴史を大いに崇拝してはいたが、後年には日本の極端なナショナリズムと、中国や東アジアと東南アジアの人々に対するひどい扱いについて、日本をたしなめている。

タゴールはまた、イギリスのインド支配に対する批判を、イギリスの人々やその文化に対する糾弾と切り離そうと腐心した。イギリスで、マハトマ・ガーンディーがイギリス文明についてどう思うか尋ねられたときの、有名なウィットに富んだ答えを考えてほしい。ガーンディーは「そんなものがあれば素晴らしいね」と答えたという。この話がどこまで本当かについてはいささか疑問もあるが、それが完全に正確でないにしても、これはイギリスの偉大さに対するガーンディーのユーモアを込めた疑念と見事に一致している。でもラビンドラナートの唇からは、冗談であってもそんな言葉は決して出てこなかっただろう。イギリス統治の正当性をすべて否定しつつも、ラビンドラナートはインドが「シェイクスピアの演劇やバイロンの詩や、何よりも（中略）一九世紀イギリス政治の鷹揚なリベラリズムをめぐる議論」を通じて何を獲得できたかを声高に指摘した。タゴールに言わせれば、悲劇は「かれら自身の文明において真に最善だった、人間関係の尊厳の尊重というものが、この国におけるイギリス統治では一切登場しないことなのだ」。

タゴールは世界を、アイデアとイノベーションの巨大なギブ・アンド・テイクとして見ていた。「人間の産物について私たちが理解し享受するものは、それがどこに起源を持とうと、即座に私たち自身のものとなる」とかれは力説している。そして続けてこう宣言する。「私は自国のみならず他の国の詩人やアーティストを享受できるとき、自分の人間性を誇らしく思う。混じりっけなしの歓びをもって、人類の偉大な栄光のすべてが私のものでもあると感じさせてほしい」。

こうしたアイデアの重要性は、私たちが暮らしている分断的な世界においてまったく衰えてはいない。これが部分的にでも「タゴールのもたらすちがいとは何か？」という質問の答えになっているなら、それはまた、初期の熱狂の噴出に続いて西洋でタゴール人気が陰ってしまったという不思議な現象をなおさら注目すべきものとしている。最後にこれについて多少述べさせていただこう。

＊

西洋でタゴールに起きたことを説明するにあたり、西洋での崇拝者たちがラビンドラナートを紹介したときの一面的なやり方を理解する必要がある。これは部分的には、ヨーロッパにおけるタゴールの主要な支持者たち、たとえばW・B・イェイツやエズラ・パウンドなどの優先事項にも関連している。一九九七年に『ニューヨーク・レビュー・オブ・ブックス』に掲載された拙稿「タゴールとそのインド」で論じたように、この二人はタゴールを神秘主義的な宗教性の光の中に置くのに血道を上げていた。これはタゴールの著作の全体的な傾向に真っ向から逆らうものだったのだ。イェイツの場合、そのプレゼンテーションで優先されたのは、たとえばタゴールの詩の翻訳に説明的なコメントをつけて、読者が「主要な」宗教的論点を確実に理解するようにして、タゴールの言語における人類愛と神への愛との間の豊かな意味上の曖昧性を丸ごと消し去ってしまうことだった。

でもこの謎に対する答えの一部は、タゴールの詩が西洋であれほどの人気を博した時期にヨーロッパが置かれていた、奇妙な状況にあるのだと私は論じたい。タゴールがノーベル賞を受賞したのは一九一三年一二月、ヨーロッパを戦場とした信じがたいほど残虐な、第一次世界大戦（一九一四―一八年）勃発の直前だ。第一次世界大戦の野蛮さや殺戮で、多くのヨーロッパ知識人や文学者たちは、他からやってくる洞察に目を向けるようになり、タゴールの声は当時多くの人々にとって、そのニーズに見事に当てはまるように思えたのだ。たとえば偉大な反戦詩人ウィルフレッド・オーウェンの手帳が、その命を奪った戦場から回収されたとき、母親スーザン・オーウェンはその中にタゴールの詩が大きく掲げられているのを発見した。戦場に向かう前にウィルフレッドが別れを告げたタゴールの詩（その冒頭は「私がここから発つとき、これを別れの言葉としよう」というものだ）がその手帳にもあり、スーザンがラビンドラナートへの手紙で述べたように、それらの言葉が「あのいとおしい手書き文字で書かれていました――あなたの名前をその下に添えて」。

タゴールはやがてヨーロッパで、何やらメッセージを携えた賢者と思われるようになった――そのメッセージは、二〇世紀初頭にヨーロッパが何度もはまりこんだ、戦争と憎悪の悲惨な運命からヨーロッパを救える可能性すらあると思われていた。これは故国の人がタゴールに見ている、多面的なクリエイティブアーティストにして理性的な思想家とはかけはなれた代物だった。タゴールが故国の人々に対し、盲目的な信仰を拒絶して、むしろ批判的できちんとした理性の使用に頼るよう促しているときでさえ、イエイツはタゴールの声を、徹底して神秘主義的な用語で描写していた。「私たちは自分自身の姿に出会った（中略）あるいはむしろ聴いたと言うべきか。文学においては初めて、自分自身の声を、まるで夢の中でのように」。ここには巨大な谷間があり、それが西洋におけるラビンドラナートの読みに大きな影響を与えてしまった。

タゴールは、理性が求めるときには常に伝統的な信念から逸脱する勇気を持てと主張した。タゴールのすてきな短篇に「カルタル・ブフート」（「指導者の幽霊」）というものがあって、この論点を示している。賢明で大いに尊敬された指導者がいて、村から問答無用の崇拝を受けていたが、それが実質的には存命中に独裁者となり、そして死後はそれがさらに悪化した、という小説だ。物語では、死んだ指導者による過去の推奨が柔軟性のない命令へと固定されてしまい、死んだ当人はもはやそれに例外条項を設けることもできなくなったため、村人たちの生活が実にばかばかしいほど制約されたものとなってしまった様子を描いている。そのとんでもなくつらい生活に怖気をふるった集団の成員たちは、死んだ指導者に祈りを捧げ、この呪縛から解放してくれと頼む。それに応えて指導者は、自分はきみたちの心の中にしか存在していないのだから、きみたちは好きなときに自分自身を解放してかまわないのだよ、と思い出させてあげるのだ。タゴールは、現在の理性の範囲を越えて過去に縛られるのを本当に恐れていたのだ。

しかしタゴール自身は、神秘的賢者というまちがって着想された押しつけの偉大さに、ほとんど抵抗しようとはしなかった。一九二〇年、東方の救世主としての崇拝の頂点で、友人C・F・アンドリュースに「この人たちは（中略）自分たちが素面になる合間を恐れるアル中たちのようなものです」と書いてはいるものの、公然と抗議することもなく、その役割に甘んじ続けたようだ。タゴール自身の自己認識の中にも何らかの緊張があり、東洋は西洋に与える本当のメッセージを持っているのだという信念を弄んでいたのかもしれない。この思い込みは、それ以外のタゴールの理性的な信念や心情とはかなり相容れないものだった。またイェイツやパウンドなどタゴールの支持者たちが率いる西洋知識人たちが、タゴールに押しつけたような宗教性（グレアム・グリーンはタゴールの中に、神智学者たちの「きらきらした石ころめいた目」を見たと思った）と、タゴールの信念——宗教的なものもそれ以外も——が実際に持っていた、心を開いたリベラルな思考形態とは、深刻なミスマッチが生じていた。

タゴールの宗教的傾向を最もよく示すのはかれの詩の一つかもしれない（私はここで、タゴールが使うように説得された聖書的英語を離れ、普通の英語にその詩をあえて訳し直している）。

祈禱や歌唱や数珠の教えを捨てよう！
扉がすべて閉ざされた寺院の、寂しい暗い片隅で
きみはだれを崇拝するのか？
目を開けば、きみの神様が目の前にいないことがわかる！
かれは農夫が固い地面を耕しているところ
道職人が敷石を割っているところにいる
神様はかれらとともに太陽と雨の中にいて
その装束はほこりまみれ

タゴールの思想では、不可侵の神、恐れではなく愛の源である神が大きな役割を果たすが、かれは現世のあらゆる問題において、いかなる神秘主義に導かれることもなく、明示的で理解可能な理性に導かれている。真のタゴールは、西洋の読者層からほとんど注目されなかった——その支持者たちからも（かれらはタゴールの神秘主義と称するものを誉めそやした）、批判者たちからも（かれらはタゴールを嫌った）。バートランド・ラッセルは（一九六〇年代のニマイ・チャテルジーへの手紙で）タゴールの「神秘主義的な雰囲気」と、「漠然としたナンセンス」を振り回す傾向が嫌いだと書いている（そして「多くのインド人たちが崇拝する種類の言語は残念ながらまったく無内容だ」とつけ加えている）。バーナード・ショーのようにおおむね好意的な作家が、ラビンドラナート・タゴールをとんでもなく奇矯なストペンドラナート・ベゴール［字面上はほとんど「馬鹿な乞食」と同じ］なる架空の存在に変換してしまうようでは、タゴールの理性的な思想がそれにふさわしい関心を集めるとはほとんど期待できない。

これに対し、自国と、さらには世界の将来に関するタゴールのビジョンには、理性が大いに強調され、自由が大いに称賛されていた。議論が深まれば、今日実に建設的な役割を果たせるはずの主題そのものだ。ある感動的な詩で、タゴールは自国と全世界についてのビジョンを概説している。

心に恐れなく頭を高く掲げられるところ、
知識が自由であるところ、
世界が狭い国境の壁で

断片に分断されていないところ。

故国では深く享受され強い影響力を持つタゴール思想の力は、西洋ではかれを風変わりな小さい箱に収監してしまう思い込みと偏見の障壁を突破できなかった。

西洋におけるタゴール受容の困難そのものが、「狭い国境の壁で断片に分断された」世界の具体的な例示として見られるものかもしれない。断片的な歪曲は、社会ごとや文脈ごとにちがった形をとるし、「心に恐れなく頭を高く掲げられる」世界を求めたタゴールは、そうした障壁すべてを克服したかったのだ。かれはそこで完全には成功できていない。それでも、ラビンドラナートが実に強く支持したオープンな心と恐れ知らずの立論への取り組みは、かれの時代と同様に現代においても、その重要性を保っている。

参考文献

★1 *The Essential Tagore*, Fakrul Alam and Radha Chakravarty（eds）（Harvard University Press, 2011）.

★2 "The 'Foreign Reincarnation' of Rabindranath Tagore," by Nabaneeta Dev Sen, *Journal of Asian Studies*, volume 25（Cambridge University Press, 1966）; 他の関連論文とともに以下で再刊。*Counterpoints: Essays in Comparative Literature*（Calcutta: Prajna, 1985）.

★3 *Selected Letters of Rabindranath Tagore*, Krishna Dutta and Andrew Robinson（eds）（Cambridge: Cambridge

University Press, 1997）。また同じ編者による *Rabindranath Tagore: The Myriad Minded Man*（New York: St. Martin's Press, 1995）および *Rabindranath Tagore: An Anthology*（Picador, 1997）も参照。

一日一願を一週間

A Wish A Day for A Week

二〇一四年一月一七日にジャイプルのディギ・パレスでのＺＥＥジャイプル文学フェスティバルで行った演説。

ジャイプル・フェスティバルに招かれた私は、もちろんながらこんなエリートの集まりで開会の辞を述べようとすることに不安を感じておりました。でも一〇日ほど前に新聞で、それもすべての新聞で、インドが世界の「エリートクラブ」に見事入ったという記事を見たのです。『タイムズ・オブ・インディア』の見出しは「GSLV-DV発射成功、インドはエリートクラブの仲間入り」でした、インド市民として私は、これを見てエリートクラブに入れないという恐怖が一掃されたのでした。それでも、GSLV-DVというのが何なのか知らないという問題がありました。何をするものかも知りません。調べて見ると、GDLV-DVというのが、GSAT-14通信衛星を搭載できるので有名なのだと知りました。まさに私が必要とするもののようです。そこで私は、GSAT-14通信衛星を使って、人生における私の立場をはるかに超えたものと通信することにしたのでした。

はるか雲の上で私が出会ったのは、実に立派な存在で、中庸なるものの女神（Goddess of Medium Things）だと名乗りました。「あれまあ。中庸とはいいながら、ずいぶんと立派な方に見えますが」と私。「巨大なものの女神を見たら、もっと驚きますよ」と女神は答えました。「是非その方にご紹介いただきたいものです。でもあなた、本当に女神なんですか？」彼女は自信たっぷりに答えました。「ええそうよ。あたしは——すでに述べたように——中庸なるものの女神。でもおっしゃるとおり。あたしはとても気安いから、GMTと呼んでくれていいわ——それがあだ名なの」「GMTって、なんかの時間じゃなかったですか？」と尋ねました。「ええ。あたしは正確な時間も教えてあげられるわよ、特技の一つね。でももっと重要なこととして、あなたの国のために、願いをかなえてあげましょう——それもたった一つじゃないわよ」「なんとすてきな。七つの願いをかなえてくれますか——我が国のために一日一願を一週間では？　さあ、さっさと始めましょう！」

GMTは言います。「いいわよ。でも何をそんなに急いでるの？」「ジャイプル文学フェスティバルに行くんですよ。有名なジャイプル文学フェスティバルのことはお聞き及びですよね、わが女神様？」GMTは言いました。「ええ知ってるけど、でもいまやずいぶんでかくなったので、管轄があたしから、巨大なものの女神に移っちゃったのよね。それでも、なんとかあなたを助けてみましょうか。文学について、中規模の願いをしてみてよ」

そこで私は喜んで飛びつきました。「インドでは、言語、文学、音楽、芸術の古典教育が深刻に無視されています。いまやサンスクリットを学ぶ人はほとんどいません。また古典ペルシャ語も、ラテン語も、ギリシャ語も、アラビア語も、ヘブライ語も、古代タミル語も学びません。バランスのとれた教育のためには、古典教育を真面目に進める必要があります。ますますビジネス向けになるインド社会では、人文学の余地が一般に大幅に減ってしまっていますし、これは明らかに問題ですよね、女神様？」すると女神は言いました。「でも、あなたの村のシャンティニケタンにいたラビンドラナート・タゴールは、科学教育が無視されてると愚痴ってたじゃないの。あなたの言ってることは正反対なんだけど？」「昔は昔、今は今です。ラビンドラナートは当時は正しかったんですが、いまやインド全国で、優秀な学生はみんな科学技術に進み、人文学を見下すのです」

女神は尋ねました。「つまり、インド教育における人文学の役割を増やせってこと？」「なんかそんなことです」と私。ＧＭＴは言いました。「ずいぶんと曖昧な発言ねえ、『なんかそんなことです』ですって？　もっと明瞭な考えでないと」「明瞭と言いますと？　もっと厳密にってことですか、女神様？」ＧＭＴは言いました。「ちがうわよ。明瞭な発言というのが、細かい数字を持ち出すものだと考える、ありがちなまちがいをしてるわね。本質的に厳密さを欠くよい主張というのは――そしてこの世の重要な懸念のほとんどは厳密ではないわ――その非厳密性を捉えねばならないのよ。それを何か別物についての厳密な主張で置き換えてはいけないわ。不可避的に非厳密なアイデアについて、明瞭な形で話すやり方を学ぶべきよ（二〇〇〇年以上前に、アリストテレスという人が述べたとおり）。そしてこれは、まさに人文学が重要な理由の一つね。小説は真実を指摘できるけれど、なにやら想像上の数字や数式でそれを厳密に捉えたふりはしないわ。はいそれでは、二番目の願いに行きましょうか」「えーと、政治のほうに行ってもいいですか？」と私。ＧＭＴは、意外でも何でもないという顔をしました。「あなたの左翼的な観点は知ってるから、どんな願いになるかも見当はつくわね――あなた、インドの左派なのよね？」「すべてお見通しでございますな、女神様。おっしゃるとおり。でも私の大きな政治的願いは、世俗的で宗教・共同体的でない、強力で栄えた右派政党を持つことなのです」女神様は、ちょっと不思議そうに尋ねました。「なんで？」私は説明したんです。「宗教的な政治に頼らず、一つの宗教コミュニティを他のすべてに優先させたりしない、市場優先でビジネス優先の明晰な政党には重要な役割があるからです」ＧＭＴは言いました。「インドには確かそんな政党があったんじゃなかったたっけ、とても頭のいい人たちが指導者だったはずよ。ちがったっけ？」私は言いました。「ええ女神様、昔はあったんです――スワタントラ党といって、指導者の一人はミノー・マサニというとんでもなく頭のいいヤツでした――でもその政党はつぶれました。復活してほしいんです」GMTは言いました。「あれ、そうだったっけ。このミノー・マサニって人――本当に非宗教共同体的な政治を支持してたっけ？　そしてあらゆる人々の兄弟愛、フランス革命の人たちが『友愛』と呼んでたものを支持してたんだっけ？なんかこの人、公開演説の中で、友愛についてずいぶん悪口を言ってたように記憶してるんだけど」私はGMTに言いました。「はい、女神様。かれは頑固に世俗的で、友愛を大いに支持していました。でも一九四六年の軽口の中で、マサニは自分が友愛が大好きながらも、フランス革命以後のこの言葉の誤用のせいで、この言葉はもう使わないと言ったんです。そして一九四六年一二月一七日のインド議会で『自分の兄弟を紹介するときには、いとこだと言うことにする』と言ったんです」

「だったらその政党があなたの一番のお気に入りになるわけ？」と女神。「いいえ、絶対あり得ません。でも、そんな政党があったらと思うんですよ。インドの有権者たちに、世俗的でビジネス優先の観点を支持する選択肢を与えるんです――インドの政治にとってとてもいい影響が出るはずです。右派の、ビジネス優先の観点に対する支持は、宗教政治との同盟に寄生しなくていいはずなんです」

「なるほどね。でも説明はもっと手短に――時間があまりないもの。あたし相手にしゃべってるのであって、ジャイプル・フェスティバルで講演してるわけじゃないんですからね。三番目の願いは？」「左派の政党にもっと強くなってほしいんですが、もっと明晰になって、インドの本当に貧しい恵まれない人々の、極度の欠乏をなくすのにずっと専念してほしいんです」「でも、アメリカ帝国主義と戦うぞという話をすごく優先してるみたいだけど、それはどうなのよ？」とGMTは尋ねた――そして自分で先を続けました。「いまやソ連が消えて、市場経済では中国人がアメリカ人を負かしていて、南米やベトナムが独自の経済社会進歩で先を行っているんだから、アメリカ帝国主義との戦いの衣鉢を継ぐのは、唯一残されたインド左派だけしかいないってわけね。そしてその哲学的な優先事項にばかり専心する中で、あの人たちは議会であれこれ策を弄して、議席をかえって減らしちゃったわ。あの人たちが自分できちんと考え直さない限り、あたしがそれを政治的に強化するのはなかなか難しいわねえ」

私は言いました。「考え直してほしいもんです。左派が本当に専念すべきなのは、インドの本当に貧しい人々のひどい状況を逆転させることであって、帝国主義についての古くさい理解を弄んだり、中産階級の一部のために、嗜好品をもっと安くしろとか煽るほかの政党の尻馬に乗ったりすることじゃないんですよ」GMTは言いました。「また講義が始まった！　でもあたしは辛抱強い女神だから、ご自分のお友だちについての愚痴も聞いてあげようじゃないのさ。お続けなさい。四つ目の願いは？」

「メディアが最貧層のニーズにもっと応えてほしいんですよ。華美なエンターテインメントや輝くビジネス機会の報道にばかり専念しないでほしい。補助金が経済リソースを無駄遣いすると愚痴るのは正しいんですが、富裕層のための補助金批判はちっともやらず、失業者や腹を減らした人々への補助金ばかりめったやたらに叩くんです。新聞を読んだりメディアを聴いたりしていると、雇用支援や食料補助を支持するのが財政的に無責任だという話ばかりで、電力供給を受けている幸運な人々（インド人の三分の一は電力なしです）の電力料金補助をしたり、ディーゼル燃料補助や、肥料価格引き下げや、安い調理ガス提供（ほとんどのインド人はガス調理器具なんか持ってません）なんかに、政府のお金がその何倍もつぎ込まれているとは見当もつかないでしょう。最新の数字は以下のとおり。食料補助はGDPの〇・八五パーセント、雇用保証制度（NREGA）はGDPの〇・二九パーセントかかります。それに引き替え、電力網に接続されている人向けの各種の電力補助は、GDPのまる一パーセント以上、ひょっとすると二パーセント近くで、そこに肥料補助金〇・六六パーセント、燃料補助（ディーゼル、調理用ガスなど）が〇・九七パーセント。だからやたらに批判される、貧困者や失業者のための食料補助や雇用保証はGDPの一・一四パーセントしかかからないのに、比較的裕福な人々のための電力や燃料、肥料の補助費用はGDPの少なくとも二・六三パーセント、おそらくは三・六三パーセントに近い――貧困者を食べさせて失業者に雇用を提供するための費用の三倍以上ですぞ」

私はさらに続けた。「それなのに、新聞を読んだり放送を聴いたりしていると、インドの公共リソースを食いつぶしているのは貧困者向け補助金――食料と雇用補助――だと思ってしまいますよ。政府資金は裕福な人々の補助に、その二倍から三倍は使ってるのに。実際、政府が保健にGDPのわずか一・二パーセントという惨めな金額しか使わないので（中国だとこれが三パーセント近くです）、保健（形態は問いません）、食料補助、雇用補助のための政府支出は、電力、ディーゼル、調理用ガス、肥料など、比較的金持ち――そしてずっと声の大きい人々――の消費補助に使うよりずっと少額なんです。

世界で最も活気あるメディアが、最貧層のニーズや悲惨についてこれほど報道しないというのは悲しいことです。インド人の三分の一は電力がありません。メディアは、二年前の七月のある日に電力供給のひどい管理運営ミスがあったときには、六億人ほどが電力なしだったと大騒ぎしましたが——この文脈では確かにそのとおりです——その六億人のうち二億人は、そもそも電力網につながっていないのでもとから電力がきていなかった——永続的な停電です——ということは無視したんですよ」

「わかったわかった、もうたくさん。先に進んで」と女神。「私の五番目の願いは話しやすいものです。というのもそれは、私が何十年にもわたり愚痴り続けているしつこい欠乏についてのものだからです。すべての子供に、通えるまともな学校を提供しなければなりません。あらゆる人が、予防ケアから始まる医療を受けられねばなりません。女性は男性よりも欠乏した暮らしを送らなくていいはずです。この国は、栄養不足の子供だらけであってはなりません（まして世界で最も栄養不足など論外です）。すべての子供に完全な予防接種を（いまは三分の一が取り残されています）。だれもがトイレつきの家を持てるようにすべきです（いまは人口の半分が屋外で排便しています。インドが世界のエリートクラブに参加したはずなのに）。そして全般に、高等教育を改善して持続可能な環境も得られるべきです」

ＧＭＴは言いました。「一つの願いに、よくもまあいろいろちがったものを詰め込んでくれたわねえ。でも、あたしもケチなことは言いますまい。中庸の心を持つ女神ですもの。

でも、お国の人々が経済成長のもたらすリソースを賢く使うようにすれば、いまの願いのすべては簡単に実現するはずだけど。そしてこれは双方向で作用するはずね。そうした支援的変化から生じる人間能力の進歩が、今度は長期的に高い経済成長の維持を助けるわ。というのも、最終的には健康で教育水準の高い労働力を持つのが経済成長にとっては最も重要なことだからよ（中国人、日本人、韓国人などのアジア人に尋ねればみんなそう言うわ)。東アジアの発展から得られる最大の教訓がそれなのに、インドはそれを見逃している」

「親愛なる女神様、その点で意見が一致しているからには、もう一つ願いを。これはインドにおける奇妙な司法判断に関するもので、最近になって同性愛的な個人行動を再び犯罪化したのです。イギリスの支配者たちは、同性愛を一八六一年に刑事犯罪にしたので、多くの人々が警察による恫喝にあい、処罰されました。この刑法三七七条は、インド憲法で保証された個人の権利に反するとしてデリー高等裁判所で否決されたのですが、するとインド最高裁が――裁判官たった二人です――その否決を否決し、ひたすら個人的な行動を再び社会犯罪に仕立てたのです。否決の否決を否決していただけないでしょうか、女神様?」

「どうかしらねえ。インド最高裁に再考を促す、となると――雲の上の女神の訴えよりは、インド国民の声のほうにもっと耳を傾けてくれるんじゃないかなあ。

先を続けましょう。本当にもう一つ願いが欲しいの?」とGMTは続けました。

「おお、よろしいですか? インドの人々が、自分たちの強みは国としての性質だけでなく、インドの民主主義が与えてくれる機会のおかげでもあるのだということを認識してくれることを願いたい。これは最近、庶民党(アーム・アードミー党)が見事に活用したものです(とはいえ、かれらも自分たちの政策が本当にどんなものになるべきかについて、まだまだ勉強が必要ですが)。インドにはやたらに汚職がありますが、これは大きな選挙上の争点となり、これは民主主義においては長期的な解決策をもたらす最善の方法でもあります。これには行政改革がたくさん必要ですから。でもすでに多くの成果があがっていますし、インドでは実業界がやることと以外何も起こらないなどということはありませんし、特に州や国が（多くの人がしつこく主張するのとはちがい）何も実現できないということもありません。インドはイギリス帝国支配が終わるまでは飢餓の国でしたが、独立以来本物の飢餓は一回もありません。公的な行動のおかげで、インドは数年前には世界最大のエイズ患者集積地になると思われていましたが、公的な関心と社会的な取り組みを通じてその脅威もなくなりました。ポリオ撲滅が政治的に重要な問題となったので、いろいろ対策が生じて、いまやインドはポリオのない国です。秋にはベンガル湾からスーパーサイクロンがやってきて、これはアメリカのカトリーナ台風の何倍もの規模でしたが、政府は手遅れになる前に沿岸部から一〇〇万人を避難させたので、予想された大惨事は起こりませんでした。インドの社会的成果はこれまであまりよい成績をあげていませんが、変化を起こそうと頑張ったところはすべて——ケーララ州、タミル・ナードゥ州、ヒマーチャル・プラデーシュ州など——教育と保健が大幅に改善され、同時に経済成長も伸びたので、かつては貧困州だったこれらの州が、いまやインドで最も豊かな州の一部です。やる気があれば、物事を実現できるのです。

たとえばジェンダー格差を見ましょう。いまやインドでの強姦発生に多くの注目が集まっており、これは改善です。でもまだ認識が足りない部分もあります。インドで報告されている強姦件数はわずかです（インドでは一〇万人あたり一・八件ですが、アメリカではこれが二七件、イギリスでは二九件です）。もちろんこれはかなりの過小評価でしょう。特に被害者が貧しく恵まれない階級の場合はそうです。でもインドの数字を一〇倍にしても、インドにおけるレイプ件数は、まだイギリスやアメリカや、世界の大半の国よりも少ないのです。主要な問題は、インドにおける強姦の高い発生件数ではなく、警察が協力して被害者を助けるようにするのが難しいということです。そして社会が脆弱な女性に対する性的な攻撃にもっと関心を向けることです。特に、貧しく恵まれない階級やカーストからの被害者を助けねばなりません。いまもこれを変えるために手立ては講じられており、最貧世帯からの性的人身売買を止める方策などがとられています。でも、やるべきことはずっと多いし、やる気があればそれができるのです。

人々は女児の選択的な中絶があまりに多く、インド全体での生誕時の女男比率がヨーロッパ諸国の水準よりずっと低くなっていることを心配しています――そしてそれは正しい。でもインド州の半分近く――実際、インドの南部と東部（ケーララ州とタミル・ナードゥ州から、ずっと西ベンガルやアッサムまで）の生誕時女男比率は、ヨーロッパの水準に十分おさまるものだし、インドの平均がこれほど低いのは、北部の州や西部の州のすべてで、女男比率がヨーロッパよりはるかに低いせいなのです。だから、インド内部でも学ぶべきことはたくさんあります。ＧＭＴよ、インド人たちの敗北主義を減らすのに手を貸していただけませんか？」と私はお願いしました。

「そいつは無理よ。敗北主義の発想を変えるのはインド人自身でないと」と女神。

「そいつはがっかりだ」と私は苛立って言いました。

「何をおっしゃいますか」と女神様。「あたしが言ってるのは、そういう問題は自力で解決できるってことなのよ――他人の助けなんかいらないわ。問題が何かを知って、それをどう解決できるかがわかればいいのよ」私はこぼしました。「でも、問題とその解決策がはっきりしたところで、どうすればその知識を共有できるでしょうか、そしてインド人みんなに本当の問題に関心を持たせるにはどうしたらいいでしょうか?」

ＧＭＴは言いました。「そうねえ。ソーシャルメディアが役に立つんじゃないかしら。それと——とっても大事なこととして——もっと本を読まないと」

そしてＧＭＴはつけ加えました。「それと、そろそろジャイプル文学フェスティバルに出かける時間よ——よい読書を!」そしてよき女神がいきなり雲の彼方へと姿を消すとともに、私は世界に名高いＧＳＬ‐ＤＶが打ち上げた小さなＧＳＡＴ‐14に戻り、まっすぐこのフェスティバルにやってきたわけです。そしてみなさんがここにおいでくださったことに感謝いたします。ありがとうございました!

ナーランダー大学について

On Nalanda University

新たに再興された、古代のナーランダー大学――世界最古――で講義が始まるときは、高等教育の歴史においてよい瞬間だ。この出来事は世界中で注目された――なかでもイタリアは、紀元一〇八八年創建のヨーロッパ最古の大学をボローニャに擁していることを誇りに思っているのでなおさらだった。でもその頃には、五世紀初頭に創建されたナーランダーの大学は、すでに六〇〇年も機能していた――そして毎年何千人もの学生を教育していた。イタリアで発行部数最大の新聞『コリエーレ・デラ・セラ』は、「リトルノ・ア・ナーランダー（ナーランダーの復活）」という見出しの記事で、はるかに古いインド大学の復活について、輝かしい記事を掲載した。

これが世界の学術的なお祝いの機会だったとすれば、私個人からすると、これはきわめてノスタルジックな瞬間だった。感受性豊かな子供として、古いナーランダーの遺跡を畏敬を込めて眺め、その偉大な大学がいつか生命を吹き返すことがあるだろうかと思いをめぐらせたとき――七〇年近く前――のことを思い出した。「ここは本当に永遠になくなっちゃったの？」と私は祖父プンディト・クシティ・モハン・センに尋ねた。かれは私のサンスクリットの先生でもあり、また最初の歴史の先生でもあった。「そうではないかもな」と常に文化的な楽観主義を抱いていたその老人は言った。「今日でもいろいろよいことをしてくれるはずだしな」。

古きナーランダー

一五〇〇年以上前にナーランダーで講義が行われたとき、それは世界で唯一の高等教育機関として、今日では世界中の大学で行われているはずの講義を提供していた。ナーランダーはまったく新しい領域を切り拓いたのであり、実に多くの分野で先進的な教育を提供する傑出した学術機関として確立された。それが次第に、いまの私たちが大学と呼ぶものになった。生徒はインド中はもとより、中国や日本や朝鮮など、仏教的つながりのある多くのアジア諸国からやってきて、七世紀には寄宿学生を一万人も擁していた。ナーランダーは仏教学の教育を提供しただけでなく、各種の学術講義を提供した。たとえば言語や文学、天文学や観測科学、建築と彫刻、医学と公共保健などだ。世界——インドだけでなく——はそういう大学を必要としていた。そしてまったく独自の方法でナーランダーが生まれ、次々と強みを発揮していった。古代世界の半分から学生たちを集めている。古い遺跡の発掘が明らかにしているように——ナーランダーとそしてナーランダーの先例に刺激されて創建された教育機関のあった、隣接するビハール州の地域にある遺跡——それは以前には存在しなかった価値あるものを世界にもたらしたのだった。

もちろん、古代インドの西端(現パキスタン)、隣国アフガニスタンの近くのタクシャシラには、正当にも有名な仏教教育センターがあった。でもこの通称タキシラにあった機関は、まさに宗教学校だった——そのかなり狭い取り組みにおいてはかなり傑出したものではあったが。アフガニスタンの東端と、隣接する古代インド(文化的にはこの両地区は一体だった)には、もちろん学者はいくらでもいたし、インドの文法学者として最も偉大な――そして最も初期の――侮りがたいパーニニは紀元前四世紀に、アフガニスタン国境地帯からやってきた人物だ。それでも、タクシラはちがった分野の高等教育（特に世俗的な内容）についての系統的な教育を提供しようとはしなかった。ナーランダーと、ビハール地方でそれを真似た学校――ヴィクラマシラー、オーダンタプリーなど――はそれをやり、ナーランダーに刺激された高等教育の世界とでも言うべきものを築いた。ナーランダーが世界最古の大学だと認知したところで、別にこれはタクシラの、それ自体の文脈においての栄光を矮小化するものではない。

齢一一歳のときに初めて脅威と崇拝をもってナーランダーを訪ねてからずっと個人的に関与してきたとはいえ、テルハラ（ナーランダーの近く）での発掘を見て、一〇〇〇年以上前の完全にビハール地方独自の講義室や学生宿舎が掘り出されるプロセスを見るのは衝撃だったと告白せざるを得ない。古い歴史的な遺跡を発掘するとき、まさか見られると思わないものが、講義や指導に使える――そしておそらくは使われた――いくつもの大きな教室群や、学生宿舎として使える――そしておそらくは使われた――小さな寝室の群れだ。それなのに、無数の他の物体――道具、彫像、ランプ、装飾品、イコン――に交じって、そうしたものがまさに、発掘が進むにつれて現れたのだ。私は大学キャンパスの産まれだし、生涯をほぼずっと、大学キャンパスからキャンパスへ――シャンティニケタンからデリーからケンブリッジ、オックスフォード、ハーヴァードへ――と転々としつつ過ごしてきたので一〇〇〇年以上前の遺跡発掘において、講義室や学生寮がこれほど有力な発見物となるというのは、ことさら私にとっては刺激的だった。

ナーランダーの古い大学は、当時はとても繁栄していたビハール――仏教の宗教文化、啓蒙の当初の中心――にある仏教財団により運営されていた。ビハールの首都はパータリプトラ（現パトナー）で、ここは紀元前三世紀以来、インド亜大陸の初期の帝国首都として、一〇〇〇年以上も栄えてきた。ナーランダーが中国の外では、古代中国人が一人でも高等教育を受けにやってきた唯一の学習機関だというのは、興味の対象としてはおもしろい。高等教育機関として、入学資格はとても高かった。そしてここは、附随的な教育組織のネットワークにより人材を集めていた。一部の中国人学生、ナーランダーで一〇年間学んで初の医療システムの比較研究（中国とインドの医療を比べた）を執筆した有名な義浄（紀元六三五－七一三年）などは、まずサンスクリットを学びにスマトラ（当時はスリー・ヴィジャヤ帝国の拠点）に行き、その後でナーランダーにやってきた。スマトラの学校でサンスクリット技能を磨いてから、義浄はさらに船に乗って、タームラリプティ（現代のカルカッタの近く〔現タムルク〕）にたどりつき、そこからナーランダーに向かったのだった。七世紀には、ビハール地方には他に仏教関連大学が四校あり、どれもナーランダーに刺激されてできたものだが、それらもまた共同作業的な役割を果たした。それでもそのうち一校――ヴィクラマシラー――は一〇世紀には高等教育の場所としてナーランダーとほぼ肩を並べる存在となった。

七〇〇年以上にわたり成功した学術活動の後で、旧ナーランダーは一一九〇年代に、西アジアからの侵略軍による一連の攻撃で破壊された。この攻撃は、ビハール州の他の大学も破壊している。征服軍が北部インドを荒らし回った無慈悲な侵略者バフティヤール・ハルジーが、ナーランダーの破壊に自ら加担したかどうか（通俗的な解説ではそう述べられている）については深刻な疑念もあるが、侵略軍による暴力的な破壊には疑問の余地がない。ナーランダーの教師や僧侶たちはすべて殺され、大学キャンパスは完全に瓦礫にされ、特にキャンパス中に広がった美しい仏像やその他仏教関連の像は入念に破壊されたという。高層建築（どうやら九階建てだったらしい）だった図書館は、文献でいっぱいだったが、三日にわたり燃え続けたとされている。ナーランダーの破壊は、一一六七年オックスフォード大学創設の直後に起こり、一二〇九年のケンブリッジ大学創設の一〇年ほど前のことだった。しっかりと定着したムスリム王（特にムガル朝の皇帝たち）が高等教育機関に出資するようになったのはずっと後のことで、その頃にはもうナーランダーは跡形もなく消えていた。

ナーランダーの復活

ナーランダーの古代高等教育機関を、現代の大学院大学として復活させようという計画は、汎アジアイニシアチブの結果として生まれた。それが胎動したのは地元――パトナーとデリー――と同時に、外国、特にシンガポールでのことだった。旧ナーランダーを復活させるという正式な決定は、二〇〇七年に東アジアサミット（ASEAN諸国とその他の東洋諸国、たとえば中国、インド、日本、韓国、オーストラリア、ニュージーランド）が、フィリピンのセブ島会合で行ったものだ。ナーランダー大学再興を主導したのはメンター集団で、それが後に大学理事会となった。この集団と理事会の構成は徹底して国際的であり、多くの国――中国、日本、シンガポール、タイ、イギリス、さらにインドから理事が選出されている。

プラナブ・ムケルジー（当時のインド外相、現在のインド大統領）が私の自宅に電話をよこし、ナーランダー・メンター集団の議長を務めてくれと依頼したとき、私はもちろん大いに光栄だとは思ったものの、これが深刻な挑戦だとも感じた。すでに研究と指導でかなりの責任を引き受けていたからだ。これを引き受けるのは大きな責任だというのは認識したが、それでもこれは、昔から何かが行われることを希望してきた――いや、行われるべきだと思ってきた――何かを自分で行うユニークな機会だというのも認識した。二〇〇四年刊の拙著『議論好きなインド人』は、ほとんどあらゆるアジア言語に翻訳されたが、その中のナーランダーの歴史に関する議論は同書の中のどの論考よりも強い関心を引き起こし、アジアを旅する中で実に多くの問い合わせをもたらした。私としてはプラナブ・ムケルジー（尊敬すべき政治家）の頼みを断るのは難しかっただけでなく、ナーランダーの復活に関する考察への答えとして「いつかそういうこともあるかも」というものを、誇り高き肯定である「いままさにやっているところだ――私たちはそれを手がけているのだ」で置き換える機会を見送るのは困難だった。

メンター集団と後に理事会が導くナーランダー大学復興は、インドと外国からの支援で実施されてきた。インド政府は資金ニーズの大半を負担してきた――マンモハン・シン首相は、強い支持を表明し、またナーランダーに完全な学問の独立性を約束した。ナーランダーに財政的安定性を与えるため、シン政権は二〇一四年初期に、ナーランダーの通常経費を二〇二一年までは負担するという約束をしてくれた。

またニティーシュ・クマール州首相率いるビハール州政府からも大量の支援がやってきた。かれもまたナーランダーについて独自の長期ビジョンを持っていた（そして当時の副州首相スシル・モディもそれを強く支持していた）。ビハール州政府は、旧大学を旧ナーランダーから一五キロほど離れたラージギールに再築するため、広い土地を寄贈してくれた。

ナーランダー再建支援は多くのアジア諸国から来たが、この面でシンガポールの役割は驚くほど大きなものだった。二〇〇七年から二〇〇八年にかけてアジア文明博物館で「ナーランダーの道」に関する見事な展示が行われたのはシンガポールでのことで、これは東アジアサミットにおける旧大学再興の議論を大きく後押しするものとなった。この展示はアジアにおける仏教の伝統や成果と関連した遺品や歴史的記述の素晴らしいコレクションをまとめ、その中でナーランダーはきわめて重要な一部となっていた。それが見事なほどまとまりのある形で展示されていた。シンガポールはまた、関連分野での作業のために、同国の東南アジア調査研究所と結びついた、ナーランダー＝スリー・ヴィジャヤセンターと呼ばれる研究ユニットを設立した。

当時のシンガポール外相ジョージ・ヨーはナーランダー再興運動の大きな指導者だった。かれはメンター集団参加に同意し、後には理事会にも加わった。この場を借りて、ジョージの賢明な相談と洞察なしには私たちの仕事ははるかに困難――いやほどんど不可能なほど困難――になっていたことを述べさせていただこう。かれはまた、ナーランダー大学の国際顧問パネルの議長でもあり、そこにかれはアジア最高の公人たちをリクルートしている。またいい機会なので、インドやその他アジアからの傑出した委員たちが集まった、洞察に満ちて頑張る評議会によりこのプロジェクトの着想と計画に対するすさまじい支援が提供されたことも述べておこう［★1］。その議長として、これ以上の幸運はなかったと思う。

進捗報告

八〇〇年の休眠期間後に古い大学を再始動させるのは容易ではない。でもその作業は、ゴーパ・サバロワール副学長と、アンジャナ・シャルマ学部長がしっかりと進めていた。驚くべき行政リーダーシップを通じて、すでに実に多くの成果があがっているのを見るのは感動的だ。カリキュラムの確立、教授陣の選定、学生選考、教育のための臨時施設設置、宿舎など各種サービスがすでに進められていた。新ナーランダー設立のプロセスが全速力で進むなか、まだまだやることは残っているが、作業をそもそも開始するという難しい部分は、素晴らしい熱意と効率を持って進められている。

適切な建築事務所探しを徹底して行った結果（有名なインドのヴァストゥ・シルパ・コンサルタンツが、この革新的な仕事において私たちと共に仕事をするよう選定された）、新キャンパスの設計計画は、いまや初期フェーズについては完了している。建設作業もそろそろ始まる。でもこの初期フェーズですら竣工までには数年かかるので（後の拡張余地も残してある）、新ナーランダーは、ラージギールの仮住まいですでに小規模に動き始めている。講義は約束どおり二〇一四年九月に開始され、開校式には外務大臣スシュマ・スワラジも出席された。彼女の外務省が、インド政府とナーランダーとの橋渡しを行う。

最初の学生と教授陣は小規模ながら、ナーランダーの教育活動が持つ国際的な性格はすでに確立している。生徒たちは、近く（インド各地やブータン）からも、遠く（日本）からもやってきている。教授陣はすでに、インドだけでなくアメリカ、ドイツ、ニュージーランド、韓国を含む外国からもきている。ナーランダーの講師報酬は欧米よりずっと低いが、問い合わせから判断すると、世界各地の学者の間にはこの復活した古代大学に参加するか、少なくとも試してみたいという関心はかなりあるらしい。

再興ナーランダー大学での教育分野は、予算的な配慮と、それぞれの分野の相対的な重要性で決まっており、ナーランダーの伝統の中で重要なものと、今日地元や世界で必要とされるものとの関係に左右される。特にアジアに注目した歴史研究の必要性は言うまでもないし、通称「ナーランダーの道」の歴史もそこに含まれる。これはインスピレーション面でも研究の焦点選択の面でも、現代的な課題と関連性があるのだ。

歴史学部と共に、新生大学は環境研究生態学部を開始した。これはインドだけでなく、アジア全般で無視されている研究分野だ。また世界全体で見た地球温暖化などの環境ハザードについて急拡大する理解はそれ自体として重要だが、それを局地的な環境生態系問題（土地や水、森林の管理問題など）に関する理解の拡大と分析で補うニーズも強い（これはビハール州自体でも課題となる）。

副学長と学部長は、ナーランダーでの教育と研究の計画について、国際的な共同作業を実現しようと頑張ってきた。環境研究と生態学について、ナーランダーはイェール大学森林学部と、イリノイ大学アーバナ＝シャンペーン校から支援を受けている。歴史研究については、タイのチュラーロンコーン大学、シンガポールの東南アジア調査研究所、北京大学、ミネソタ大学との共同研究が進行中だ。

運営委員会は、次の新しい学部を何にするか検討している。経済学部への要望は、特にビハール州自体では強く、経済学と社会開発や経営とのつながりについての研究も求められている。二〇一六－一七年度から経済学部を始めるというしっかりした決断が、委員会で決定した。もう一つ検討中のアイデアは、公衆衛生学部を設けるという提案で、これまた強い支持がある。インドの公共ヘルスケアは目下大混乱中だというだけでなく、インドでは公衆衛生教育が驚くほど無視されているのだ。これをなおさら驚くべきものにしているのは、前出の七世紀ナーランダー学徒である義浄が、インドの公衆衛生に大いに関心を示しただけでなく、中国とインドの医療を比較する中でインドの公共医療にことさら感銘を受けたと述べているからなのだ（その一方で、純粋な医薬の面では、中国のほうがインドより明らかに進んでいると義浄は考えている）。インドの公共医療に対する義浄の称賛は、ナーランダーが高等教育機関として稼働し始める直前の五世紀初頭にインドを訪れた別の中国僧、法顕の記述にある、インド（特にパータリプトラ）の無料公共病院や医療サービスの記述とも整合している。

他に検討されている学部は仏教研究、哲学、比較宗教学部だ。インドでも海外でも、仏教思想全般と、それが通称ナーランダーの道に沿ってどう影響を与えたかについての教育と指導を受けにナーランダーにきたいという関心はきわめて高い。この学部はまた、学術的――そして哲学的――な観点から比較宗教学を学ぶ機会を提供する。

これまでの成果や将来の成功に向けた希望を論じる一方で、以前の決定を見直すべきかも検討すべきだ。ナーランダー大学の学費はもともと年額三〇万ルピーに設定され、二年の修士課程だと六〇万ルピーかかる。第一期生には五割の補助が提供されたが、一年で三〇万ルピーですらほとんどのインド人（そして貧しいアジア諸国からの学生たち）にとってはかなり高い。これはかなり強い阻害要因だし、特にインドの標準的な大学の学費はほとんどないも同然なので、なおさら高く感じられる。実は当初ナーランダーで選ばれた高い学費は、インドでもビジネス関連の専門教育機関、たとえば技術学校や経営学校などではかなり普通に見られるものだが、そうした専門教育を受ける人々は、将来もらえる給料の期待がナーランダー――あるいは他のどこでも――のリベラル教育を受ける生徒たちに比べてかなり高い。ナーランダーにとって、歴史や仏教学の教育を修了した生徒が、訓練を受けた管理職や高技能エンジニアのような高い給料が通常は期待できないのは、別に恥ずかしいことではない。

現在の――つまりは第一期の――ナーランダーにおける生徒受け入れ数が少ない理由はいくつかある。学校の新しさと、それが本当に期日までに開校できるのかという疑念があったため、潜在的な入学希望者がかなり申し込みを控えた。入学要件に正当にも組み込まれている高い受け入れ基準も、多くの応募者が入りにくい理由となっている。だがそれに加えて、学費の高さも敬遠要因となっていたはずだし、興味を持ってくれた多くの学生たちの話では、ナーランダーにきたいが手が出ないとのことだった。運営委員会は、適正な学費がどのくらいかについて各種の提案を検討する必要があった（費用面の配慮と、大学が提供する教育機会の配慮がいろいろある）。でも――議論の末――昨年一月の委員会最終会合では、学費を引き下げて、既存の南アジア大学の学費と同程度にしようと決まった。これに従い、年間学費は三〇万ルピーから大幅に下がり、六万ルピー以下となった。

この変更により、ずっと多くの学生たちにとってナーランダーが現実性のある選択となるはずだ。でもこの新しい学費ですら、ずっと低いとはいえ、貧困世帯出身の才能ある潜在学生にとってはやはり高すぎるという事実は残る。だから、選択的な形で学生支援の鷹揚な仕組みを持つべきだという主張が成り立つ。さらに、キャンパスその他の施設建設で行われる大規模投資は、かなり多くの学生を受け入れないと適切に活用されないし、ナーランダーの復活構想はもっと広い目的を持ち続けることもあって、基金への寄付も含めて支援を求め続け、比較的貧しい出自を持つ才能ある学生たちに大学が財政支援を行い、ナーランダーにきて学べるようにするのがとても重要となる。

政府と学問の独立性

「ナーランダーの復活」は、世界最古の大学で数百年のギャップを経て教育が再開されたというめざましい瞬間だ。だがここ数カ月で、別種の興奮――それもいささか種類のちがうもの――が生じた。それは政府がナーランダーの運営に介入しようとしたことと、学問の独立性に対する脅威だ。インドの新生選出政府と、ナーランダー大学運営委員会（学長たるこの私を含む）との間の関係がこじれてきた。前政権（UPA連合政府の最大派閥が古いインド国民会議派だ）は、ナーランダー大学復活を（ビハール州政府と東アジアサミットとの共同で）主導していたが、二〇一四年春の総選挙で大敗北を喫した。新しい首相、インド人民党（バーラティィーヤ・ジャナタ党＝BJP）のナレンドラ・モディは、ヒンドゥトヴァ運動のイデオロギー的源泉である民族奉仕団（ラシュトゥリヤ・スワヤムセヴァク・サング＝ＲＳＳ）の活発な一員であり、アタル・ビハーリー・ヴァージペーイー［バジパイ］などこれまでのＢＪＰ党首に比べると、ずっと評価の分かれる人物となっている。これがあったことと、私がモディ氏に世俗国家を主導する能力があるのかという疑問をこれまで自由に述べてきたことから、モディ政権が選挙で大勝利をおさめた後に、私のナーランダー大学学長継続について政府からの敵対に遭遇したのも、決して寝耳に水ではなかった。この敵対に個人的な要素があるにしても（とはいえ、私は他の多くのＢＪＰ党指導者たちとは個人的によい関係を保ってきたのだが）、もっと大きな問題はナーランダー大学が支配政党の政治優先度に従属せずに、学問的な独立性を保つことだった［★2］。

私が不在でシンガポールのジョージ・ヨーが議長を務めたこの一月の会合におけるナーランダー運営委員会の全会一致の提言は、私が学長を続けるべきだというものだったが、政府の助言に従って行動するしかない参事――インド大統領――の支持を得られなかった。それどころか、外務大臣は話をした委員たちに対し、私がもはや学長としては認められないから、委員会は別のだれかを選べとはっきり述べた。

これは個人的な不満の問題に見えるかもしれないし、おそらくは――少なくとも部分的には――そうなのだろう。でもここには、高等教育機関における学問の独立性という、もっと大きな問題があり、これは個人的な問題を超えたものだ。新政権は、多くの学術機関に対して自分の見方を押しつけようと活発に動いてきたし、知的独立性がここ数カ月でかなり脅かされた教育機関はナーランダーに限らない。また委員会の決定に対する政府の介入は、学長の更迭が初めてでもない［★3］。委員会が昨年可決した、ナーランダーの運営に関する規定の多く（委員会に決定権限がある）はいまだに宙に浮いたままで、大学参事――インド大統領――の承認のために提示されていない（そうした規定が発効するには、正式に参事承認が必要なのだ）。そしてもっと積極的に、政府は委員会に何の相談もなく――そして何の連絡もなく――いきなりその再編を試みた。だがこの動きは法的な理由から成功しなかった――特に提案された変更がインド議会によるナーランダー大学法の規定に一部違反していたことがある。

だが学長を更迭しようという政府の試みは、ずっと成功をおさめた。ナーランダー運営委員会の決定を政府が受け入れなかったことで、委員会と政府の間に緊張が生じ、それが大いに論争を呼んだ。委員会からの全員一致の支持はありがたかったし感動もしたが、やがて私の学長留任をめぐる政府とナーランダー運営委員会との内紛は、ナーランダー再建という火急の作業の障害だということがじきに明らかとなった。また、もし私が（委員会決定どおりに）留任できても、政府介入のため私がナーランダー再建にあたっての有効な指導者にはなれないし、これは新生大学の利益には絶対にならないこともわかってきた。そこで私は、現在の任期が今年の七月半ばに満了したら、次期学長候補に名を連ねないことにした（そして私が継続すべきだという優しい願いについては、委員会に温かく謝意を述べた）。

実は私としては、ふさわしい人物がその職に任命され、その人物がナーランダーの復活の背景にあるビジョンを理解し、ナーランダーがインドや世界における現代の高等教育に何を提供できるか理解していれば、学長が個人としてだれだろうと重要でないと思っている。だが指導層の資質に加え、ナーランダーがそのときの政治に流されることなく、学問的な独立性が尊重されるようにすることがきわめて重要となる。

ナーランダーとインド政府との紛争は人格的な問題に見えるかもしれないが、実はこれは原理原則をめぐるものだ。特に学問の独立性と関連しており、ナーランダーのような高等教育機関が、勝利した政治家たちの意志や気まぐれに従わなくていいようにするためのものだ。

ナーランダーへの介入は、現政権が全国の学術的リーダーシップに介入したがる一般的なパターンとも整合する。たとえば今年一月に、インドで最も権威ある科学研究所とさえ言えるタータ基礎研究機関(TIFR)において、インドで最も有名な科学者の一人C・N・R・ラオが議長を務める、きちんとした構成の選出委員会により高名な物理学者サンディップ・トリヴェディが所長に選ばれると、研究所に首相府からの指示がきて、トリヴェディを更迭しろと言われた。また同じく一月に、デリーのインド工科大学(IIT)の有名な所長ラグナート・シェヴガオンカールが、IITの決定に対して政府の介入があったと述べて職を辞した。三月には、インド最高の核物理学者の一人(そしてインド原子力エネルギー委員会の元議長)アニル・カコドカールが、政府による口出しに抗議して、ボンベイのインド工科大学運営委員会議長の座を退いた。さらに二月末には、政府は全国書籍基金(これは何十年も前に「教育省の下の自立的機関」として設立されたものだ)の議長職を退くよう作家A・セツマドハヴァンに告げた。これはこの影響力の高い出版業界の地位を、ヒンドゥトヴァ運動イデオローグであるアルバルデヴ・シャルマに与えるためだ。かれは『パンチャジャニャ』誌の元編集者だが、この雑誌を『タイムズ・オブ・インディア』は「RSSの御用雑誌」と呼んでいる。

私に言わせれば、政府は（1）国のリソースを使い政府に支持された自治機関と、（2）現政権の命令や指令下にある機関とのちがいについての理解が不十分だ。ヨーロッパの大学は、何百年も前から、政府による自立性尊重に助けられて、学術的な優秀性を実現した。イギリスは自国内の学術的独立性をかなり慎重に維持しているが、植民地インドを支配するイギリス人たちは、公的学術機関の独立性をしょっちゅう侵害した。インド政府は植民地モデルのほうがお気に入りらしい。

もちろんインドの政権政府が、独自の見方をもって学術問題に介入したのは、これが初めてではない。以前のUPA政府だって、不介入記録は非の打ち所がないというにはほど遠い。でも現政権下では、介入の規模が驚くほど当たり前に――そして政治的に極端に――なってしまった。そしてあまりにしばしば、国民的重要性を持つ機関の長として選ばれるのは、ヒンドゥトヴァ運動に基づく優先事項を極度に促進したがる人々なのだった。たとえばインド歴史研究評議会（ICHR）議長として指名されたイェラプラガダ・スデルシャン・ラオは、歴史研究では無名だが、ヒンドゥトヴァ運動に傾倒した見解はみんな知っている。たとえば論文「インドのカースト制度――その再評価」でラオは、カースト制度を称賛し、この制度がしばしば「収奪的な制度だと誤解されている」と述べる。ラオが持つ、RSSの「歴史部門」と呼ばれるアキル・バーラティーヤ・イティハス・サンカラン・ジョジャナ（ABISY）との強いつながりは、学会では懸念事項となっている。特に、ABISY活動家四人がICHR評議会に指名されてからは、それがさらに強まった。ICHRの公式誌『インド歴史レビュー』の編集長は、高名な歴史学者サブヤサチ・バッタチャリアだが、すっかり変わってしまったICHRとの仕事を潔しとせずに辞職した。

同様に、インド文化関係評議会（ＩＣＣＲ）の新しい議長ロケシュ・チャンドラはモディ政権の指名による人物だが、『インディアン・エクスプレス』紙に対して「実務的な観点からすると［モディ氏は］マハトマ［ガーンディー］を超えた存在だ」と述べている。チャンドラはまた、モディが実は「神の生まれ変わりだ」という見方も公言している。朝鮮文明について述べる中で、このインド評議会の長は、朝鮮人六〇〇万人の先祖は、アヨーディヤー出身のインド王子にまでさかのぼるという信念を述べている。

こうしたすべてを踏まえつつも、ナーランダー大学としては妥協案として考えられるものが生まれつつあるという慎重な希望が持てそうだ——本稿執筆時点では、東アジア出身の学長、具体的にはナーランダー再興の主要な貢献者であるジョージ・ヨーを学長とするというのが強い可能性だ。とはいえこれは、偶然に生まれた幸運ではないし、これを可能にするにあたってはどうやら世間がこの問題に示した関心も重要な役割を果たしたらしい。政府がナーランダーの運営に介入しているという話は早い時期に政治問題となり（というのも学長更迭問題はメディアで大きく取り上げられたからだ）、かなりの批判的な世論を集めたのだ。政府と運営委員会との対立を取り巻く論争は、メディアで大いに報道され、こうした動きはまちがいなく政府に対する抑止力を発揮した。これは他の多くの学術機関の場合とはちがう点だ。さらに世間に対して擁護可能な解決策を探ろうとする外務大臣スシュマ・スワラジの決意も役に立った——彼女はモディ政権による学術的介入の多くを特徴づける一方的な極端主義に従おうとはしなかったのだった。

ナーランダーの運営委員会に他のアジア諸国出身の知識人が多いことも、宗派的な押しつけ回避に貢献した。いまでも（七月半ばまで）私が議長を務めるこの委員会は、五月初頭の会合で、学長としてインド人でないアジア出身委員が学長として指名されるべきだと提案し、その筆頭としてシンガポールのジョージ・ヨーを挙げ、控えとして他の二人の傑出したアジア人（中国の王邦維と日本の中西進）を挙げた。ヨーはこの職を受け入れるよう説得されたが、条件として政府がナーランダー運営に必要な独立性を与えてくれることを挙げた。そして本稿執筆時点では、どうやらかれが本当にナーランダー大学次期学長になる見込みがかなり高い。ナーランダーの厳密なビジョンに対するヨーの献身ぶりと、その見事な知的運営技能とを見れば、これは本当によい解決策となるだろう。

そういうわけで、ここにはハッピーエンドの可能性がある。それでも、ナーランダーがそのビジョンと整合した学術的成功となるように、ヨーが必要となる独立性を与えられるという私たちの期待に政府が応えてくれるのがきわめて重要となる。そうでないと、ナーランダーはＩＣＨＲやＩＣＣＲに続いて宗派性の道に陥ってしまう。

なぜナーランダーを復活させるのか

新生ナーランダーが、約束どおり、期日どおりに、いまのところはいささか小規模とはいえ機能し始めたことには満足を覚えてもいい。だが始まりが成功だからといって、ナーランダー大学復活プロジェクトすべてを批判的に検討しなくてよいことにはならない。現代世界においてナーランダーはどんな意義を持つのか？　かつてのナーランダーが大学として機能し始めたとき、世界には他に大学が存在しなかったから、その必要性は明らかだった。これに対し、新生ナーランダーは、世界に大量にある高等教育機関の集団に加わることになる。インドだけでも、すでに大学が六八七校もあるし、これを書いている横で生まれつつある大学もありそうだ。なぜそこにもう一つつけ加えるのか？

確かに再興ナーランダー大学は、単なる新しい大学ではなく、かなり特別で、独特とさえ言えるものとなるのは事実だ。でも、その古い歴史的なつながり以外の点で、それがなぜそんなに特別と言えるのかを尋ねねばならない。古きナーランダーの栄光はわかるが、なぜ過去の巨大な成果だったものを言祝ぐだけでやめておかないのだろうか？　挑発的な言い方をすれば、なぜはるか昔の残骸で現代の混乱を増すべきなのか？　過去を見るより未来を見るべきでは？　これらは確かに、正当でもっともな疑念だ。

インドの大学が、いくつか例外はあれ実に見劣りする分野は、独自研究の追究だ。教育の質が高い場合ですら（残念ながらこれが当てはまらない場合も多いが）、インドの大学では研究のパフォーマンスが比較的限られたものとなりがちだった。これは教育面での成功がきわめて高いインド工科大学にすら当てはまる。インドの前大統領で、ナーランダー復活のアイデアを大いに支持してくれたアブドゥル・カラムがことさらこの新生大学に対して強調した優先事項の一つが、研究志向だった。研究業績の文句なしの記録は、もちろん達成に時間がかかるものだが、新生大学において研究機会を作り出し、それを保護するにあたっては、その優先順位の要求をしっかり念頭に置かねばならない。この文脈では、古きナーランダーが持っていたインスピレーション源としての性質が大いに役立つ。アジア中から何千人もの学生をナーランダーに集めたのは、この有名な大学では新しいアイデアや認識論的な飛躍が活発だという理解だった。ナーランダーの教授職を求める人々（そしてナーランダー入学希望者）の関心や背景から判断するに、そうしたわくわくする歴史的な記憶の一部が、いまでもナーランダーに参加したい人々の動機となっているらしい。適切な機会があれば、夢は本当に現実となる。

また、古きナーランダーに関する基本的な理解の中には、今日もなお本質的に重要であり続けているものがある。ナーランダーの伝統は、良質な教育だけではない——もちろん良質な教育も、あらゆる水準で教育の品質管理が驚くほど欠如している現代のインドではきわめて重要ではあるが。それ以外に、グローバルな協力の追求がある。そこには、地域や国の障壁を越えて学ぼうとする系統的な試みがあるのだ。シンガポールのアジア文明博物館がナーランダーの道と呼んだものは、様々な国や様々な歴史背景の人々を結び合わせた、アイデアや接触の流れに基づいている。この一つの世界という視点の必要性は、何世紀も経つ中でかえって重要性を増している。

ナーランダーの道に反映されたコミットメントが、ゴータマ・ブッダの万人のための分け隔てなき悟りにどれほど深く触発されているかはすぐにわかる。実はこの問題は、ナーランダーの最も傑出した中国人学生である玄奘（三蔵法師、六〇二－六六四年）が学習を終え、中国に戻ろうか考えているときの、七世紀の会話の中にも登場している。ナーランダーの教授陣は玄奘に教授職を提示し、教授としてナーランダーに残らないかと持ちかけた。玄奘はその申し出を断った。その理由はいくつかあったが、その一つはブッダが世界に対し、悟りを一人で楽しんではいけないと教えたことだった。何かを学んだら、それを他人と分かち合うのが努めであり、したがって自分は故国に帰ってまさにそれをやらねばならないという。実際、中国、日本、朝鮮、タイなど東アジアの大半に広まった仏教悟り思想の壮大な波があれほど成功したのは、それがもっぱら外国思想の押しつけとしてやってきたのではなく（もちろんある程度はそういう性格もあったはずだが）、主に悟りの共有と、人々を結びつけるものに関する新しい理解の共有としてやってきたからだというのが私の主張だ［★4］。そのビジョンには壮大さがあり、私たちのきわめて分断的な世界でも、今日なおそれに注目して強調する必要がある。実際、最近では一部の仏教団体自体が分断の促進——そして暴力的な対立の生成——に使われてきた。たとえば、ビルマ［ミャンマー］のラカイン州におけるロヒンギャ・ムスリム迫害などがその例だ。これはナーランダーの統合的な伝統を大いに逸脱するというだけでなく、ブッダ自身の全体的な教えからも逸脱している（アショーカ王がインド全域と外国の石碑に刻んで広めた、平和と寛容の仏教原理からの逸脱なのは言うまでもない）。ナーランダーの教育は広範でリベラルなものであり、仏教コミュニティ以外からも支援を受けていた（たとえばグプタ一族などインドのヒンドゥー教皇帝たちも、ナーランダー支援者に名を連ねている）。大学は世俗的な主題についても、仏教以外の宗教文献についても教育を提供した。そして玄奘が記録しているように、ナーランダーでの教育は講師による知識の「伝達」として提供されるだけでなく、各種テーマに関する長い論争を通じて行われていた。実際、ナーランダーは革新的できわめて有効な、議論を通じた教育というジャンルを確立したことは広く認められている。

ブッダが強調したような、批判的に取り組まれた、しかし敵対的ではないグローバルな視点の必要性は、現代になっても過去からいささかも減ってはいない［★5］。朝刊を開くたびに、世界中から暴力の報告が見られ、それは各集団のあれやこれやの歴史解釈と結びついた、分断的——そしてときに敵対的——なコミットメントに基づくものとなっている。私たちは過去ではなく未来を見るべきだ、という主張は、私たちの現在の中に過去が含まれているという事実を見すごしている。実際、今日の世界がこれほど炎上しやすく暴力的なのは、まさに過去の解釈が今日の世界においては、協力をもたらすより対立を煽るのに使われているからだ。もし復興ナーランダー大学が現代世界で傑出した大学となりおおせ（私は是非そうなってほしいと願う）、心を広く持った歴史や文化研究に専念し続けてくれたら、それは国やコミュニティや宗教の境界を越えるグローバルな理解に大いに貢献できる立場にいることとなるのだ。

すでに述べたとおり、新生ナーランダーが開講した際の二つの大学院——あるいは学部——のうち、片方は歴史学部であり、そのカリキュラムは特にアジアでの国境を越えた相互作用や協力の歴史に注目している。でもここで重要なことととして、ナーランダーでの歴史研究のコミットメントは、何か特定の倫理（調和の倫理すら）を促進することではなく、正確さと正しい理解なのだということははっきりさせておこう。古きナーランダーが国境を越えた思想や啓蒙の拡大に貢献したのは、それが過去についての分断的な解釈を、容認できないものとして抹殺したからではない。新生ナーランダーのコミットメントもまた、持続可能な理解の批判的な探究であり、認識論の厳密な要求からの逸脱はあり得ない。もし平和と相互扶助への倫理的なコミットメントがあるなら、それは平和と協力の正反対のものを引き起こすような各種要因や因果的な力を見すごすことで促進される必要はないはずだ。古くさい言葉だが、現実的な理性は、認識論的な厳密性と明晰な道徳政治議論の双方を活用できる。玄奘のような学生が、高名な教師シーラバドラ(戒賢)をあれほど崇拝したのは——玄奘は中国に戻ってからもシーラバドラに質問を続けている——シーラバドラが認識論の要求を一切捨てることなしに、持続可能な倫理的立論を行えたからだ。ここにはまちがいなく巨大なビジョンがあり、現代のナーランダーもそこから強力に利益を得られる。

厳密性の要求を無視することなく歴史と改めて取り組むことで、どんな新しい理解が期待できるだろうか? この一〇月に、新生ナーランダーの教師や学生たちと参加する栄誉を与えられた論争から一例を引こう。アジアとヨーロッパの間の接触と相互交流を理解するにあたっての支配的な影響の一つは、シルクロードと呼ばれるものだ。六〇〇〇キロ以上も延びたこの道は、アジアとヨーロッパの間を商品が行き来した経路だった。絹は中国の主要な輸出品だったので、シルクロードの名がついた。もともと紀元前三世紀から紀元三世紀の漢の時代に確立したシルクロードは、貿易や商業だけでなく、人々や思想の相互交流にとってもきわめて重要なものだった。

ここで提起される重要な問題は、シルクロードの重要性ではなく、貿易が国境を越えて人々を相互に結びつける決定的な役割についてのものでもない。このどちらも議論の余地はない。むしろ考えるべきは、人間の接触において貿易と商品の交換が過大に注目されてしまい、それに伴ってシルクロードの役割を過大に評価してしまうことで、人々が国境や境界を越えて相互作用する他の影響を過小に見てしまうことにならないか、というものだ。たとえばナーランダーの道が生み出して持続させた、巨大な文明の相互作用が見えにくくなってしまうのではないだろうか。

実は、最近になって古きナーランダーそのものを、シルクロードの副産物として見ようという試みさえ出てきた。私に言わせれば、これは大まちがいだ。これは別に、ナーランダーがシルクロード上にない――シルクロードとの強い結びつきさえない――というためだけではない。ナーランダーは、商品の取り引きが主要な原動力ではない、まったくちがう相互作用の道筋において中心的な存在だったからだ。貿易は人々を結びつけるが（そしてこの点はまちがいないことだ）、知識や啓蒙に対する関心だって人々を結びつける。数学、科学、工学、芸術も、宗教や倫理的なコミットメントに加えて、人々を地域間で移動させせた。陸路や海路を通じて、それらに対する興味の探究のため人々は移動したのだ。重要な点は、こうした旅の背後にある動機が商業的な利得ではなく、アイデアの探究だったということだ。グローバルなつながりを、貿易のプリズム越しだけで見るというきわめて人気のある手法は、思索的な取り組みもまた、一〇〇〇年以上にわたって人々を国や地域を越えて移動させてきたという事実を覆い隠すものであってはならない。シルクロードを世界史の中で称賛するのは正しいことだ（その一部――長安天山回廊――はUNESCOにより世界遺産センターとして認知されている）。でもそれは、ナーランダーの道の巨大な影響がいまだに適切に把握されていない形での称賛なのだ（実際、ナーランダーはいまだに国連から世界遺産センターとして何ら認知されていない）。

世界の思索的な相互接続の重要性を考えれば、これは過去の歴史の課題でもあり、知的な取り組みをする現代ビジョンの課題でもある。古きナーランダーはがっちりとグローバルな相互作用の伝統に所属しており、そうした相互作用のニーズは今日でも相変わらず強い。古きナーランダーから数キロ離れて建設されている新生ナーランダーのキャンパスは、古都ラージギールの端にある。実はゴータマ・ブッダが初期の支持者と話をしたのは、このラージギール――当時はラージャグリハと呼ばれていた――でのことだった。そしてブッダの死後まもなく、初の仏典結集〔編集会議〕が開催されたのはこの古都でのことだった。それは、お互いの見解のちがいを未解決の異論にとらわれたまま放置するのではなく、論争と議論を通じて解決しようという話し合いの集会だったのだ。

私個人にとって、ラージギールはとてもなじみ深い場所だ。というのも学生時代にシャンティニケタンの同級生たちや先生数名と、しょっちゅうラージギールにでかけて、壮大なラージギール丘陵のふもとにキャンプを張って、古い仏教巡礼路をたどったからだ（さらに男女共学のシャンティニケタンの学生たちの間に、いくつか初期のロマンスが花開いてはしおれていったのを興味深く覚えているが、それが仏教巡礼路の追求の深刻な障害になることはなかった）。それから半世紀以上経って、ナーランダー再興の文脈でラージギールを訪れてみると、そこは混沌とした都会の侵略により、ほとんど跡形もなく変わってしまっていた。それでももちろん、仏教巡礼路は同じであり、紀元前六世紀の仏典結集――お互いのちがいを議論と対話を通じて解決しようという先駆的なコミットメントを持った会合――の歴史的な記憶もやはり同じだった。

仏典結集の中で最も有名なのは、紀元前三世紀にアショーカ王の招きでパータリプトラに集まった、もっと後のもの――第三回――だ。それは規模的にも大きかったし、またそこで議論を通じて解決された難しい問題がきわめて重要なものだったせいもある。だがナーランダーは、第一回の仏典結集の試みが行われた場所のすぐ隣りにあるのだ。これは一九世紀のウォルター・バジョットが、ジョン・スチュアート・ミルに倣って「議論による統治」と呼んだものの世界初の試みだったかもしれない。古きナーランダーは、古代ラージギールのすぐ隣りにあって、その伝統に所属していたし、さらには教育の主要な手段としても論争を使った（これは玄奘などが述べたとおり）。そこには、現代の世界でもなお有意義で有益となる優先事項への注目という啓発的であり示唆的な歴史がある。「ナーランダーの復活」は、地元だけが喜ぶ瞬間以上のものになり得るのだ。

注と参考文献

★1　理事会の理事たちは、ジョージ・ヨー氏（シンガポール）、王邦維教授（中国）、中西進教授（日本）、ワン・ガンウー教授（シンガポール）、アッサヴァヴィルルハカルン・プラポッド教授（タイ）、ロード〔メグナード〕デサイ教授（イギリス／インド）、スガタ・ボーズ教授（インド）、N・K・シン氏（インド）タンセン・セン教授（インド）、アニル・ワドワ氏（東洋事務総長）、ゴーパ・バロワール博士（副学長）である。きわめて重要な時期においては、インド計画評議会副議長（当時）モンテク・シン・アルワリア氏率いるナーランダー査察委員会の支援を受けた。

★2　このエピソードについては、*New York Review of Books* 掲載予定のエッセイでもっと詳しく論じた。

★3　介入はときに、偽の報告書の捏造を伴うもので、これはメディアへの発言を通じて行われた。攻撃の粗雑さの例は、有力なＢＪＰ指導者による公式発言として広く報道されたものにも見られる。そこではナーランダー学長は「年俸五〇〇万ルピー」（実際は無給）とか、ナーランダー大学が「すでに三〇〇億ルピーも使った」（実際に大学創設の一番最初から最新の会計年度二〇一四－一五年末までの合計で見ても、使われた金額は総額でその金額の二パーセントにも満たない——四・六億ルピーほどでしかない）などと主張されている。政府自身がメディアに流した誤報としては、ナーランダー運営委員会委員（およびインド国会議員）スガタ・ボーズ教授のニュースインタビュー（*The Telegraph*, コルカタ、二〇一五年四月一日）を参照。

★4 この主題については William Dalrymple, "The Great and Beautiful Lost Kingdoms," *New York Review of Books*, 21 May 2015 もあわせて参照。

★5 この主題については拙稿 "The Contemporary Relevance of Buddha," *Ethics and International Affairs*, volume 28, number 1 (Carnegie Council for Ethics in International Affairs, 2014), pp. 15-27 を参照。

解説

正統と異端のあいだ――アマルティア・センのインド論と現代インド

湊　一樹（日本貿易振興機構アジア経済研究所）

「あまりに古い話なのに／でもなぜかいつも新しい」。インドを長年苦しめている飢餓と栄養不良の問題を扱った四番目の論稿の冒頭に引用されている、ハインリヒ・ハイネの詩の一節である。「飢餓――古来の苦悶と新しい不手際」と題されたこの論稿のなかで、アマルティア・センは、飢餓と栄養不良という「あまりに古い話」にインドが依然として悩まされているのは、以前から存在する「古い問題」――具体的には、経済的貧困、教育や保健医療の面での社会設備の不足、女性に対する差別――をいまだに克服できていないためだけでなく、食糧穀物の流通政策に見られる著しい歪みが「新しい問題」を引き起こしているためでもあると主張する。つまり、有力農民層などからの政治的圧力によって高い水準に設定された最低支持価格（政府が穀物を買い上げる際の最低保証価格）での穀物の買い上げ、さらには、政府によって買い上げられた米や小麦の輸送と大量の穀物在庫の保管のために、巨額の食糧補助金が浪費されているというのである。そして、「古い問題」と「新しい問題」が手を携えた結果、世界で最も深刻な飢餓と栄養不良（特に子供の栄養不良）がインドに深く根を張る一方、適正と考えられる水準を大幅に超えた膨大な食糧穀物の在庫が、貧困層の手に――そして、食物として口に――届くことなく山のように積み上がっているとセンは指摘する。

このように、冒頭の短い引用文は、問題の核心を見事なまでに言い表している。しかし、それはインドにおける飢餓と栄養不良に関するこの論稿だけに限ったことではなく、本書に収められているすべての論稿についてもいえる。実際、本書を読み進めていくと、「あまりに古い話なのに／でもなぜかいつも新しい」という印象的な一節が、何度も脳裏に浮かんでくるのである。

では、そのように考えられる理由とは、いったい何なのだろうか。まず挙げられるのが、インドが長年抱えているさまざまな難題というのは、一時衰えを見せたかと思うと急速に息を吹き返して再び姿を現したり、新たな次元を加えながらしぶとく生き長らえたりする場合が多いという点である。そして、インドを悩ませ続ける厄介な問題がそうした性質を備えていることを踏まえた議論が本書で展開されているという点が、さらに重要な理由として付け加えられる。つまり、本書で示されるセンの分析は、一時的な変化に目を奪われることなく、インドを苦しめ続けている深刻な問題の核心を鋭く突くとともに、時代や状況に応じて現れる本質的な変化を的確に捉えているのである。

この点が正しいことは、本書に収録されている論稿が二〇〇〇年から二〇一四年の間に（さらに、全一三編のうち八編は二〇〇五年以前に）書かれたものであることによって裏づけられる。なぜなら、二〇〇〇年以降のインドは、急速な経済成長と新興市場としての台頭、国際社会における存在感の高まり、安定した民主主義のもとでの二度にわたる政権交代など、さまざまな側面で激しい変化を経験してきたにもかかわらず、本書の内容は色あせるどころか、今読み返してみても多くの示唆が得られるからである。むしろ、今読み返してみるからこそ、今日のインドが直面する数々の課題はあまりにも根深いものであり、その点についてセンが以前から警鐘を鳴らしていたことをよく理解できるというべきだろう。

なお、本書についてセンは、「非宗派的観点から見たインドへの関心を持ち、人生の各種分野——社会、政治、経済、文化、知的な面など——における平等性と正義を意識」（三頁）して書かれた論稿を集めたものであると「はじめに——個人的なものと社会的なもの」で述べている。このような姿勢は、インドに関するより実証的な研究を含めて、センの研究全体に通底している。そのため、本書はインドについての多角的な現状分析としてだけでなく、より専門的なセンの著作に進むための格好の入門書として読むこともできる［★1］。

＊

では、それほど示唆に富むアマルティア・センの議論が、現在のインドで積極的に受け入れられているのかといえば、実はまったくそうではない。学術研究の分野における幅広い貢献とその影響力の大きさとは対照的に、インドの政治、ビジネス、メディアなどの世界で支配的な論調と比較してみると、センの主張は反時代的な異端の議論のような位置づけにあるといってよいだろう。さらに、二〇一四年の連邦下院選挙で最大野党のインド人民党（ＢＪＰ）が過半数の議席を獲得して圧勝し、同党のナレーンドラ・モーディーが首相に就任して以降、こうした傾向はますます顕著になっているとさえいえる。

センの主張とインドにおける支配的な論調との間に最も大きな隔たりが見られるのは、おそらく経済・社会政策の分野だろう。センは、貧困、飢餓、無知、疾病、差別、抑圧などからの自由の拡大――つまり、潜在能力《ケイパビリティ》の拡大――を意味する「開発（development）」が最終的な目的であり、ＧＤＰ成長率などによって測られる「成長（growth）」は、人間の自由と潜在能力の拡大を達成するための重要な手段の一つである――したがって、成長そのものは目的ではない――という点を一貫して主張してきた。ただし、ここで注意しなければならないのは、センが経済成長に反対しているのでもなければ、経済成長は必要ないと主張しているのでもないという点である。むしろ、開発という目的を達成するための手段として成長は重要であり、開発と成長の間の双方向的な関係を活かすような政策的取り組みが不可欠であると繰り返し強調している（本書では、一七-二一頁を参照）。

その一方で、インドの現状については、過去二〇年ほどの間に目覚ましい成長を達成しながらも、開発の面ではあまりにも乏しい実績しか上げられておらず、「開発なき成長」とでもいうべき本末転倒な状況にあるとセンは厳しい評価を下している。教育や保健医療の分野での公共サービスの拡充など、開発それ自体を推し進める政策に政府がより積極的に取り組むべきであるというセンの主張は、インドについてのこうした現状認識に基づいている（特に教育については、本書収録の「日光その他の恐怖――学校教育の重要性」と「一位の男の子たちの国」を参照）。

ところが、開発と成長の間の双方向的な関係を活かしながら、人間の自由と潜在能力の拡大を目指すというセンの基本的な考え方については、誤解や曲解がよく見られる。例えば、経済・社会政策に関するセンの主張とその位置づけについて誤った認識を広めるきっかけとなった出来事の一つとして、インド出身の著名な経済学者であるジャグディシュ・バグワティとセンとの間の「論争」が挙げられる〔★2〕。連邦下院選挙を翌年に控えた二〇一三年七月に起きたこの「論争」では、二人の著名なインド人経済学者が経済・社会政策をめぐって意見を戦わせたのではなく、経済改革を通した経済成長の重要性を強調するバグワティが、「セン氏は、成長が重要であるというお追従を遅ればせながら口にするようになった」〔★3〕とか、「反成長・反改革の経済学者」〔★4〕といった激しい口調で、執拗かつ一方的にセンを攻撃した。結果的に、大半のメディアでは、この「論争」は政局がらみの学者同士の対立として大きく取り上げられ、センとバグワティによる主張の違いに沿った政策論争としては深化していかなかった。それればかりでなく、「セン／インド国民会議派：再分配重視派」対「バグワティ／インド人民党：成長重視派」という構図が作り上げられてしまったのである。

以上の点に関連して、センは本書のなかで、「私が経済成長に『反対』だとか、私が成長ではなく『再分配』を求めているとかいう話をよく見かけるのだが、戸惑わざるを得ない」（一九頁）と不満をあらわにしている。また、インド国民会議派を中心とする前政権（統一進歩連合政権）の経済政策を手厳しく非難していたにもかかわらず、会議派を頑なに支持しているとか、前政権の経済政策を操っていたといった事実無根の話が流布していることも嘆いている（一六－一七頁）。確かに、センの主張はＢＪＰの政策よりも会議派の政策にどちらかといえば近いといえる。しかし、人口の圧倒的多数を占める貧困層の基本的自由の拡大を蔑ろにする一方、富裕層や産業界の利害をはるかに重視するという点では、どちらの政党も五十歩百歩だからこそ、センは会議派を中心とする前政権の経済・社会政策を手厳しく批判していたという点を見逃してはならない。また、インドの主要メディアは、貧困や格差の問題に驚くほど無関心であるため、貧困層向けの政策を「金の浪費」であるとして激しく非難する場合も多い（この点については、本書の二五九－二六一頁を参照）。

このように、経済・社会政策に関するセンの議論は、インドの政治、ビジネス、メディアなどの世界で支配的な論調から大きくかけ離れている。つまり、目覚ましい経済発展を遂げた国々の経験とインドの現状を踏まえると正統と考えられるセンの主張が、インドでは異端の議論のような扱いを受けているといえるのである。

＊

本書では、経済・社会政策の問題にとどまらず、インドの民主主義の在り方やその歴史的・文化的背景についても縦横に論じられている。ただし、これらの論点に関するセンの議論からは、その主張とインドにおける支配的な論調との間には大きな隔たりが見られるという点が、やはり浮かび上がってくる。例えば、「世界最大の民主主義」というフレーズとともに高く評価されることの多いインドの民主主義であるが、その内実はあまりにも不公平なものであり、貧困や剥奪に苦しむ恵まれない人たちの要求と関心事は、民主政治や公共的議論のなかではまったく注目されないとセンは指摘している。そして、この文脈でセンがとりわけ強調しているのが、貧困や格差の問題にインドのメディアがあまりにも無関心であるという、すでに述べた点なのである。

さらに、二〇一四年の連邦下院選挙でのインド人民党（ＢＪＰ）の勝利とナレーンドラ・モーディー首相の就任以降、ＢＪＰとその関連団体によるインドの民主的枠組みに対するあからさまな攻撃が、ひときわ目立つようになってきている。具体的には、ヒンドゥー至上主義的な言説に反対する人たちを「非国民」呼ばわりする粗暴な言動、マイノリティ（特にイスラム教徒）に対する迫害と直接的な暴力、「インドを、取り戻す」といわんばかりの歴史修正主義の台頭と学術研究や大学に対する政治的介入など、それこそ枚挙に暇がない［★5］。異端の議論を幅広く許容しながら、理性に基づく対話を通して社会的決定を行っていくという、センが強調するインドの重要な歴史的遺産が、今日のインドで重大な危機にさらされているのは明らかだろう。

本書のなかでセンが取り上げている、インドを悩ませるさまざまな課題がすべて解消され、後から振り返ってみると、それらが「あまりに古い話」のように思える時がやって来ることを願わずにはいられない。しかし、それと同時に、センのインド論が異端の議論のような扱いを受け、さらには、議論の多様性と理性に基づく対話を一切認めようとしない風潮がますます強まっているインドの現状を見るにつけ、インドに重くのしかかっている数々の深刻な問題は、「なぜかいつも新しい」ままなのではないかという危惧の念を抱いてしまう。

では、セン自身はどうかというと、不思議なことにあまり悲観しているようには見えない。むしろ、「独立した民主国は、自分で自分の問題を解決できるはずだ」（二六頁）などと述べているところから、楽観的で前向きにさえ見える。それはおそらく、インドの実情を幅広い一般読者に伝えることによって社会全体の理解を高め、しっかりとした知識と情報に基づいた民主主義が実践される可能性を押し広げようとする、センの揺るぎない信念と決意の表れなのではないだろうか。そして、民主主義に対する不信が世界中で高まっている今だからこそ、日本に暮らす私たちにとっても、そうした姿勢から多くのことを学べるのではないだろうか。

注

★1　本書と同じく、一般読者向けの論稿を集めた本として、『議論好きなインド人――対話と異端の歴史が紡ぐ多文化世界』（佐藤宏・粟屋利江訳、明石書店、二〇〇八年）がある。なお、同書には、二人の訳者による詳細な解説が収録されている。

★2　この「論争」の概要については、'Rival Economists in Public Battle over Cure for India's Poverty,' *The New York Times*, 21 August 2013を参照。なお、この「論争」の直前に、二人はそれぞれインド経済に関する本を出版していた。バグワティは、同じくインド出身でコロンビア大学教授のアルヴィンド・パナガリヤと共著で*Why Growth Matters: How Economic Growth in India Reduced Poverty and the Lessons for Other Developing Countries*, New York: PublicAffairs, 2013を出版する一方、センも長年の共同研究者であるジャン・ドレーズと共著で*An Uncertain Glory: India and Its Contradictions*, Princeton: Princeton University Press, 2013を出版した。後者の日本語訳として、『開発なき成長の限界――現代インドの貧困・格差・社会的分断』（湊一樹訳、明石書

店、二〇一五年）がある。

★3　二〇一三年七月一三日付の *The Economist* に掲載された、バグワティとパナガリヤによる投書。これに対してセンは、二〇一三年七月二〇日付の同誌に投書を寄せ、「このような常軌を逸した曲解は正さなければならない」としたうえで、「目的としてではなく、手段としての成長の重要性」については研究を始めた当初から取り上げてきたと真っ向から反論している。

★4　Bhagwati and Panagariya（2013）の二三四頁。「反成長・反改革の経済学者」として、センとともにジョセフ・スティグリッツの名前が挙げられている。

★5　本書収録の「一日一願を一週間」のなかでセンは、インドのために女神にかなえてもらいたいお願いの一つとして、世俗的な右派政党がインドの政治に登場することを挙げている。宗派対立を煽ることで政治的利益を得ようとするＢＪＰとその関連団体に対する批判的姿勢が、ここにはっきりと見て取れる。なお、程度の差はあるものの、ＢＪＰが政権に就いていた一九九八－二〇〇四年の間にも、同様の問題は見られた。この点については、『議論好きなインド人』に収録されている「大きなインド・小さなインド」を参照。

訳者あとがき

本書はAmartya Sen, *The Country of First Boys* (The Little Magazine and Oxford University Press India, 2015) の全訳である。一九九八年にノーベル経済学賞を受賞した、かのアマルティア・セン二冊目のエッセイ集だ。底本には、出版社からのPDFファイルを使用した。

本書でテーマとなっているのは、インドの状況が多い。しかも、決してよい状況ではない。たとえばはびこる歪んだヒンズー至上主義、それが煽る宗教対立、貧困者への支援は無駄使いだ財政難だと糾弾するくせに、富裕層への利益誘導には目をつぶるマスコミや政治、底上げよりも優等生のエリート教育を重視する国民性、栄養失調の多さ——どれも本書に頻出するテーマだ。そうした現代インドの状況、特に最近の展開については、そうした問題を具体的に扱ったセン&ドレーズ『開発なき成長の限界』(明石書店)の訳者で現在インドで活動中の湊一樹氏に解説をいただいたので、そちらを是非参考にしてほしい。

ちなみに、そうした問題がまったく解決されていないわけでもない。たとえば教師の給料が低すぎて学校をサボりがち、という問題は、公務員制度改革を通じてかなり改善された……が、今度はちょっと豊かになった教師たちが、「これでわしらも富裕層だし貧乏人のガキなんか相手にしませんのよ」と貧困家庭出身の子供をないがしろにし始めたという話は、実に人間的ながらも暗澹とさせられるものがある。

でも、本書はそうしたインドの現状批判にとどまるものではない。アマルティア・センは、大経済学者であるとともに、現代の一大道徳哲学者でもあり、しかもその両方を抽象的な空理空論ではなく、きわめて具体的な現実の状況と結びつけて展開してきた。でもその精緻な分析や理論展開は、ときに緻密すぎてそうした具体的な基盤が見失われがちな一方で、それを一言でまとめてしまうと、なんだかつまらないお題目に見えてしまったりする。本書は、センの理論の根底にある具体的な基盤を改めて示し、各種の理論や思考がいかに具体的な解決策と直結しているかを示すことで、非常に手際のよいアマルティア・セン入門にもなっている。

たとえばセンの『正義のアイデア』（池本幸生訳、明石書店）はとてもよい本で、サンデル的なコミュニタリアンを論難し、「手近なデブを線路に突き落として五人を救うのは是か非か」といった空論に基づく「正義」を批判する。民主主義改善とか不正をなくすとかいう具体的な正義を考えよう、というわけだ。でも、えらく分厚い本で多くの人は手に取るのさえ尻込みする。本書の「押しつけられた矮小性」や「本当に憂慮すべきものとは」は、この本の議論（の入り口）を実に簡潔にまとめてくれている。

また『アイデンティティと暴力』（大門毅監訳・東郷えりか訳、勁草書房）、『アイデンティティに先行する理性』（細見和志訳、関西学院大学出版会）の内容も随所で整理されているし、それをグローバリゼーションと関連づけた『グローバリゼーションと人間の安全保障』（加藤幹雄訳、日本経団連出版）の内容も「世界を分かち合う」にまとめられている。『人間の安全保障』（東郷えりか訳、集英社新書）の議論も「貧困、戦争と平和」をはじめ頻出する。そしてもちろん、『自由と経済開発』（石塚雅彦訳、日本経済新聞社）ややはり分厚い大著『合理性と自由』（若松良樹・須賀晃一・後藤玲子監訳、勁草書房）に見られる、経済成長と自由や人間のケイパビリティに関する議論も、インドの抱える問題との関連で実に明快に説明されている。

もちろん本書一冊で、センのすべてがわかるわけではない。でもセンのすべてにつながる糸口くらいはあるはずだ。そして、本書では、そうしたセンの思想的、学問的な発展と、かれ自身の早熟な知的成長の過程との結びきについても、豊かなインド古典教養の開陳とともに、楽しそうに語られている。個人的な印象ながら、最近の饒舌でやたらにフランクなアメリカの経済学者にくらべて、センは高踏的でとっつきにくい感じがする。でも本書を読むと、センが少し身近に感じられそうだ。正直いって、センが「一日一願を一週間」のようなおふざけ的な（少なくとも最大限ふざけようとした）文章を書いてくれるとは期待していなかったので、とても驚いた。それを足がかりに、アマルティア・センの他の著作に分け入ってくれる人が少しでも増えてくれればと思う。

そしてそこから、本書で描かれたインドの問題が、実は決して他人事ではなく、もっと普遍的な面も持つのだということに思い当たる人も増えてくれることを祈りたい。センが嘆いているインドの各種問題は、すべて現代日本でも対応するものがある。インドのヒンズー至上主義に対して、日本では歪んだネトウヨ的愛国史観が幅をきかせ、江戸しぐさのようなヨタがありがたがられたりしている。マスコミの歪みや弱腰（そして己の弱さを政治的圧力のせいにする無責任ぶり）、弱者支援の生活保護は（大した財政負担でもないのに）やたらに叩くくせにもっと大きな無駄や不正は黙殺する風潮、教育や育児重視と口では言いつつ実際にはろくに予算もつけない政策、その一方で党派的な利害のために（なんとこのアマルティア・センを引き合いに出して）経済成長否定論で悦にいる人々——本書に描かれたインドの状況を、ぼくたちは決して笑えない。センの主張は、そうした状況にストレートに関わってくる。

私事ながら、ぼくの本業の開発援助業界では、センの思想から生まれた「人間開発指数」などの概念が重視されるようになっているけれど、これは現場では実効的な意味のない抽象的なお題目にしか思えないことも多い。国際機関の援助プロジェクトなどでは、経済発展への貢献分析に加えて、ジェンダーとか弱者のエンパワーメントとかの分析も要求されるので、辟易させられる。「この道路を作ったら、女性の地位向上にどう役立つか？」知るかよう、と言いたいのをこらえて「女性が市場に出かけて経済的な自立を高めるのに貢献します」といったこじつけを作文するたびに、こんなものの旗を振ったアマルティア・センなんて、現実から遊離した意識高い（悪い意味で）象牙の塔学者にちがいないと邪推して、恨み言を内心で口走っていたものだ。

いまでも、あらゆるプロジェクトで人間開発のあらゆる側面に貢献する必要があるとは思っていないし、それを要求するのは無意味だとは思う。それでも、本書を読んで、少なくともセン自身がもっと真摯で具体的なところから出発していることはわかるし、それが現実の開発にとって直接的な意義を持つ（場合もある）こともよくわかった。それが各種機関により教条主義的な運用をされているのは、センのせいではない。その意味で、本書はかれの理論の意義について、かなり認識を改める機会を与えてくれた。

もちろん湊氏の解説にあるように、センはインドで決して重視されていないどころか、むしろじゃまもの扱いされているとのこと。これは最後の「ナーランダー大学について」でセンが学長の座を追われた状況の話からもうかがえる。同様に、日本でもセン的な取り組み——理性を信じ、人の多様性を信じ、絶対的な正義を求めるより、いまの具体的な状況を少しでも改善するのを重視する態度——は決して優勢とは言えないのかもしれない。が、本書の序文でもわかるとおり、センにとっては本書に収録されたエッセイの執筆もまた、その取り組みを少しでも前進させる手段だった。日本のこのぼくたちにとっても、それを読むことが、理性と正義の実践につながることを願いたい。

山形浩生

二〇一六年七月

ま

や・ら・わ

人名索引

ま

や・ら・わ

さ

た

事項索引

著者　アマルティア・セン（Amartya Sen）
1933年インド生まれ。経済学者。オックスフォード大学、ハーバード大学教授等を歴任。アジア初のノーベル経済学賞受賞者。著書＝『不平等の再検討』『貧困と飢饉』（以上、岩波書店）、『自由と経済開発』（日本経済新聞社）、『集合的選択と社会的厚生』『合理的な愚か者』『アイデンティティと暴力』（以上、勁草書房）、『議論好きなインド人』『正義のアイデア』（以上、明石書店）など。

訳者　山形浩生（やまがた・ひろお）
1964年東京生まれ。評論家・翻訳家。訳書＝バナジー、デュフロ『貧乏人の経済学』、ピケティ『21世紀の資本』（以上、みすず書房）、アトキンソン『21世紀の不平等』（東洋経済新報社）、デネット『自由は進化する』、エインズリー『誘惑される意志』（以上、NTT出版）など。

インドから考える——子どもたちが微笑む世界へ

2016年9月1日　初版第1刷発行

著　者　アマルティア・セン
訳　者　山形浩生

発行者　長谷部敏治
発行所　NTT出版株式会社
〒141-8654　東京都品川区上大崎3-1-1　JR東急目黒ビル
営業担当　TEL 03(5434)1010　FAX 03(5434)1008
編集担当　TEL 03(5434)1001
http://www.nttpub.co.jp/

装　幀　佐々木暁
印刷・製本　精文堂印刷株式会社

ISBN 978-4-7571-4345-6　C0030